传媒产业
破坏性创新管理研究

王 亮 著

厦门大学出版社 国家一级出版社
XIAMEN UNIVERSITY PRESS 全国百佳图书出版单位

图书在版编目(CIP)数据

传媒产业破坏性创新管理研究/王亮著.—厦门:厦门大学出版社,2020.12
ISBN 978-7-5615-7625-0

I.①传⋯　II.①王⋯　III.①传播媒介—产业发展—研究—中国　IV.①G219.2

中国版本图书馆 CIP 数据核字(2020)第 013280 号

出 版 人	郑文礼
责任编辑	刘　璐

出版发行　厦门大学出版社

社　　　址	厦门市软件园二期望海路 39 号
邮政编码	361008
总　　　机	0592-2181111　0592-2181406(传真)
营销中心	0592-2184458　0592-2181365
网　　　址	http://www.xmupress.com
邮　　　箱	xmup@xmupress.com
印　　　刷	厦门集大印刷厂

开　本	720 mm×1 000 mm　1/16
印　张	14.25
字　数	256 千字
版　次	2020 年 12 月第 1 版
印　次	2020 年 12 月第 1 次印刷
定　价	65.00 元

厦门大学出版社
微信二维码

厦门大学出版社
微博二维码

国家社科基金后期资助项目
出版说明

后期资助项目是国家社科基金设立的一类重要项目，旨在鼓励广大社科研究者潜心治学，支持基础研究多出优秀成果。它是经过严格评审，从接近完成的科研成果中遴选立项的。为扩大后期资助项目的影响，更好地推动学术发展，促进成果转化，全国哲学社会科学工作办公室按照"统一设计、统一标识、统一版式、形成系列"的总体要求，组织出版国家社科基金后期资助项目成果。

全国哲学社会科学工作办公室

目　录

第一章　绪论 ……………………………………………………… 1

1.1　研究对象和选题价值 ……………………………………… 1

1.2　文献综述 …………………………………………………… 5

1.3　破坏性创新的价值 ……………………………………… 20

1.4　研究框架和内容 ………………………………………… 22

1.5　研究思路和方法 ………………………………………… 24

第二章　破坏性创新的模式与机制 ……………………………… 25

2.1　破坏性创新理论 ………………………………………… 25

2.2　破坏性创新的模式 ……………………………………… 27

2.3　破坏性创新的机制 ……………………………………… 31

第三章　价值网络与非连续性市场 ……………………………… 44

3.1　媒体动态竞争与动态能力 ……………………………… 44

3.2　价值网络与单向度流动 ………………………………… 53

3.3　市场真空与市场进入 …………………………………… 58

3.4　技术发展轨迹 …………………………………………… 63

3.5　跨界竞争与创新扩散 …………………………………… 68

3.6　连续性与非连续性 ……………………………………… 73

第四章　市场分析框架与管理原则 ……………………………… 81

4.1　市场分析框架 …………………………………………… 81

4.2　创新管理原则 …………………………………………… 87

第五章　不确定环境中的媒体决策 ……………………………… 102

5.1　小型媒体的决策环境 …………………………………… 102

5.2　大型媒体的决策环境 …………………………………… 105

5.3　创新生命周期 …………………………………………… 112

5.4　不确定环境中的决策 …………………………………… 114

第六章　媒体创新战略 ……………………………………… 123
　　6.1　两类创新战略 …………………………………… 123
　　6.2　创新战略平衡 …………………………………… 134
　　6.3　战略管理创新 …………………………………… 140

第七章　产品市场定位 ……………………………………… 150
　　7.1　奶昔错误 ………………………………………… 150
　　7.2　消费者需要完成的任务 ………………………… 153
　　7.3　基于消费者任务的产品定位 …………………… 155

第八章　媒体组织创新 ……………………………………… 160
　　8.1　媒体组织设计 …………………………………… 160
　　8.2　创新团队 ………………………………………… 171

第九章　市场竞争与合作 …………………………………… 181
　　9.1　边缘竞争 ………………………………………… 181
　　9.2　不对称动机和能力 ……………………………… 186
　　9.3　合作竞争 ………………………………………… 188

第十章　启动创新 …………………………………………… 190
　　10.1　高管领导 ……………………………………… 190
　　10.2　尽快发现商业模式 …………………………… 191
　　10.3　第二曲线思维 ………………………………… 197
　　10.4　组织文化变革 ………………………………… 203

参考文献 ……………………………………………………… 211

国家社科基金后期资助项目出版说明 ……………………… 221

第一章 绪论

本章首先陈述研究对象和选题价值,然后梳理研究文献,论述破坏性创新的价值,最后阐述研究框架、研究内容、研究思路和研究方法。

1.1 研究对象和选题价值

1.1.1 研究对象

本书的研究对象是传媒产业的破坏性创新(disruptive innovation)。破坏性创新也译为颠覆性创新,与破坏性创新相对应的是延续性创新(sustaining innovation)。延续性创新是在既有技术轨迹下对产品性能、质量品质的持续改进,通过延续性创新,企业可以生产出更优质的产品,在市场竞争中获取优势地位。破坏性创新通常出现在新旧技术变革期,企业利用新技术开发新产品,新产品在性能和品质上低于现有产品,但通常具有价格优势,可以吸引低端市场(低端市场破坏性创新),不消费现有产品或对现有产品不满的零消费市场(新市场破坏性创新)。新技术还会给新产品赋予一些现有产品缺乏的其他属性。由于新产品在性能和品质上低于现有产品,对现有产品的主流消费者缺乏吸引力,因此,现有企业通常不会将新企业视作主要竞争对手,这会减少新企业要克服的困难和障碍。技术进步速度很快,当技术进步使新产品的性能和品质超过消费者需求时,新产品的价格优势及其具有的新属性就成为吸引主流消费者的重要抓手,新产品开始向现有产品发起冲击。

在市场和技术相对稳定的连续性市场环境中,企业更多通过延续性创新展开竞争,当市场和技术进入持续变动的非连续性阶段时,企业需要在进行延续性创新的同时关注破坏性创新。近些年,随着新媒体技术的迅猛发展,传媒产业也开始大量涌现破坏性创新,本书将以传媒产业的这类创新作为研究对象,研究传媒产业破坏性创新管理问题。

1.1.2 研究背景

新传播技术引发的创新正在给传媒产业带来巨大的冲击和挑战,一些重要的创新具有破坏性创新的特征:价格低廉或免费;具有主流产品缺乏的新属性(移动性、便携性、定制化、社交性、智能化等);新产品来自传媒行业之外的其他领域;新产品从主流产品的低端市场或零消费市场进入;新产品塑造出全新的商业模式。具备这些特点的新产品,正在深刻改变传媒产业市场格局。

纸媒方面,人们更多通过社交媒体而非报纸获取新闻。皮尤中心发布的报告显示,通过网络获取新闻的消费者(38%)几乎是通过报纸获取新闻的消费者(20%)的两倍,①近十年,全球报纸的收入下滑了三分之二。在电视市场,流媒体服务导致电视观众大量流失。Ofcom 发布报告称,英国流媒体订户数已经超过了付费电视订户数。② 美国能源信息署调查发现,美国家庭平均拥有的电视机从 2009 年的 2.6 台下降到 2015 年的 2.3 台。③ 利奇曼研究集团的调查数据指出,美国订阅付费电视的家庭比例已经降低到 2005 年的水平。④ TDG 调查结果显示,截至 2016 年年底,美国不订阅传统付费电视服务的家庭数从 2011 年不到 800 万户增加到 2200 万户。⑤ eMarketer 发布报告称,2019 年美国付费电视订户下降至 8650 万。⑥ 尼尔森的调查报告称,美国人每天观看电视的时间为 12.5 亿小时,该数字近年持续降低,但公众每天在 YouTube 上观看视频的时间达 10 亿小时,在脸书(Facebook)和奈飞(Netflix)上观看视频时间分别为 1 亿小时和 1.1 亿小时。⑦

在图书出版市场上,Kindle 等电子书阅读器开始侵入传统的图书市场,数字阅读市场规模快速增长。在教材出版领域,美国新兴教材公司Packback 推出教材日租服务,学生可以按天租赁数字教材,这一创新颠覆了传统教材的商业模式。目前,该公司已经和麦格希教育、泰勒·弗朗西斯集团、世哲出版公司等顶尖教育出版公司合作,提供 3000 多本数字教材

---

① 皮尤中心.美国数字新闻十大趋势[EB/OL].[2016-09-22].http://news.qq.com/original/quanmeipai/piyou.html.

② 爱范儿.订阅量之战,英国流媒体已超过付费电视[EB/OL].[2018-07-19].https://baijia-hao.baidu.com/s? id=1606414554639402462&wfr=spider&for=pc.

③ 美国能源信息署.美国家庭平均电视机保有量下降[EB/OL].[2017-03-03].https://news.znds.com/article/news/19870.html.

④ 魏书勤.美国 82%的家庭订阅付费电视服务[EB/OL].[2016-09-23].http://www.tvoao.com/a/183273.aspx.

⑤ TDG.美国不订阅付费电视的家庭五年内增加近两倍[EB/OL].[2017-03-20].http://news.znds.com/article/news/20383.html.

⑥ 张晓宝.过多用户流失会促使电视运营商议价失衡? [EB/OL].[2019-09-03].http://www.dvbcn.com/p/100020.html.

⑦ 网易财经.YouTube 用户观看时间逾 10 亿小时[EB/OL].[2017-03-01].https://www.sohu.com/a/127591693_427978.

的租赁服务。① 在技术进步不断激发传媒产业破坏性创新的环境下,如何建立针对破坏性创新的管理能力,主动回应并适时启动破坏性创新,成为传媒产业迫切需要解决的问题。

近几年,国外学者开始关注新技术环境下媒体市场创新、产品创新、商业模式创新等问题。皮尤中心发布的年度研究报告称,五大技术公司(谷歌、脸书、雅虎、微软、推特)正在颠覆传媒行业,五大公司占据数字广告收入的 65%。② 凯文·凯利认为,颠覆性创新通常来自边缘,而非中心。③

2017 年,《编辑与出版人》杂志提出,报业需要树立用户第一的思维,尽快找到一条和技术巨头合作的路径,通过运用新技术,使技术巨头的平台优势成为报纸数字化转型的推进器。④ 2017 年,《纽约时报》发布《2020 数字化转型报告》,报告称,数字化转型是报纸发展的唯一选择,2016 年时报来自数字内容的收入达到 5 亿美元,超过嗡嗡喂、《华盛顿邮报》、《卫报》的总和。⑤《纽约时报》的目标是,2020 年数字内容收入达到 8 亿美元。早在 2014 年,《纽约时报》就发布过一份《创新报告》,《纽约时报》在报告中对来自嗡嗡喂、脸书等新媒体的冲击深感忧虑,"数字媒体正在变得越来越多,它们获得更好的资金支持,并且更具创新精神"⑥。《纽约时报》体现出强烈的危机意识,"行业变革的步伐要求我们重新思考我们的传统,并迅速抓住新的发展机遇,不断进行调整,以适应消费者向移动平台大转移、社交媒体日益重要以及其他破坏性的趋势"⑦。

2016 年,牛津路透新闻研究所发布《欧洲原生数字媒体调查报告》,认为数字媒体有四种主要的融资模式:广告模式、订阅模式(付费墙、计量收费)、众筹新闻模式、多元化模式。⑧ 2017 年,牛津路透新闻研究所发布《2017 年新闻业技术趋势与预测》调查报告,认为从数字化服务中获取收

---

① 彭克勇.美国数字教材租赁平台 Packback 的运营策略[J].现代出版,2017(1):67-68.

② 方师师.平台崛起成定论 业务创新待探索——2016 年皮尤美国新闻业报告[J].新闻记者,2016(7):22-31.

③ 凯文·凯利.技术革新来源于边缘地带[EB/OL].[2013-11-27].https://www.hbrchina.org/2013-11-27/1670.html.

④ 话媒糖.报纸 2017 年数字化转型六大技能[EB/OL].[2017-02-10].http://www.jzwcom.com/jzw/46/16484.html.

⑤ 话媒糖.纽约时报 2020 转型报告[EB/OL].[2017-01-24].http://www.jzwcom.com/jzw/3c/16331.html.

⑥ 新华社新闻研究所国际传播研究中心.数字化背景下的报业转型——《纽约时报》创新报告 2014[J].新闻与写作,2014(6):26-31.

⑦ 新华社新闻研究所国际传播研究中心.数字化背景下的报业转型——《纽约时报》创新报告 2014[J].新闻与写作,2014(6):26-31.

⑧ 牛津路透新闻研究所.欧洲原生数字媒体调查报告[EB/OL].[2016-12-21].http://www.jzwcom.com/jzw/7c/16002.html.

入的主要方式是订阅、视频和赞助内容。其中,订阅用户直接付款占47%,视频服务为45%,赞助内容为42%。①

国内媒体同样面临来自新技术的冲击和挑战。CTR调研报告显示,2016年上半年,国内报纸广告收入下降41.4%,电视广告收入下降3.8%,互联网广告收入增加26.9%。② CTR调研报告指出,2016年国内电视广告收入下降3.7%,互联网广告收入增加18.5%,电视对一二线城市高收入主流人群的吸引力下降。③ 国家统计局发布报告显示,2016年我国有线电视实际用户比上一年减少1600万户,④2018年有线电视实际用户又比2016年减少了900万户。⑤ 在新技术的冲击下,一些传统媒体在过去几年停刊、休刊,一批传统媒体从业者离职。在全球传媒业普遍面临创新和转型的宏观背景下,如何有效管理破坏性创新,增强媒体竞争力,成为国内外传媒产业普遍面临的问题。

1.1.3 选题价值

选择破坏性创新管理作为研究对象,在理论层面有两重价值:

(1)通过借鉴管理学中的破坏性创新理论,研究传媒产业创新和媒体竞争,可以丰富国内传媒创新研究领域的理论资源,夯实传媒创新研究的理论基础。

(2)通过这项研究,得出针对传媒产业破坏性创新的理论框架,并运用该理论框架分析和解释传媒业的破坏性创新现象,可以深化学界对传媒产业创新的认识和理解。

这项研究在实践层面有三重价值:

(1)研究得出的理论可以帮助媒体应对和管理破坏性创新。新技术环境下,各种新型传播技术对传媒产业带来巨大冲击和挑战,研究成果可以让媒体认识和理解新技术环境下传媒产业破坏性创新的特征和模式,帮助媒体管理破坏性创新。

(2)研究成果有助于媒体创业者开启破坏性创新业务。互联网技术降

---

① 牛津路透新闻研究所.2017年新闻业技术趋势与预测[EB/OL].[2017-01-17].http://www.jzwcom.com/jzw/15/16261.html.

② CTR.CTR2016上半年广告市场报告[EB/OL].[2016-08-02].http://mt.sohu.com/20160802/n462285033.shtml.

③ CTR.2016中国广告市场及传播趋势分析[EB/OL].[2017-03-08].http://mt.sohu.com/it/d20170308/128250340_184317.shtml.

④ 国家统计局.中华人民共和国2016年国民经济和社会发展统计公报[EB/OL].[2017-02-28].http://www.stats.gov.cn/tjsj/zxfb/201702/t20170228_1467424.html.

⑤ 国家统计局.中华人民共和国2018年国民经济和社会发展统计公报[EB/OL].[2019-02-28].http://www.stats.gov.cn/tjsj/zxfb/201902/t20190228_1651265.html.

低了媒体创业的门槛,来自传媒行业内外的创业者们可以采取多种形式进行媒体创业,了解传媒产业破坏性创新的相关理论知识,可以提高成功创业的概率。

(3)研究成果也可以帮助政府和管理部门制定传媒产业发展政策,具有现实咨政价值。

1.2　文献综述

破坏性创新最早由经济学家熊彼特阐发,在《资本主义、社会主义与民主》一书中,熊彼特率先提出,创新是一种创造性毁灭,他认为推动社会进步的不是自由竞争,而是由少数大企业对市场的寡占和垄断,大企业比小企业更有助于创新。这一思想与他在 1911 年出版的《经济发展理论》中对增长和发展的区分有密切联系。熊彼特认为,增长是静态的均衡,发展是动态的创新,创新是从静态均衡转向动态创新。"我们所指的发展是一种特殊的现象,它完全不同于我们在循环流转中或者均衡趋势中所观察到的现象。它是在流转渠道中的自发的和间断的变化,它打破了均衡,并且永远改变着和替代着先前存在的均衡状态。"[①]在这个意义上,发展比增长更有助于推动社会进步,"大企业也许是更多地创造而不是降低了生活标准"[②]。

熊彼特认为,创新来自于供给方而非需求方,企业通过提供全新的产品创造性地满足消费者需求,从而战胜竞争对手。"通常是生产方发起经济的变化,消费者只是在必要的时候受到生产者的启发;消费者好像是被告知去需求新的东西,或者在某些方面不同于,甚至完全不同于他们已经习惯使用的东西。"[③]创新是企业采用全新的方式组合生产要素生产新产品,熊彼特认为有五种主要的方式:"(1)采用一种新的产品。(2)采用一种新的生产方法。(3)开辟一个新的市场。(4)掠取或控制原材料或半成品的一种新的供应来源。(5)实现任何一种工业的新的组织。总的来说,就是实现'生产要素的新组合'。"[④]

熊彼特发现,作为创造性毁灭的创新往往由新企业实现。创新发生在非连续性市场,创新的特征是创造和破坏,创新者通过对生产手段进行新

① 约瑟夫·熊彼特.经济发展理论[M].叶华,译.北京:中国社会科学出版社,2009:83.
② 约瑟夫·熊彼特.资本主义、社会主义与民主[M].吴克峰,王方舟,高晓宇,译.南京:江苏人民出版社,2017:100.
③ 约瑟夫·熊彼特.经济发展理论[M].叶华,译.北京:中国社会科学出版社,2009:84.
④ 约瑟夫·熊彼特.经济发展理论[M].叶华,译.北京:中国社会科学出版社,2009:73.

组合,打败现有企业,实现创造性毁灭。在这个意义上,大企业并不像一些批评者所说的那般强大,大企业很难长期保持自身的优势地位,在充满创造性毁灭的非连续性市场,大企业虽然能够推动创新,但也经常会遭遇其他创新者的挑战。熊彼特提出:"作为一个事实,也作为一种威胁,新事物——比如新技术——对现有产业结构的冲击,大大减少了垄断企业旨在通过限制产量并维持其垄断地位和垄断利润的机会和重要性。"①

大企业无法永远保持强大,甚至无法永远维持生存,它们同其他组织一样存在生命周期,创造性毁灭是大企业无法摆脱的诅咒。《福布斯》杂志在 1917 年开始推出"财富百强"企业名单,首次上榜的企业以资产额进行排序,到 1987 年推出的"财富百强"名单上,初版中的 61 家公司已经无迹可寻,剩下的 39 家公司中,只有 18 家公司仍然榜上有名。而且,这些幸存的公司在 1917 到 1987 年间获得的长期投资回报比市场平均投资回报低20％。1957 年组成标准普尔 500 指数的 500 家公司,到 1997 年只剩 74家。②

熊彼特认为,从静态增长的角度无法理解市场重新洗牌的原因,也无法理解企业所面临的挑战和风险,只有从动态发展的视角才能理解和解释这些现象。企业之间的市场竞争并不仅仅围绕产品定位、质量、价格、服务等因素展开,更重要的竞争是如何通过对生产要素的创造性组合实现创造性毁灭。熊彼特说:"有价值的不是上述竞争,而是新商品、新技术、新供给来源、新的组合类型的竞争。这种竞争打击的不是现有企业的边际利润和产量,而是它们的基础和生命。从长时段看,扩大产量和降低价格的有力杠杆无论如何是用其他材料制成的。"③

作为创造性毁灭的创新始终会给现有企业带来巨大的挑战和压力。现有企业无法预料新产品会由何种技术、在什么时间、以何种方式、由产业内部还是产业外部其他企业推出,现有企业甚至不知道何种产品将改变市场竞争格局,它们始终面临市场重新洗牌的风险。熊彼特提出:"企业家总是感觉到自己无时无刻不处在竞争之中……对零售商而言,最主要的竞争不是由增加同类型的商店引起的,而是迟早有一天会毁灭它们的金字塔的

① 约瑟夫·熊彼特.资本主义、社会主义与民主[M].吴克峰,王方舟,高晓宇,译.南京:江苏人民出版社,2017:105.
② 理查德·福斯特,莎拉·卡普兰.创造性破坏[M].唐锦超,译.北京:中国人民大学出版社,2007:2.
③ 约瑟夫·熊彼特.资本主义、社会主义与民主[M].吴克峰,王方舟,高晓宇,译.南京:江苏人民出版社,2017:103.

百货店、连锁店、邮购商店和超级市场。"①熊彼特的这一论述已经非常接近后来的破坏性创新理论,破坏性创新理论认为,很多破坏性创新往往由行业之外的其他企业启动,创新者采用不同于现有企业的新技术,并采用新型商业模式与现有产品竞争。

与破坏性创新有关的分类还包括:激进性创新(radical innovation)与渐进性创新(incremental innovation)、部件创新(component innovation)与架构创新(architectural innovation)、增强能力型创新与破坏能力型创新、需求拉动型创新与供给推动型创新。部分创新在某些方面与破坏性创新具有相似之处。

激进性创新与渐进性创新主要涉及创新程度的问题。激进性创新也译为突破性创新,通常伴随剧烈的技术创新,新技术要求企业对产品或服务作出重大改变,这就迫使现有企业必须改造自身能力,学习和掌握不同于现有能力的新能力,建立适应新业务的组织结构和业务流程,解决新技术提出的新问题。这种变革对现有企业来说较为困难,但新企业没有这种包袱,它们可以直接采用新技术,学习掌握新能力。渐进性创新通常是在现有技术环境下对产品或服务的改进,以便使之更好地服务于主流消费者,现有企业可以通过增强现有能力来解决问题,在不断解决问题的过程中掌握更多知识和能力,而新企业在短时间内很难学习掌握这些知识和能力。因而,新企业偏向激进性创新,现有企业偏向渐进性创新。

另外,同一项创新对不同企业的含义不同。很可能某项创新对一家企业是激进性创新,但另一家企业则将其视为渐进性创新。比如,数码照相技术对柯达来说属于激进性创新,但对数码相机企业则属于渐进性创新。通过互联网提供影视租赁服务对传统的影碟租赁企业百事达(Blockbuster)来说是激进性创新,但对以网络租赁起家的奈飞则属于渐进性创新。

增强能力型创新与破坏能力型创新与企业能力有关。如果企业能够运用现有能力生产新产品或提供新服务,从而提高企业竞争力,那么这种创新就属于增强能力型创新。如果创新所需要的能力会破坏企业现有能力,使企业现有能力贬值或丧失价值,那么这种创新就是破坏能力型创新。对现有企业来说,破坏性创新通常属于破坏能力型创新,它会降低现有企业的竞争力。

需求拉动型创新与供给推动型创新涉及创新的来源。需求拉动型创新认为,创新来自消费者对新产品的需求,企业通过满足这些需求而获利。

---

① 约瑟夫·熊彼特.资本主义、社会主义与民主[M].吴克峰,王方舟,高晓宇,译.南京:江苏人民出版社,2017:104.

多西认为需求拉动型创新分为四个环节：[①]（1）市场中存在一些满足一般需求的商品。（2）消费者通过表示他们对产品某些特征的偏好来传达其需求。（3）消费者愿意将更多预算投入到新产品上。（4）企业开始注意到这些需求，并投入资源生产新产品满足需求。需求拉动型创新可能创造出破坏性创新产品，原因在于，现有产品过多关注主流消费者的需求，却没能很好地满足另一部分消费者的需求，而这些消费者需要不同于现有产品的新产品。

比如，在家用电脑普及之前，消费者需要购买《大英百科全书》来查找词条，《大英百科全书》内容上乘、制作精美，陆续出版 30 多卷，价格为 1000～1500 美元。在鼎盛时期，大英百科全书公司的年利润达到 6.5 亿美元。《大英百科全书》的销售员说，"这套书不是用来阅读的，它是用来销售的"[②]。对欧美普通收入家庭来说，购买一套完整的《大英百科全书》是一笔不小的开支。这些家庭很少阅读他们购买的《大英百科全书》，这套书更多表现出家庭对教育和文化的重视。对一般消费者而言，《大英百科全书》过于昂贵，不方便携带和使用，会占据书柜的很大一部分空间，他们希望有更便宜好用的新型百科全书。

进入 20 世纪 80 年代，随着个人电脑的普及，一些消费者希望在电脑上查询相关词条，但大英百科全书公司不为所动。1983 年，大英百科全书公司在给销售员发送的备忘录中说："我们被问及最多的一个问题是'《大英百科全书》准备什么时候推出电子版'。不仅客户这样问我们，我们内部人员也常常提出这个问题。而我们对这一问题的答复是'至少在未来很长一段时间中，我们没有推出电子版百科全书的计划'。"[③]

1985 年，微软公司希望与《大英百科全书》合作，推出数字版百科全书，但遭到拒绝。微软设想用 CD 光盘存储大英百科全书的内容，但大英百科全书公司公共关系部主任拒绝了微软的提议，他说："《大英百科全书》完全不打算出现在家用电脑上。只有 4%～5% 的家庭拥有电脑，由于这一市场十分狭小，我们不想因此损害我们的传统销售渠道。"[④]

随后，微软与芬克 & 瓦格诺（Funk & Wagnalls）公司合作，并在 1993 年推出光盘版百科全书（Microsoft Encarta），售价 395 美元，这一价格随

① Dosi G & Nelson R R.Technological paradigms and technological trajectories[J]. Social Science Electronic Publishing，1982，11（3）：147-162.

② 迈克尔·史密斯，拉胡尔·特朗.流媒体时代：新媒体与娱乐行业的未来[M].鲁冬旭，译. 北京：中信出版社，2019：73.

③ 迈克尔·史密斯，拉胡尔·特朗.流媒体时代：新媒体与娱乐行业的未来[M].鲁冬旭，译. 北京：中信出版社，2019：75.

④ 迈克尔·史密斯，拉胡尔·特朗.流媒体时代：新媒体与娱乐行业的未来[M].鲁冬旭，译. 北京：中信出版社，2019：77.

后又降低到 99 美元,当年就卖出 35 万套。微软和芬克 & 瓦格诺公司的百科全书在内容质量上远远不及《大英百科全书》,但微软公司在百科全书中插入搜索引擎、图片、声音、超级链接,并不断更新电子版百科全书的内容,使 Encarta 在搜索、多媒体呈现、超级链接、即时更新等维度上的性能品质超出《大英百科全书》,并且 99 美元的价格远远低于《大英百科全书》1000 多美元的高价。对于很多消费者来说,《大英百科全书》太好但也太贵了,它们只需要一部够用、好用、便宜的百科全书。Encarta 只用两年时间就卖出 100 万套,市场份额跃居首位。

遭受挑战的《大英百科全书》在 1994 年决定推出光盘版百科全书,但公司的销售部门坚决反对该计划。《大英百科全书》主要依靠销售员上门销售,每销售一套百科全书,销售员可以得到 500~600 美元的高额提成。销售部门在公司有很强的话语权,大英百科全书公司也把销售员看作核心资源。销售部门认为,推出电子版百科全书会损害销售部门的利益。于是,大英百科全书公司将原本属于破坏性创新的电子版百科全书改造成延续性创新。他们给购买纸质版百科全书的消费者免费赠送电子版百科全书,给电子版百科全书制定的售价高达 1200 美元,与纸质版图书价格相同。这个计划的问题在于,购买纸质版百科全书的消费者不需要电子版百科全书,而愿意购买电子版百科全书的消费者不愿用 1200 美元的价格购买一部电子版百科全书。大英百科全书公司可能没有意识到,消费者可以用购买电子版《大英百科全书》的费用同时得到一台个人电脑和一套微软公司的百科全书。2012 年,在维基百科的冲击下,大英百科全书公司宣布停止出版纸质版百科全书。

供给推动型创新来源于科学研究及其技术应用。科学研究特别是基础科学研究是供给侧创新的重要来源,对基础科学研究的充分重视和持续投入,是推动技术进步的深层动力。过于强调实际应用研究,会使得对实际应用技术的研究取代对基础科学的研究,但没有基础科学理论研究的进步,应用科学也无法进步。政府和企业需要加强对基础科学研究的支持,推动基础科学研究发展,以此实现从基础科学研究到应用科学的转化。有学者考察美国半导体、互联网等产业发展史发现,政府在早期介入这些产业,对于这些产业的形成和发展至关重要。[①]

不少重大创新往往来自供给方的技术创新。例如,莫尔斯发明电报,创造出远距离通信的新兴市场,通过电报网络将地球上大部分地方连接在一起,电报形成的网络对当时社会的影响与互联网对今日社会的影响有很

---

① 史蒂文·克莱珀.创新的演化[M].林冬阳,骆名暄,译.南昌:江西人民出版社,2018:20.

多相似之处,电报也被称为维多利亚时代的互联网。① 很多科技史上的重要创新来自供给方,科学技术进步推动社会创新,以至于人们用蒸汽机时代、电气化时代、计算机时代、互联网时代描述重要的技术创新对社会的影响。

另外,企业也可以对现有技术进行商业化开发和利用,将现有技术整合创造出新型产品。在这个过程中,企业并没有在技术研发上投入太多资源,而是将资源投入到对技术的商业化利用方面。例如,硅谷聚集了大量高科技公司,代表性公司包括苹果、谷歌、脸书、英特尔、惠普、甲骨文、思科等。人们将硅谷视为高科技创新的发源地,但仔细观察后会发现,硅谷的公司并没有研究出多少新技术,它们主要的工作是将现有技术商业化,然后推出面向消费者的产品。硅谷的公司并不发明新技术,它们更多是在整合和利用新技术。《硅谷百年史》的作者提出:"令人惊讶的一个事实是,硅谷的人们发明的东西很少。硅谷没有发明晶体管、集成电路、个人电脑、互联网、万维网、浏览器、搜索引擎、社交网站和智能电话。硅谷所起的作用,是使这些技术'迅速传播'。硅谷有着独特的、近乎魔鬼的嗅觉,能迅速理解一项发明对社会可能产生的颠覆前景,然后使之商业化,并扩大规模,从中挣到大钱。"②

部件创新与架构创新涉及创新的结构。产品是很多部件共同组成的系统,产品包含两个部分:部件和部件构建的架构。相应的,企业有部件层面创新和架构层面创新。亨德森和克拉克认为,部件是"产品在物理上能够被明确区分的一个部分,它包含着一种核心的设计概念,并执行着明确的功能"③。部件创新只改变产品的一个或几个部件,但不会改变部件之间的连接方式,即产品的整体架构并没有发生变化。与之相对,架构性创新是"仅改变产品部件的连接方式,而不触及核心的设计概念(以及部件背后的基础性知识)的创新,此类创新破坏了一个企业架构知识的有效性,但保留了产品部件知识的有效性"④。亨德森和克拉克从创新的结构对创新进行了分类。

在图 1-1 中,根据创新维度的不同,将创新分为四类。只增强部件功能而不改变产品架构的创新,称为渐进性创新。渐进性创新是在既有的产

---

① 汤姆·斯丹迪奇.维多利亚时代的互联网[M].多绥婷,译.南昌:江西人民出版社,2017:前言.

② 阿伦·拉奥,皮埃罗·斯加鲁菲.硅谷百年史:创业年代[M].闫景立,侯爱华,闫勇,译.北京:人民邮电出版社,2016:7.

③ 蕾贝卡·亨德森,金·克拉克.架构性创新:现有产品技术的重组和在位企业的失败[M]//张钢.管理学基础文献选读.杭州:浙江大学出版社,2008:296-319.

④ 蕾贝卡·亨德森,金·克拉克.架构性创新:现有产品技术的重组和在位企业的失败[M]//张钢.管理学基础文献选读.杭州:浙江大学出版社,2008:296-319.

品架构保持稳定的前提下,对产品部件进行升级和改进,以提高产品的性能和品质,属于增强能力型创新。在保持产品架构稳定的前提下,用新的产品模块取代旧模块的创新,称为模块化创新。模块化创新不改变产品架构。例如,从模拟电视到数字电视的转换,产品模块有变化,但产品架构没有变。架构性创新改变产品的整体架构,通过改变产品部件之间的组合连接方式改变产品,架构性创新可能由部件的某种变化引发,但这种改变导致产品部件的连接方式和组合方式发生系统性变化。对成熟企业来说,架构创新常常会破坏它们的能力。它们关于部件的能力仍然有价值,但关于部件之间如何连接与组合的能力却丧失了价值,成熟企业必须开始学习和掌握新架构的知识与技能,但成熟企业通常很难做出这种改变。架构创新并不改变产品部件,企业会将新架构纳入现有架构,这会使企业对问题做出错误的判断。另外,企业需要从部件创新转换到架构创新,从学习部件知识为主转向学习架构知识为主,这对企业也是不小的挑战。特别是现有架构下的产品仍然在为企业带来主要收入的情况下,企业内部会有很强的力量阻碍企业接受新架构。突破性创新同时改变产品部件和架构,是一种典型的破坏能力型创新,对现有企业来说,既要改变部件能力,也要改变架构能力,这对它们构成极大的挑战。

核心概念

	增强	颠覆
核心概念与部件之间的连接 不变	渐进性创新	模块化创新
变化	架构性创新	突破性创新

图 1-1　亨德森和克拉克的创新分类 *

　　* 图片来源:蕾贝卡·亨德森,金·克拉克.架构性创新:现有产品技术的重组和在位企业的失败[M]//张钢.管理学基础文献选读.杭州:浙江大学出版社,2008:296-319.

　　管理学家彼得·德鲁克根据创新来源的不同,将创新分为来自企业内部的创新与来自企业之外的创新。德鲁克认为,有四种创新来自企业内部:出乎意料的情况,实际状况与预期状况的不一致,以程序为基础的创新,产业结构和市场结构的改变。有三种创新来自企业之外:人口变化,认知、情绪及意义的改变,科学和非科学的新知识。①

---

　　①　彼得·德鲁克.创新与创业精神[M].张炜,译.上海:上海人民出版社,2002:42.

出乎意料的情况包括意外成功、意外失败和意外的外部事件。产品出人意料的成功,表明市场或消费者需求开始发生重大变化,应该引起企业高度关注,企业需要研究成功对企业的意义以及如何更充分地利用这一机会。产品遭遇失败说明企业需要调整视角,倾听消费者的意见。当意外的外部事件与企业的知识和能力相符时,企业可以利用这一意外事件。实际状况与预期状况的不一致包括某项产业利润与经济现状的不一致、产业现实和假设之间的不一致、产业所付出的努力与顾客期望的不一致等。而以程序为基础的创新更多偏向改进现有流程推动创新,产业结构与市场结构的迅速变化也会孕育创新。另外,人口统计数据的变化、认知的变化以及知识引领的创新会从外部改变企业创新的环境。

戴蒙德和莱蒂斯将创新视为一个连续的光谱,认为可以从三个维度划分创新。[①] 一是环境动荡程度,当环境动荡程度较低时,企业只需要对产品服务或商业模式进行改进。当环境动荡程度较高时,企业需要对产品服务或商业模式进行转型。二是竞争力提升程度。在提升竞争力阶段,企业通过渐进性创新维持主流价值网络。从激进的渐进主义阶段到破坏竞争力阶段,企业通过在新市场或利基市场价值网络的增长来重构主流市场。三是市场不确定性程度。当市场不确定性程度较低时,企业以演化的方式进行创新,当市场不确定性程度较高时,企业要通过革命来实现创新。从渐进性创新到激进的渐进主义属于演化式创新,从激进的渐进主义到破坏竞争力阶段属于革命性创新。创新的光谱见图1-2。

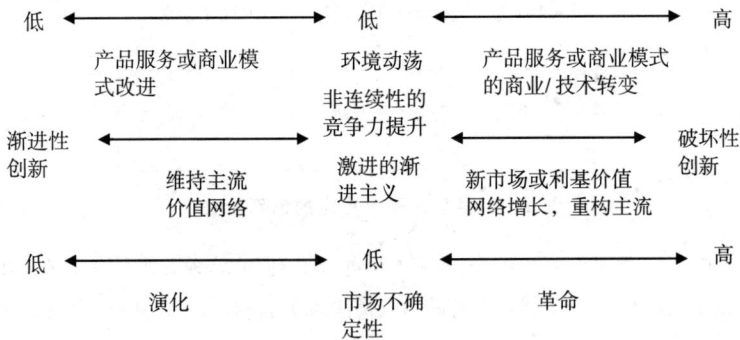

图 1-2 创新的光谱*

* 图片来源:P Thomond &Lettice F. Disruptive innovation explored[C]. 9th IPSE International Conference on Concurrent Engineering:Research and Applications (CE2002),2002-07.

① P Thomond &Lettice F. Disruptive innovation explored[C]. 9th IPSE International Conference on Concurrent Engineering:Research and Applications (CE2002),2002-07.

理查德·福斯特用技术进步的 S 曲线解释破坏性创新的进程,S 曲线将企业的技术投入和技术进步速度相联系,认为随着企业对技术的投入,技术先缓慢进步,随后快速进步,直到技术的潜力充分释放,达到技术能力的极限,最终旧技术被新技术替代。在新技术替代旧技术的阶段出现断层期,在技术断层期,现有技术达到技术极限,继续改进现有技术的难度和成本变大,企业投入在现有技术上的边际收益下降,边际成本增加,企业需要实现技术变迁。图 1-3 表示技术断层期。

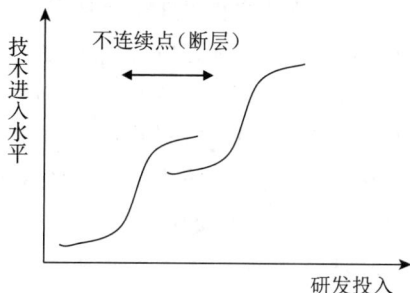

图 1-3　技术断层期

　* 图片来源:理查德·福斯特.创新:进攻者的优势[M].孙玉杰,王宇锋,韩丽华,译.北京:北京联合出版公司,2017:68.

有两种断层:在第一种断层中,新技术与现有技术属于同一类型,新技术在产品的性能、品质方面的表现优于现有技术,企业可以较为平稳地度过断层期。在第二种断层中,新技术不同于现有技术,新技术可能来自其他行业或领域,可以创造出新价值网络。新技术在早期的性能、品质不如现有技术,但新技术进步的速度高于现有技术。现有企业一方面可能忽视新技术,另一方面,现有企业向新技术转换的难度和成本也会更大。

在技术变迁的断层期,市场进入非连续性阶段。此时,旧技术进入衰退期,技术能力已经达到极限,企业为旧技术投入资源的边际成本大于边际产出,而新技术尚未完全定型,新技术的潜力还没有充分释放。新技术要取代旧技术,需要具备以下两种优势之一:新技术的进步速度快于旧技术,或是新技术的进步极限远远高于旧技术。[①]

第一种情况下,新技术目前的性能水平不如旧技术,但新技术的进步速度更快,可以在一段时间后赶超旧技术。现有企业在决定是否采纳新技术时,需要考虑几个问题:新技术会在何时超过现有技术? 新技术引起的是部件层面的创新还是架构层面的创新? 现有技术还有多大潜力,是否即

---

　① 梅丽莎·希林.技术创新的战略管理[M].第 4 版.王毅,谢伟,段勇倩,译.北京:清华大学出版社,2015:47.

将接近技术极限？如果采纳新技术，企业需要做出哪些改变？这些问题都很难给出简单的回答。

第二种情况下，新技术的性能水平不如现有技术，但新技术的进步极限远远高于现有技术，一段时间后，新技术必然超过旧技术。这种情况下，现有企业在决定是否采纳新技术时也面临很多问题：新技术的进步速度是否会随着投入的增加而快速提高？新技术给企业留下多少时间？企业是否具备接纳新技术所需要的能力？

从现有技术曲线转换到新技术曲线时，企业面临着很多困难。第一，新技术在早期的优势不明显，在当前竞争维度上的表现可能低于现有技术，现有企业会忽视新技术，或减少对新技术的关注度，降低技术变迁的紧迫性。第二，新旧技术变迁需要支付高昂的转换成本。企业需要购买新的技术设备，改变业务活动流程，学习新技术要求的各种能力，改变组织结构和战略。第三，企业内外部反对技术变迁的阻力很大。企业的主要收入来自现有技术生产的产品，现有产品部门在企业内部有很强的话语权，为了维护部门利益和个人利益，现有产品部门的主管会反对新技术。另外，技术变迁后，现有产品消费者、供应商、分销商的利益也会受到影响，他们也会对企业施加压力。第四，组织文化很难改变。成功企业都有稳固的组织文化，组织文化一旦形成后很难改变，文化是成员身份认同感的重要来源。技术变迁在一定程度要改变组织文化，这对管理者和员工来说很难接受。第五，大型企业具有官僚组织的特征，官僚组织具有抵制变革的保守性。安东尼·唐斯将其称为渐进保守主义定律，他认为，组织"随着自身的成熟，将倾向于变得更加保守"[①]，而这一定律"特别适用于官僚组织"[②]。

在技术变迁的断层地带，现有企业最常见的做法是继续加大对现有技术的投入，而不是主动实施技术变迁。理查德·福斯特将这种做法称为防守者悖论，认为"即便现有业务的每单位投资的收益都在递减，但它仍不能克服保护其现有业务这种本能的倾向。结果是它做的太少、太晚"[③]。当现有技术和市场带来的回报持续下降时，企业仍然不断在现有技术和市场上进行投入，这是一种很常见的现象。

在面临 S 曲线引发的技术变革时，现有企业有可能遭遇理查德·福斯特提出的帆船效应。现有企业会给旧技术投入更多资源，加快旧技术的进

① 安东尼·唐斯.官僚制内幕[M].郭小聪,译.北京:中国人民大学出版社,2006:21.
② 安东尼·唐斯.官僚制内幕[M].郭小聪,译.北京:中国人民大学出版社,2006:21.
③ 理查德·福斯特.创新:进攻者的优势[M].孙玉杰,王宇锋,韩丽华,译.北京:北京联合出版公司,2017:97.

步速度,试图使旧技术赶上新技术。[①] "帆船效应"来自帆船业的技术创新,帆船技术在 19 世纪中叶基本达到极限,1845 年,一艘名为"海洋君主号"的帆船达到创纪录的 22 海里/小时的速度,这已经接近了帆船技术曲线的极限。与帆船技术相比,蒸汽机技术可以极大提高轮船的速度。但是,用蒸汽机技术代替帆船技术,既要改变船只的部件,也要改变船只的整体架构,这对生产帆船的企业而言非常困难。于是,它们继续投入资源提升帆船的速度,试图通过建造快速货运帆船来与蒸汽机轮船竞争。但当帆船技术接近极限时,企业在技术革新上投入的成本很高,而帆船速度的提升很有限。另外,提升速度会影响帆船的机动性。1907 年 12 月,一艘试图和轮船一较高下的快速货运帆船在抛锚时沉没,这才使帆船企业彻底停止对帆船技术的投入。[②] 帆船效应广泛存在于其他行业。

新技术替代旧技术的过程也是市场从连续性阶段进入非连续性阶段的过程,在这一过程中现有企业会面临很大困难。在连续性阶段,企业在既定的游戏规则下行动,企业沿着现有技术曲线改进产品品质获取竞争优势,企业形成了与市场环境一致的组织结构、业务流程、资源配置方式、心智模式和组织文化。但新技术的出现改变了游戏规则,企业不仅要学习新知识、掌握新能力,还要改变心智模式和组织文化。在这场竞争中,新企业比老企业更有优势。新企业不具备与旧技术有关的各种知识,可以在发展新技术的过程中学习与之相关的新知识,按照新技术的特点建立相应的组织结构和业务流程,形成相应的心智模式和组织文化。而老企业需要做更多的工作,它们需要识别新技术的类型,分析新技术的性能参数,预测现有技术的极限,在采纳新技术后,抛弃不适用于新技术的知识和技能,学习掌握新知识和新技能,还要根据新技术变革组织结构和业务流程,甚至改变心智模式和组织文化。

破坏性创新常常出现在非连续性市场,在技术变革之外,还有一些因素会引发非连续性。乔·蒂德和约翰·贝赞特两位学者总结了非连续性创新的来源[③]:(1)新市场。现有企业过于关注现有产品市场,忽视了新出现的全新市场,新市场需要不同于现有产品的新产品。(2)新政策。政府宏观政策会影响绝大多数企业,政策的调整会改变管制规则,企业需要适应政策变化。(3)脱离正常轨迹。企业沿既有轨迹不断改进产品,但新产

① 理查德·福斯特.创新:进攻者的优势[M].孙玉杰,王宇锋,韩丽华,译.北京:北京联合出版公司,2017:3.

② 理查德·福斯特.创新:进攻者的优势[M].孙玉杰,王宇锋,韩丽华,译.北京:北京联合出版公司,2017:3.

③ 乔·蒂德,约翰·贝赞特.创新管理:技术变革、市场变革和组织变革的整合[M]. 第 4 版.陈劲,译.北京:中国人民大学出版社,2012:26.

品脱离既有轨迹,新技术可以生产替代品。例如数码照相技术对胶片照相技术的替代,手机导航对车载导航仪的替代,维基百科对《大英百科全书》的替代。(4)市场态度或行为的变化。这与德鲁克提出的人口与认知的变化引发的创新相类似。例如,年轻一代越来越习惯于通过数字设备获取信息,这会改变新闻出版业的运营环境。(5)解除管制。政府解除对某些行业或领域的管制政策,会改变该行业或领域的游戏规则,企业必须尽快学习和掌握新规则。(6)断层线的突变。对某些问题的持续关注导致问题急剧改变,企业需要适应新环境。例如公众对健康、环保、动物保护等问题的态度改变会影响很多相关企业。(7)商业模式创新。商业模式创新会改变竞争规则,仍在使用现有商业模式的企业会遇到巨大的危机。对传统媒体来说,双重出售的商业模式遭遇新媒体的猛烈冲击,媒体必须创新商业模式。(8)技术经济范式的转变。宏观层面的范式转变,如人工智能技术、区块链技术、5G 通信技术的发展和应用,会对很多行业产生深刻影响。

多西认为,技术进步的 S 曲线表明技术进步具有周期性,新技术对旧技术的替代类似于库恩提出的范式革命,新技术引发的非连续性表示新技术范式代替旧技术范式。多西提出,技术范式在广义上与认识论中的世界观有关,技术范式界定出需要关注的问题以及解决问题所需的具体知识,每一种技术范式都会基于对技术和经济的权衡来界定进步的标准。技术范式是从科学和技术发展中建立的、用于解决特定技术难题的模型,而技术轨迹是在技术范式内对常规问题的解决模式。[1] 技术范式规定了技术轨迹需要关注和解决的难题,当新技术在和其他技术的竞争中获得主导地位后,就成为主导范式,随后的技术进步主要集中于对主导范式所限定问题的解答,在"解谜题"的过程中形成符合技术范式的技术进步轨迹。技术轨迹具有路径依赖性,当行业内绝大多数企业按照技术范式解决难题时,技术会沿着主导范式规定的方向发展,并在此过程中不断自我强化。在一定程度上,技术如同制度,存在路径依赖效应。在技术范式内的创新大多属于渐进性创新,新旧技术交替期则可能出现激进性创新。

安德森和塔什曼提出,技术不连续性引发技术范式竞争,最终出现主导设计,随后进入渐进性创新阶段,当主导设计遇到下一轮不连续性后,又会开始新一轮的范式竞争。[2] 克里斯坦森和阿特巴克认为,主导设计的出现是产业竞争的分水岭,他们研究磁盘业发现,将产品融入主导设计的企业,生存的可能性是忽略主导设计的企业的两倍。而且,主导设计存在窗

① Dosi G&Nelson R R. Technological paradigms and technological trajectories[J]. Social Science Electronic Publishing,1982,11(3):147-162.

② Anderson P&Tushman M L. Technological discontinuities and dominant designs: acyclical model of technological change[J]. Administrative Science Quarterly,1990,35(4): 604-633.

口期,在主导设计的窗口期采纳主导设计对企业最有利。① 苏亚雷斯和阿特巴克研究发现,在主导设计出现之前进入市场,会让企业有更充分的时间在迅速变化的环境中进行实验,从而降低企业失败的概率。②

阿特巴克和阿伯纳西将技术创新分为三个阶段:流变阶段、过渡阶段和成熟阶段。③ 在非连续性的流变阶段,市场和技术充满不确定性,许多企业进入市场,推出具有不同特征和功能的产品,产品需要接受市场检验。最终,融入企业和消费者共同认可的特征的产品问世,成为该领域的主导设计。在主导设计出现之前,企业主要进行产品创新,通过不断调整产品的特性来了解市场。当主导设计出现后,进入第二个阶段,过渡阶段的企业不再将主要资源投放在产品创新方面,它们主要从事流程创新和工艺创新。在既定的技术范式和技术轨迹下,围绕主导设计改善和提升产品流程及工艺水平。随着企业不断改进产品品质,创新进入到渐进性创新的成熟阶段,成熟阶段的竞争主要围绕产品成本、价格、生产效率、运营水平等因素展开,企业会通过规模经济、网络外部性来增强产品竞争力。随着技术S曲线越来越平缓,在现有技术下提升产品品质的空间变小、成本变大,行业内外的企业开始关注可以取代现有技术的新技术,并在随后开始新一轮创新。阿特巴克和阿伯纳西认为,在创新的不同阶段,企业之间有不同的竞争维度和类型。在流变阶段,主要竞争维度是产品的性能表现。在过渡阶段,产品差异化成为主要竞争维度。进入成熟阶段,则以成本最小化作为竞争维度。④

哈佛大学商学院的克里斯坦森教授是破坏性创新理论的集大成者,他在20世纪90年代对磁盘业进行研究后发现,磁盘业在每次技术创新中都出现"创新者的窘境",即每一阶段最成功的公司都没能在下一轮的技术创新中获得成功。成功的公司之所以成功,是由于它们可以比对手更好地满足消费者需求。但基于同样的原因,它们在新旧技术交替时过多考虑主流消费者需求,忽视新技术对现有技术的破坏性,最终在技术更替的浪潮中惨遭淘汰。⑤ 破坏性创新产品在初始阶段的品质低于现有产品,但新产品具备现有产品缺乏的功能和优点(如低价、便携、体积小),这会对一部分消

　① Christensen C M, Suárez, Fernando F, et al. Strategies for Survival in Fast-Changing Industries[J]. Managementence, 1996, 44(12-part-2).

　② Suarez F F & Utterback J M. Dominant Designs and the Survival of Firms[J]. Strategic Management Journal, 1995, 16(6):415-430.

　③ 乔·蒂德,约翰·贝赞特. 创新管理:技术变革、市场变革和组织变革的整合[M]. 第4版. 陈劲,译. 北京:中国人民大学出版社,2012:26.

　④ Utterback J M & Abernathy W J. A dynamic model of process and product innovation[J]. Omega, 1975, 3(6):639-656.

　⑤ 克莱顿·克里斯坦森. 创新者的窘境[M]. 胡建桥,译. 北京:中信出版社,2014:4.

费者产生吸引力。技术进步的速度非常快,新产品会快速提升品质,自下向上冲击现有产品。当新产品的品质满足市场需求后,产品竞争的维度会从性能品质转移到价格、便携性、体积等新维度,具备这些优点的新产品更有吸引力。

成功者失败,是因为它们过于成功。克里斯坦森的结论是:"良好的管理正是导致领先企业马失前蹄的主因。准确地说,因为这些企业倾听了客户的意见,积极投资新技术的研发,以期向客户提供更多更好的产品;因为它们认真研究了市场趋势,并将投资资本系统地分配给了能够带来最佳收益率的创新领域,最终,它们都丧失了其市场领先地位。"①

克里斯坦森的结论引起学术界和企业界的高度关注,破坏性创新理论也开始从学术界扩散到企业和社会公众,并在这个过程中遭到曲解和误用。从破坏性创新理论视角看,好的管理是成功企业失败的原因,这对那些管理良好的大企业来说非同小可。该理论认为,在破坏性创新浪潮中,小企业有可能打败大企业,这又给那些试图击败大企业的小企业充分的信心。但破坏性创新理论在从学术研究领域向企业和公众传播扩散的过程中遭到了曲解和误用,很多不属于破坏性创新的活动被归为破坏性创新,一些人出于各种原因提出主张,认为小企业一定会打败大企业。在没有理解破坏性创新理论、没有研究具体案例的情境和背景的情况下,很难对一个具体问题做出断言。

经济学家约书亚·格恩斯对滥用破坏性创新理论的现象提出批评:"当初,'破坏'的观念是为了说明伟大的公司何以会倒闭。时至今日,这个名词已遭到滥用。所有人、事、物似乎都可能造成破坏,而且每个人似乎都应该具有破坏力。虽然这是普遍的看法,但无一是明确的或正确的。现在我们必须将这个名词重新聚焦在其原始用途。"②

克里斯坦森本人也认为,破坏性创新理论遭到了曲解和误用,以至于把与破坏性创新无关的事物也称为破坏性创新。他说:"在过去的 20 年中,这套颠覆理论被许多人解读和误用,以至于所有巧妙、创新,伟大的事物都能与之挂钩。"③克里斯坦森提出:"颠覆理论如今面临成为自身成功的牺牲品的危险。尽管这一理论声名远播,但其核心概念却遭到了广泛的误读,其基本原则也屡屡遭遇误用。"④在本书中,我们将严格遵从学术界对破坏性创新的界定,用规范的概念作为整个研究的立足点。

① 克莱顿·克里斯坦森.创新者的窘境[M].胡建桥,译.北京:中信出版社,2014:引言.
② 约书亚·格恩斯.破坏性创新的两难[M].萧美惠,译.台北:台湾商周出版社,2017:前言.
③ 克莱顿·克里斯坦森,泰迪·霍尔,凯伦·迪伦,等.与运气竞争[M].靳婷婷,译.北京:中信出版社,2018:5.
④ 克莱顿·克里斯坦森.颠覆性创新[M].崔传刚,译.北京:中信出版社,2019:223.

　　戴蒙德和莱斯特认为,破坏性创新具有五个特征:[①](1)破坏性创新的成功起始于满足新出现的市场需求,或利基市场上尚未得到满足的需求。(2)它所表现出的一些特征得到利基市场消费者的欢迎,但没有得到主流市场消费者的青睐,因为他们认为新产品品质欠佳。(3)利基市场的接受增强了投资者在产品、服务和商业模式方面的投资,新产品品质不断提升,新产品可以创造新市场或进入新利基市场,扩大消费者规模。(4)随着对产品、服务和商业模式认识的增强,主流消费者市场重新评价新产品的价值。(5)主流消费者对新产品价值的评价催化新产品获得更大的成功,新产品破坏并替代了先前的产品、服务或商业模式。

　　新闻传播学界近几年也开始关注传媒业的破坏性创新问题,但研究成果数量有限。露西·昆认为,学界对媒体创新的研究不足,"尽管战略理论家对创新于媒介组织的重要性这一点没有异议,但从总体上来看,却很少有人去对创新产生的原因和它对媒介活动的影响等进行持续的研究"。[②]

　　2012年,尼曼基金会发布由克里斯坦森执笔的研究报告《成为破坏者》,认为传媒产业正面临着来自赫芬顿邮报、嗡嗡喂、克雷格列表、社交媒体等组织发起的破坏性创新,赫芬顿邮报和嗡嗡喂以低成本、个性化为优势进入传媒市场,媒体的商业模式从整合式的封闭生产转变为分散式的开放系统,媒体价值链上的活动开始成为相互独立的产品。[③]

　　坦贾和安妮编著的《媒体创新》一书提出,传媒产业的大多数创新属于延续性创新,但较少发生的破坏性创新对传媒业的影响更为深远,谷歌、脸书等互联网技术公司正在大量瓜分传媒业的广告收入,流媒体技术也在破坏传统的线性电视。他们认为,传媒产业的游戏规则正在发生改变,为了生存下去,传媒产业必须进行创新。[④]

　　安妮认为,传媒业最重视产品创新,特别是作为核心的内容产品创新,但对来自传媒产业外部的技术创新却不够重视。近几年,传媒产品的生产、发行、消费、产品形式等技术创新大多来自行业外部,传媒业创新不够,只是较为被动地把新技术纳入现有产品之中。[⑤]

　　露西·昆认为,传媒业对技术变革的认识不够,"传媒产业自身的发展

　　① P Thomond & Lettice F. Disruptive innovation explored[C]. 9th IPSE International Conference on Concurrent Engineering: Research and Applications (CE2002),2002-07.
　　② 露西·昆.媒体战略管理:从理论到实践[M].高福安,王文渊,译.北京:中国广播电视出版社,2013:149.
　　③ Christensen C & Dvaid skok. Be The Disruptor[R]. Nieman Reports,2012(66):3.
　　④ T Storsul & A H Krumsvik. Media innovation. A multidisciplinary study of change[M]. Göteborg:Nordicom,2013.
　　⑤ Bleyen V-A, Lindmark S, Ranaivoson H & Ballon P. Atypology of media innovations: Insights from an exploratory study[J]. The Journal of Media Innovations, 2014, 1(1),28-51.

要依赖于技术的革新,而传媒产业本身却很少意识到其每一步的发展都离不开技术的支持"①。管理学者明茨伯格曾经指出,"要让组织适应创新,而不是让创新适应组织"②。

国内学界用破坏性创新理论研究传媒管理的成果较少,一些研究把"破坏性创新"看作宽泛的概念,将其外延泛化,这可能让读者将任何一种新技术都误解为破坏性创新,这部分研究并没有很好地吸收和运用破坏性创新理论。

国内的研究主要集中于手机和图书出版业,少数研究关注发生在传媒领域的破坏性创新。比如,黄胜忠分析小米手机如何进入智能手机市场,认为小米利用价格优势,从低端边缘市场进入智能手机市场后逐渐向中上游市场发展,是典型的低端市场破坏性创新。③ 王钰分析网络书店对实体书店的影响,认为网络书店的纸质书和电纸书正在快速侵占实体书店市场④;程海燕研究破坏性创新对出版业的冲击,认为出版业在遭遇数字出版业务时出现很大困难,应该通过设立独立机构、构建符合破坏性创新业务的能力等方法进行数字化转型。⑤ 王辰瑶认为 BuzzFeed 通过内容创新满足消费者的交往需求,实现对传统媒体的颠覆,但 BuzzFeed 在新闻理念方面的颠覆性不足。⑥ 曾繁旭提出,以往的传媒创新研究大多关注持续性创新,对颠覆性创新关注较少,但颠覆性创新对传媒业摆脱困境、实现转型更加重要,传媒创新研究需要从关注持续性创新转向重视颠覆性创新。⑦

1.3 破坏性创新的价值

通过梳理破坏性创新研究的文献可以发现,破坏性创新是一种具有重要价值的创新。在传媒产业,破坏性创新的价值和作用主要体现在以下三个方面。

首先,破坏性创新可以推动传媒产业在技术范式和商业模式领域的深

① 露西·昆.媒体战略管理:从理论到实践[M].高福安,王文渊,译.北京:中国广播电视出版社,2013:129.
② 亨利·明茨伯格.战略规划的兴衰[M].张猛,钟含春,译.北京:中国市场出版社,2010:203.
③ 黄胜忠.弱势后入者的破坏性创新策略分析[J].商业研究,2014(7):50-54.
④ 王钰.破坏性创新、大数据与图书营销[J].科技与出版,2013(6):87-89.
⑤ 程海燕.破坏性创新理论对出版行业数字化的启示[J].编辑之友,2012(4):29-32.
⑥ 王辰瑶,范英杰.打破新闻:从颠覆式创新理论看 BuzzFeed 的颠覆性[J].现代传播,2016(12):35-39.
⑦ 曾繁旭.重新定义传媒业的创新:持续性传媒创新与颠覆性传媒创新[J].新闻与传播研究,2019(2):63-73,128.

刻变革,助力传媒转型。破坏性创新有两个主要来源,一是技术变革,二是商业模式创新。技术变革深刻影响着传媒产业发展,传媒业每一次重要的技术变革都会改变传媒业的运营生态。以移动互联网技术、人工智能技术、区块链技术、5G 为代表的新兴技术已经成为孕育破坏性创新的温床,这些技术必将引发传媒产业的深刻变革。在商业模式方面,传媒产业长期以双重出售作为主要商业模式,商业模式创新乏力。破坏性创新通过商业模式创新,为媒体转型创造新机会。技术范式和商业模式创新共同推动传媒产业转型。

其次,对破坏性创新的研究可以为学术界和传媒业界提供一个解释和预测媒体变革的理论分析框架,也有助于政府管理部门制定传媒业发展政策。近几年,随着互联网技术和人工智能技术的快速发展,传媒产业涌现出大量的创新实践。一些重要的创新属于破坏性创新,这些创新产生了重要的社会影响,引起媒体行业的重视,但对这类创新的理论研究仍有待深入。例如,一些媒体观察者和从业者感受到破坏性创新不同于其他创新,他们归纳出"降维攻击""跨界竞争""打通最后一公里""解决用户痛点"等说法,试图通过这些描述来把握破坏性创新的模式特征。这些说法虽然对破坏性创新做出了感性描述,但没能从理论层面给出有说服力的解释,理论的匮乏限制了他们对这一问题的理解,也使他们很难对破坏性创新的具体案例做出准确的分析和预测,更难就如何管理和启动破坏性创新制定出合理的决策。同时,对政府管理部门而言,认识和理解传媒产业破坏性创新的内在逻辑和一般规律,也有助于管理部门制定更加科学有效的产业政策。

最后,理解和掌握破坏性创新的基本规律,可以帮助传媒产业更有效地应对和管理破坏性创新,主动启动破坏性创新业务,赢得市场竞争优势。对于成功的媒体来说,破坏性创新始终是它们挥之不去的阴影,因为破坏性创新首先破坏的是行业中最成功的企业。在通讯行业,智能手机战胜了诺基亚;在相机行业,数码相机破坏了柯达;在百科全书市场上,维基百科破坏了《大英百科全书》;在影视租赁行业,奈飞破坏了百事达。在这些案例中,行业中最优秀的企业都遭遇失败,对行业中的优秀企业来说,破坏性创新如同魔咒。但是,优秀的媒体可以理解和学习破坏性创新,当它们理解和掌握了破坏性创新的内在逻辑和基本规律后,它们可以有效应对和管理破坏性创新,而非遭到破坏。我们的研究发现,优秀的媒体可以主动启动破坏性创新业务,增强不确定性环境下的市场竞争优势。

1.4 研究框架和内容

1.4.1 研究框架

本书分为五个部分,每部分由两章内容构成。第一部分是破坏性创新理论研究。第一章界定研究问题和研究背景,论述研究价值,对破坏性创新理论的研究文献进行综述,阐述研究框架和内容,阐明研究思路和研究方法。第二章主要评述破坏性创新理论的观点和内容,研究破坏性创新的模式与机制。

第二部分到第五部分是破坏性创新管理研究。管理学理论认为,管理工作由计划、组织、领导、控制四种主要职能构成。[①] 在创新管理研究中,创新管理过程分为搜寻、选择、实施、获取四个阶段。[②] 在现有创新管理研究基础上,本研究认为传媒产业可以通过"发现—决策—实施—获益"四个环节管理破坏性创新,破坏性创新管理由这四个环节组成,每个环节分两章阐述。

在"发现"环节,媒体需要寻找破坏性创新的机会;在"决策"环节,媒体需要回答"做什么"及"怎么做"两大问题;在"实施"环节,媒体要解决如何实施破坏性创新这一问题;最后,媒体管理破坏性创新的目的是从创新中获益,"获益"环节主要解决媒体如何从破坏性创新中获取收益的问题。本书研究框架见图 1-4。

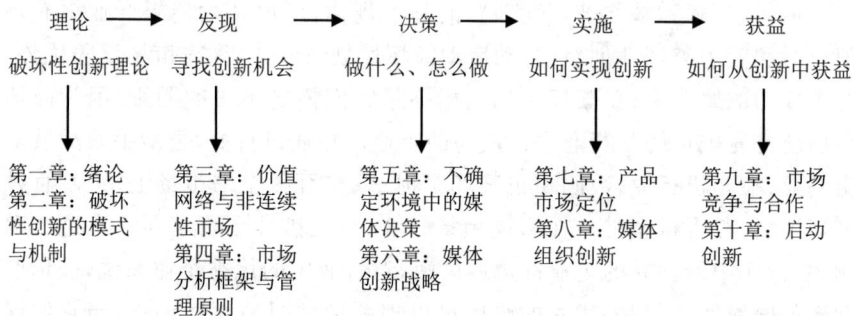

理论 →	发现 →	决策 →	实施 →	获益
破坏性创新理论	寻找创新机会	做什么、怎么做	如何实现创新	如何从创新中获益
↓	↓	↓	↓	↓
第一章：绪论 第二章：破坏性创新的模式与机制	第三章：价值网络与非连续性市场 第四章：市场分析框架与管理原则	第五章：不确定环境中的媒体决策 第六章：媒体创新战略	第七章：产品市场定位 第八章：媒体组织创新	第九章：市场竞争与合作 第十章：启动创新

图 1-4 本书研究框架

---

① 斯蒂芬·罗宾斯,玛丽·库尔特.管理学[M].第 7 版.孙健敏,译.北京:中国人民大学出版社,2003:8.

② 乔·蒂德,约翰·贝赞特.创新管理:技术变革、市场变革和组织变革的整合[M].第 4 版.陈劲,译.北京:中国人民大学出版社,2012:16.

1.4.2　研究内容

按照研究框架,本书的研究内容分为五个部分,共十章。

第一部分阐述破坏性创新理论。第一章为绪论,主要介绍研究对象、研究背景、框架、内容、思路、方法和选题价值,综述破坏性创新研究文献。第二章主要介绍本研究所应用的具体理论,阐述破坏性创新的模式和机制。

第二部分是"发现":主要研究媒体如何寻找破坏性创新的机会,由两章内容构成:第三章研究破坏性创新的环境,第四章研究如何建立传媒产业破坏性创新的市场分析框架。

第三章研究产生破坏性创新的环境——非连续性市场,我们提出媒体动态竞争的"气泡模式"理论,并用价值网络、单向度流动、技术轨迹等概念阐述破坏性创新的市场环境。第四章构建破坏性创新的市场分析框架与管理原则。这一章建立解释和预测破坏性创新的市场分析框架,并在已有研究基础上,提出破坏性创新的管理原则。

第三部分是"决策":主要研究媒体在管理破坏性创新时"做什么"和"怎么做"的问题。

第五章主要探讨不确定环境中的媒体决策,通过研究不同媒体的初始条件、市场机遇以及市场调整方式,探讨不确定环境中的媒体决策。第六章讨论媒体战略管理问题。媒体在管理延续性创新和破坏性创新时需要不同的战略,这要求媒体深入理解两类战略,做好战略平衡和战略创新。

第四部分是"实施":主要研究如何将发现的创新机会和制定的决策予以实现,由两章内容构成:第七章关注产品层面,主要研究如何开发新产品,如何对新产品进行定位;第八章探讨组织层面,研究媒体如何向创新型组织转型。

第七章研究产品市场定位。破坏性创新最终要落实到产品上,这一章采用基于情境的市场定位理论——消费者需要完成的任务理论,以此作为媒体产品市场定位和市场细分的依据。第八章研究破坏性创新环境中的媒体组织创新。主要从创新型媒体的组织设计入手,研究创新型媒体的组织设计和管理问题。

第五部分是"获益":主要研究媒体如何从破坏性创新中获取收益,影响媒体获益的主要因素有两类,一是媒体竞争与合作,二是主动启动破坏性创新。

第九章研究媒体竞争与合作,研究媒体市场竞争与合作对媒体收益的影响,先用边缘竞争理论评估媒体从事破坏性创新业务时的竞争力,再用"动机—能力"理论分析不同媒体之间的市场竞争,最后,运用"合作竞争"理论考察如何通过合作竞争为媒体获取更大回报。第十章研究媒体如何启动破坏性创新。这一章以媒体如何启动破坏性创新为主题,研究媒体开启破坏性创新的核心元素——高管领导、尽快发现商业模式、第二曲线思维、创新组织文化。

1.5 研究思路和方法

1.5.1 研究思路

以管理学中的破坏性创新作为基础理论,以"发现—决策—实施—获益"作为基本分析框架,结合对国内外传媒产业代表性案例的深入研究,归纳出传媒产业破坏性创新的一般性理论,并通过理论演绎修正和完善该理论。本书研究思路见图 1-5。

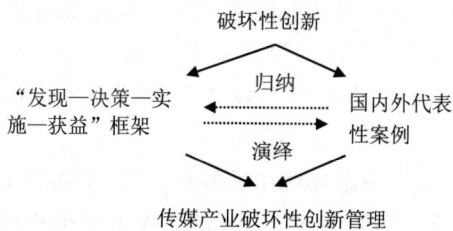

图 1-5 研究思路

1.5.2 研究方法

本课题主要采用案例研究和归纳—演绎的研究方法,力争将实证研究和理论研究相结合。

(1)案例研究

借鉴商学院常用的案例研究法,对传媒产业破坏性创新的代表性案例进行深入研究,通过案例研究构建理论。具体步骤为:①定义问题,启动研究;②选择案例;③研究工具和程序设计;④进入现场;⑤数据分析;⑥形成假设;⑦文献对比;⑧结束研究。①

(2)归纳—演绎

案例研究的目的是通过观察、描述和测量发现因果关系,最终归纳出理论,再将理论进行演绎以检验理论假设,发现反常现象后改进和修正理论,在不断重复中发展和完善理论。

---

① 李平,曹仰峰:案例研究方法:理论与范例:凯瑟琳·艾森哈特论文集[M].北京:北京大学出版社,2012:2.

第二章　破坏性创新的模式与机制

在本章,我们首先阐述破坏性创新理论,然后依次分析破坏性创新的模式与运作机制。

2.1　破坏性创新理论

在创新分类上,破坏性创新与延续性创新相对。延续性创新是在既有技术轨迹下对产品性能、质量、品质等进行持续改进,使产品更好地满足消费者需求。在传媒产业,同一市场中的媒体在内容品质方面进行的改进属于延续性创新。延续性创新是媒体熟悉的创新形式,在相对稳定的连续性市场,成功的媒体往往是最善于从事延续性创新的媒体。在延续性创新中,媒体沿着既有技术轨迹出发,不断改进产品内容品质,向利润丰厚的高端市场发展,在满足高端市场消费者需求的同时获取丰厚的经济回报。延续性创新既可以是渐进式的小幅创新,也可以是激进式的大幅创新,但无论是渐进式创新还是激进式创新,只要创新是在现有技术轨迹内推动产品品质提升,增强产品相对于对手的竞争力,这种创新就属于延续性创新。延续性创新是增强能力型创新,是传媒产业技术环境相对稳定的前提下对产品的改进和升级。借用软件行业的说法,延续性创新是在现有价值网络中给产品打补丁。

在媒体市场竞争中,大多数创新属于延续性创新,成功的媒体往往是在延续性创新方面表现最出色的媒体。延续性创新是在现有技术轨迹中不断改进产品质量品质的过程,在延续性创新中存在主导范式,各家媒体在相对稳定的技术环境下展开竞争,在市场竞争过程中逐渐形成评判产品质量品质的标准,各家媒体以此作为改进产品的指南,并投入资源提升产品质量品质。能够在主导范式下生产出最优产品的媒体,成为最优秀的媒体。在延续性创新中,成熟的优秀媒体通常占据市场竞争优势。

还有一种创新是破坏性创新,破坏性创新是环境变革时出现的创新。破坏性创新产品起初在质量品质等方面不如主流产品,对主流产品消费者缺乏吸引力。但是,破坏性创新产品能够提供不同于主流产品的新价值。虽然破坏性创新产品在初始阶段的性能、质量、品质、用户体验等方面低于现有产品,但新产品具备现有产品缺乏的功能和优点(如低价、便携、定制化、社交性、智能化),这会吸引一部分不同于现有产品市场的新消费者。这些消费者更重视新产品具有的新特征,愿意购买新产品。对于生产主流产品的成熟媒体来说,破坏性创新产品市场规模有限,产品利润不高,不以主流产品消费者为目标市场。因此,现有媒体并不会对创新者展开反击,这给新产品提供了发展机会。技术进步的速度非常快,新产品会快速提升质量品质,逐渐达到消费者需求,当新产品的质量品质达到主流市场消费者需求后,新产品的价格优势及其具有的新特征就成为吸引主流市场消费者的重要抓手,新产品开始吸引越来越多的主流产品消费者,自下向上冲击现有产品。

与常规化的延续性创新相比,破坏性创新更像塔勒布提出的"黑天鹅事件"——出现次数并不多,但会产生巨大影响。塔勒布在《黑天鹅》一书中认为,黑天鹅事件具有三个特征:意外性、极大的冲击性、事后的可预测性。① 黑天鹅事件属于非常规事件,由于很少发生,人们通常会忽视其存在,既不会预测也无法预测黑天鹅事件。但黑天鹅事件一旦发生又会产生极大的影响,人们往往在其发生后才能给出解释。相比于延续性创新,破坏性创新出现的次数较少,破坏性创新产品在质量品质上低于现有产品,对于以提升产品质量品质为目标的现有媒体来说,破坏性创新缺乏吸引力,它们并不会对破坏性创新给予太多关注。但是,破坏性创新对媒体的影响往往超过延续性创新,破坏性创新会改变产品竞争的维度,新产品为消费者提供不同于现有产品的新价值,当新产品在质量品质方面满足主流消费者的需求后,新产品在其他方面具有的新价值会对主流消费市场产生极强的吸引力。在技术环境相对稳定时,以延续性创新为主的现有媒体通常占据优势。在技术环境出现剧烈变革时,破坏性创新的新媒体会向现有媒体发起冲击和挑战。

对占据市场优势地位的媒体来说,破坏性创新的出现对它们构成了巨大威胁。这些成功的媒体发现,那些给它们带来成功的行动,也可能造成它的失败。换句话说,在延续性创新阶段行之有效的管理模式,并不一定适用于管理破坏性创新。成功的媒体要想在未来继续保持卓越绩效,必须学会管理破坏性创新。然而,在延续性创新中游刃有余的媒体管理者经常发现,他们并不懂得如何管理破坏性创新,因为管理破坏性创新需要遵循不同的法则。

克里斯坦森认为,破坏性创新有五个法则:②(1)企业的资源分配取决

---

① 纳西姆·塔勒布.黑天鹅:如何应对不可预知的未来[M].万丹,刘宁,译.北京:中信出版社,2011:序言.

② 克莱顿·克里斯坦森.创新者的窘境[M].胡建桥,译.北京:中信出版社,2014:引言.

于客户和投资者。(2)小市场并不能解决大企业的增长需求。(3)无法对不存在的市场进行分析。(4)机构的能力决定了它的局限性。(5)技术供应不等于市场需求。这五个法则让现有企业很难应对破坏性创新。

2.2 破坏性创新的模式

综合克里斯坦森和亨德森的研究,我们将传媒产业的破坏性创新分为三种:低端市场破坏性创新、新市场破坏性创新以及架构式破坏性创新。与之相对,有三种破坏性创新模式,低端市场破坏性创新模式、新市场破坏性创新模式以及架构式破坏性创新模式。

低端市场破坏性创新常常出现在产品过度满足消费者的成熟市场。在成熟市场,媒体通过延续性创新不断改善产品的质量品质,以至于产品品质超出消费者的实际需求,一部分对价格较为敏感的消费者不愿意为超出自身需求的品质支付溢价,这为创新者提供了市场机会。低端市场破坏性创新产品的质量品质不如主流产品,但是产品价格低廉,对价格敏感的消费者会选择低价产品。当新产品逐渐提升质量品质后,会对现有产品的主流消费者产生更大的吸引力,逐渐侵入主流产品市场。克里斯坦森认为,"通常,当现有产品和服务'好过头',从而相对于现有顾客能使用的性能而言索价过高时,低端破坏性创新就会发生"[①]。

新市场破坏性创新针对零消费市场。零消费市场分两种,一是出于各类原因尚未使用现有产品的消费者,二是虽然使用现有产品但对产品存在不满的消费者。[②] 在第一种零消费市场中,一些消费者由于缺乏资金或技能等原因无法完成某一活动,创新者推出低价、易用的产品,使这部分消费者有机会获得产品完成该活动。在第二种零消费市场中,消费者虽然使用现有产品,但对现有产品并不满意,他们希望用更好的产品替代现有产品,创新者可以为他们提供更高效、便捷、定制化的新产品。

新市场破坏性创新会创造出新的价值网络,形成与现有市场不同的新消费者市场。新市场破坏性创新需要找到零消费市场,而不是与现有媒体进行正面竞争。以零消费市场为目标市场,有助于减少现有媒体的反击。在这个动态过程中,创新者不断提升产品品质和质量,将更多消费者吸引到新价值网络,逐步蚕食现有媒体的市场。

---

① 克莱顿·克里斯坦森,斯科特·安东尼,埃里克·罗恩.远见——用变革理论预测产业未来[M].王强,译.北京:商务印书馆,2012:6.
② 克莱顿·克里斯坦森,斯科特·安东尼,埃里克·罗恩.远见——用变革理论预测产业未来[M].王强,译.北京:商务印书馆,2012:39.

　　低端市场破坏性创新和新市场破坏性创新存在一定差别。低端市场破坏性创新的目标市场是主流产品过度服务的市场，主流产品不断进行延续性创新，以至于产品品质超出消费者实际需求，消费者不愿继续为产品支付溢价。低端市场破坏性创新产品以低成本、低价格为手段，向主流产品过度服务的消费者提供更具价格优势的产品。对低端市场破坏性创新者来说，市场是既定的，它们需要做的只是满足市场对低价产品的需求，而无需寻找产品市场。低端市场破坏性创新的商业模式要求媒体能够在产品低价的同时实现盈利，创新者需要在成本和资产流动性方面具有竞争优势，创新者要降低产品成本、提高资产利用率。

　　新市场破坏性创新针对的零消费市场，是尚未使用现有产品或对现有产品不满的消费者市场。新市场破坏性创新首先需要寻找零消费市场，这对创新者是一个不小的考验。创新者需要确定，是否存在零消费市场，然后研究如何满足零消费市场的需求，最后推出相应的产品。在产品早期，市场中愿意选择新产品的消费者较少，这要求创新者在产品销量较低时仍能实现盈利。新市场破坏性创新者通过提供新产品或改变现有产品来满足消费者，一旦找到目标消费者群体，并满足消费者需求后，新产品将很快为消费者接受，产品会有较高的市场增长率。比如，随着流媒体技术发展，越来越多的观众对定时定点定量观看的线性电视产生不满，他们或是不再订阅有线电视，或是不满于有线电视服务，而流媒体公司推出的服务可以使人们在各种终端上随时随地随意观看电视节目，而且订阅价格低于付费电视，流媒体公司随之吸引了一大批传统电视市场的观众。图 2-1 表示两种破坏性创新模式的差异。

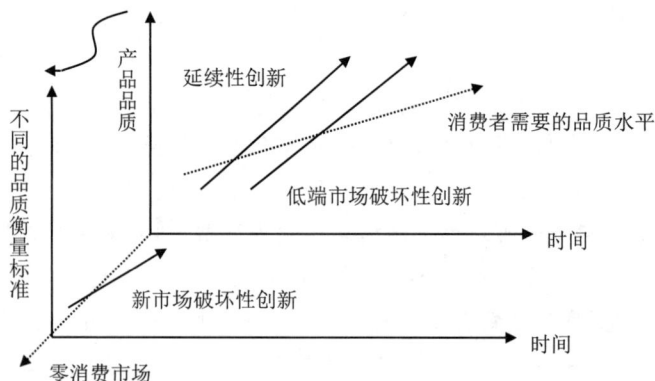

图 2-1　低端市场破坏性创新模式和新市场破坏性创新模式*

　　* 图片来源：克莱顿·克里斯坦森，迈克尔·雷纳.创新者的解答［M］.李瑜偲，译.北京：中信出版社，2013：34.

在图 2-1 中,虚线表示消费者需要的产品品质水平,实线表示媒体随时间推移提供给消费者的产品品质水平。当产品的品质尚未达到消费者需要的水平时,可以通过延续性创新不断改进产品品质,满足消费者需求,媒体可以在此过程中获得丰厚的经济回报。在图中表现为延续性创新的实线低于消费者需求的虚线,在这一阶段,延续性创新为主要创新形式,现有产品占有市场优势。

在市场竞争过程中,媒体竞相在主流市场关注的领域投入资源,提高自身竞争优势,持续的延续性创新不断推动现有媒体改进产品品质。当产品的品质超出消费者需求时,产品品质对消费者的吸引力下降,市场进入过度满足阶段,在图中表现为延续性创新的实线高于消费者需求的虚线,这为低端市场破坏性创新提供了机会。过度满足的市场会出现低端市场破坏性创新。

在主流媒体产品的维度之外,新市场破坏性创新产品提供新价值维度,从全新的维度衡量产品价值。比如,与传统媒体生产的新闻相比,新媒体提供的新闻在专业性、深度等维度存在差距。但是,新媒体提供的新闻更加便捷、快速、定制化、社交化、智能化,给消费者提供了不同于传统媒体产品的新价值,这对零消费市场具有很强的吸引力。对传统媒体产品不满的消费者,以及不太接触传统媒体产品的消费者,会受到新市场破坏性创新产品的吸引。当新媒体提供的产品在内容品质上达到主流市场消费者需求后,新产品开始对主流市场消费者产生吸引力,越来越多的主流产品消费者会转而消费新产品。

架构式破坏性创新模式在很多方面不同于低端市场破坏性创新和新市场破坏性创新模式。我们在上一章梳理破坏性创新文献时指出,产品知识包括部件知识和架构知识,产品创新既可以是部件层面创新,也可以是架构层面创新。部件创新只改变产品部件,但部件之间的连接方式没有发生变化,这种创新偏向于延续性创新。通常,现有媒体正是通过持续不断地进行部件创新改进产品品质。架构创新改变产品部件之间的连接方式,但不改变产品部件,架构创新的实质是"对已有系统进行重组,以实现现有部件间的重新连接"[①]。架构创新可能由于部件创新所引发,比如,产品某一部件的变化导致产品部件之间的连接方式发生变化,但架构创新对产品部件连接方式的影响远远大于对产品部件的影响。

架构创新是一种破坏性创新。在架构创新中,媒体关于产品部件的知识和技能仍然有效,但关于产品部件连接方式的知识和技能却变得无效,

---

[①] 蕾贝卡·亨德森,金·克拉克.架构性创新:现有产品技术的重组和在位企业的失败[M]//张钢.管理学基础文献选读.杭州:浙江大学出版社,2008:296-319.

媒体通常很难意识到这一点。对成熟媒体来说,它们已经形成了一套行之有效的产品知识体系,架构创新会让媒体一半的知识变得无用,媒体很难接受这一事实,也很难在知识体系中分辨哪些知识有用,哪些知识无用。

架构式破坏性创新出现于存在主导范式的成熟行业。在行业发展初期,存在多个相互竞争的技术范式,它们在产品部件以及产品架构等方面存在诸多差异,随着不同技术范式之间的竞争,越来越多的媒体开始接纳某种技术,这种技术最终成为主导范式。主导范式规定了产品的部件以及部件之间的连接方式,出现主导范式后,媒体不需要考虑产品架构层面的问题,媒体只需在既有架构下改进产品部件来增强竞争优势。因此,在一定程度上可以认为,主导范式的出现标志着产品竞争从部件与架构组合的竞争转移到部件竞争,这一转变对于媒体创新具有重要影响。

随着主导范式将产品竞争转移到部件层面,媒体开始把主要的资源分配到与部件知识有关的领域,媒体的组织结构、业务流程、沟通渠道和沟通方式、信息筛选机制等都围绕部件层面的问题展开。在重复解决这些问题的过程中,媒体发展起相应的问题解决策略,这些最有效的策略在反复使用中得到强化,成为媒体的管理惯例和默会知识。在面临问题时,媒体各级管理者和员工会自动忽略那些与部件知识无关的信息,也不用考虑解决问题的全部备选方案,他们凭借重复解决部件创新积累形成的默会知识和心智模式自动将问题分门别类,随后采用最有效的解决方案。在部件创新阶段,这是一种行之有效的创新管理模式。

当创新从部件层面转移到架构层面时,在部件创新中获得成功的媒体就会面临巨大的挑战。首先,架构创新不容易识别。媒体现有的组织结构、业务流程、沟通渠道和沟通方式、信息筛选机制等都服务于部件创新,这套体系和机制可以很敏锐地捕捉与部件创新有关的信息,但也会系统性地过滤与架构创新有关的信息。在产品部件没有发生大规模变化的情况下,媒体很难监测到架构层面的变化,即便媒体意识到产品架构的变化,它们也会首先考虑如何把新架构纳入到现有产品部件中。当媒体把新架构纳入现有产品部件后,会认为已经对创新做出有效应对,这会让它们对问题做出错误的判断。

其次,架构创新需要媒体转换学习模式。媒体需要从以掌握部件知识为主的学习模式转变到以学习架构知识为主的新模式,学习模式的转变是一件非常困难的工作,当现有架构仍然为媒体带来利润时,阻碍媒体实现学习模式转换的力量会非常大。相比之下,新媒体没有太多架构层面的知识,它们可以按照新架构建立组织结构、业务流程、沟通渠道和沟通方式、信息筛选机制,充分挖掘新架构的应用空间,在新架构中解决问题。

2.3 破坏性创新的机制

2.3.1 市场分析与市场预测机制

破坏性创新者会采用不同于成熟媒体的市场分析与预测机制。成熟的媒体在延续性创新市场竞争,它们已经发展出一整套适用于延续性创新的市场分析与预测技术,这套分析工具可以对新产品作出可靠的市场研究,成熟媒体的市场策略有三个特征:①严格的市场分析流程;深入研究产品市场;一旦制定决策后坚持执行预定战略。这套分析工具和技术适用于延续性创新产品市场,但并不适用于破坏性创新产品市场。在延续性创新中,产品和市场都是已知的,运用这套经过实践检验的分析工具可以做出有效预测。成熟媒体可以熟练运用这套分析技术,也有能力聘请高水平的市场研究公司和管理咨询公司帮助它们进行产品和市场调研。

但是,这套适用于已知市场的分析工具并不适用于未知市场。破坏性创新产品市场不同于延续性创新产品市场,对破坏性创新产品而言,产品是未知的,市场是未知的,消费者也是未知的。当新产品的商业模式、市场需求、发展前景、目标群体等都未知时,无法运用成熟媒体的市场调研工具分析新产品市场。新产品为谁服务是未知的,如何服务是未知的,产品市场在哪里,市场有多大,市场风险如何,产品的利润率、增长率等都是未知的,如何分析不存在的消费者和市场? 在这种环境下,适用于现有产品市场的分析工具派不上用场。新兴媒体在推动破坏性创新时,面对的是全然未知的市场,而现有媒体在已知市场运作,媒体无法将分析已知市场的工具应用于未知市场。

延续性创新偏向于需求拉动型创新,破坏性创新偏向于供给推动型创新。与延续性创新不同,破坏性创新产品的目标市场是零消费市场,零消费市场的用户不是主流产品市场用户,他们需要不同于主流产品的新产品,破坏性创新产品既可以满足现有市场需求,也可以创造出全新的市场需求。很可能当媒体推出全新的产品和服务后,消费者们才发现他们可以利用新产品实现新需求,或发现新产品可以比现有产品更好地满足他们的需求。需求拉动型创新偏向通过市场分析和调研展开创新,供给推动型创新更偏向通过设计开发新产品创造出某种全新的需求。延续性创新偏向于满足消费者需求,破坏性创新偏向于创造消费者需求。在启动破坏性创

---

① 阿玛尔·毕海德.新企业的起源与演进[M].魏如山,马志英,译.北京:中国人民大学出版社,2004:147.

新时,媒体很难事先分析和研究消费者需求,因为很可能消费者自己也不知道他们需要什么。

在《史蒂夫·乔布斯传》中有这样一段对话:"麦金塔发布当天,来自《大众科学》的一位记者问乔布斯做过什么类型的市场调研工作。乔布斯语带嘲笑地回应:'亚历山大·格雷厄姆·贝尔在发明电话之前做过任何市场调研吗?'"①乔布斯曾说:"有些人说,'消费者想要什么就给他们什么'。但那不是我的方式。我们的责任是提前一步搞清楚他们将来想要什么。人们不知道想要什么,直到你把它摆在他们面前。正因如此,我从不依靠市场研究。我们的任务是读懂还没落到纸面上的东西。"②乔布斯知道有人指责他的这种观点,但他不为所动。他说:"我坚信一切都是从伟大的产品开始。所以,我需要聆听顾客的声音,但他们不会直接告诉你明年会出现什么样的革新,又会怎样颠覆产业……的确曾有人指责我没有认真听取顾客意见,我认为其中的一些指责是有道理的。"③

福特公司的创始人亨利·福特在研发 T 型车时也曾说:"如果要问顾客需要什么,他们会说我想要一部更快的马车。"乔布斯也曾借用过福特的这句话:"我们清楚自己想要什么,并且已经建立了一套良好的体系,以了解其他很多人是否也有同样的需要。这就是我们的价值所在。你不能光跑到大街上去问人们:'下一个伟大的产品是什么?'借用亨利·福特的一句话:'如果我问顾客想要什么,他们很可能会说一匹跑得更快的马'。"④

亚马逊总裁贝索斯在谈及亚马逊研发智能音箱的经历时也说:"在我们之前,没有客户提出需要 Echo 智能音箱。这是我们在探索未知中萌生的灵感,市场调查没有提供帮助。如果你在 2013 年拜访顾客,问他们,'你们会想要一个放在厨房里永远开着的黑色圆筒吗?它跟薯片桶差不多大,你可以跟它说话,向它提问,它还能帮你开灯、播放音乐。'我敢向你保证,他们会奇怪地看着你说,'不,谢谢。'"⑤

消费者能够清晰阐明的需求可能不具有创造性或可行性,创新的含义是创造出前所未有的新事物。创新是创新者需要完成的工作,创新者可以观察、询问消费者,也可以根据技术创新创造新产品。但颠覆性的创新需

---

① 沃尔特·艾萨克森.乔布斯传[M].第 2 版.官延圻,魏群,余倩,等译.北京:中信出版社,2014:157.
② 沃尔特·艾萨克森.乔布斯传[M].第 2 版.官延圻,魏群,余倩,等译.北京:中信出版社,2014:501.
③ 乔治·比姆.乔布斯产品圣经[M].114 工作组,译.南京:江苏文艺出版社,2012:1.
④ 乔治·比姆.乔布斯产品圣经[M].114 工作组,译.南京:江苏文艺出版社,2012:5.
⑤ 拉姆·查兰,杨懿梅.贝佐斯的数字帝国:亚马逊如何实现指数级增长[M].北京:机械工业出版社,2020:136.

要创新者实现,创新者是联通消费者和技术之间的纽带,创新者的工作是将技术转变为可以满足消费者需求的产品。

破坏性创新能够创造出全新的市场需求,这一事实意味着,过于接近消费者可能是错误的,有些时候消费者并不知道他们需要什么。正如霍夫曼所说:"当你问客户他们想要什么的时候,他们会更倾向于描述他们所知道的东西,而不太可能去想象一件完全不同的产品。因此,他们会关注在现有方案基础上的增值改良。为了避免这一点,你的创新团队在向客户提问时应该这样问:他们希望这些产品能为他们做到些什么。"①如果媒体一味以消费者为中心,过于关注消费者表述的需求,忽视消费者没有表述的需求,以及新技术可以创造并满足的新需求,会使媒体固守于使用现有技术和产品,忽视技术和产品创新会产生并满足的新需求,消费者也会用更能满足他们的新产品代替现有产品。因此,过于强调传媒产品必须满足消费者需求可能是危险的,破坏性技术可以创造出全新的市场需求,消费者也会用新产品代替旧产品,因为新产品既可以比现有产品更好地满足现有需求,还能创造并满足新的需求。在新产品带来更好的满足后,消费者很可能离开现有产品。这时,生产现有产品的媒体将面临危机。

与新兴媒体不同,成熟媒体的市场策略有三个特征:②严格的市场分析流程;深入研究产品市场;一旦制定决策后坚持执行预定战略。首先,成熟媒体的市场创新是组织层面推动的系统工作,新产品从创意到落地有多层把关审核,成熟媒体既鼓励创新,又严格管理创新。其次,成熟媒体会对创新产品进行深入研究,会投入巨资进行产品创新,在实施创新之前,要从产品的创意设计、成本控制、市场需求、竞争对手等方面进行详尽研究,减少新产品的不确定性,确保巨额投资能够得到充分回报。另外,管理规范的成熟媒体在启动新产品时,有严格的商业计划,一旦高层通过计划,就会严格实施计划。即便新产品未能在预定时间带来回报,成熟媒体也会继续坚持执行计划,它们不会认为经过审慎研究的商业计划会出现问题,频繁变动战略计划将动摇投资者对媒体的信心。

在破坏性创新产品市场竞争的新兴媒体面临着变动和不确定的环境。新兴媒体缺乏资金、时间及充分的知识,无法对市场进行充分调研和分析,它们只能在试错中学习。新兴媒体资源有限,无法投入大量资源进行大规模生产,它们会探索市场,先推出最小可行性产品,测试市场对产品的反应,然后根据消费者意见改进产品,使之更好地满足消费者需求。新产品

---

① 史蒂文·霍夫曼.让大象飞[M].周海云、陈耿宣,译.北京:中信出版社,2017:200.

② 阿玛尔·毕海德.新企业的起源与演进[M].魏如山,马志英,译.北京:中国人民大学出版社,2004:147.

投资小，即便产品失败，损失也有限。它们不断尝试，直到新产品找到目标市场后，再投入更多资源量产产品。新产品的市场开发是一个不断试错的过程，新兴媒体在早期不应投入太多资源进行大规模量产，而应保留资源以便及时调整战略计划和产品方向。破坏性创新产品和延续性创新产品的管理存在重要差别，如果新兴媒体按照开发延续性创新产品的方式进行市场分析，再根据市场分析结果制定战略计划，然后投入大量资源生产产品，新兴媒体将会遭遇很大的风险。

首先，新兴媒体的创业资金有限，进行市场分析、制定战略规划、量产产品需要大量资金，一旦新产品失败，资金链断裂，媒体会遇到巨大困难。其次，不存在的市场无法分析。适用于延续性创新产品的市场分析工具并不适用于破坏性创新产品市场，即便新兴媒体进行市场分析，制定战略计划，这些分析结果和战略计划的实际价值也非常有限，有时甚至会误导媒体的决策，使其做出错误判断。最后，新兴媒体对市场和产品的了解是一个"做中学"的过程，自己能做什么，市场需要什么，如何满足消费者需求，诸如此类的问题只能在行动过程中发现和解决。

破坏性创新市场的未知性要求媒体以不同的方式进入市场。媒体无法事先制定出详尽的战略规划，然后按照战略规划一步步行动。这就要求媒体要善于学习和观察，在进入市场时投入较少资源，通过不断尝试寻找新产品的目标消费者市场，当找到可行的盈利模式后再投入大量资源生产产品。

这种低成本实验的方法不适用于成熟媒体。在成熟媒体中，如果管理人员在产品推广过程中出错，管理层会认为过错不在于产品，而在于执行者，这对管理人员在媒体内部的升迁极为不利，他们会尽可能避免出错。而破坏性创新产品却需要通过反复试错才能找到正确的市场，这种寻找市场的方法是成熟媒体的管理层和员工不愿意接受的，因为它不符合成熟媒体内部的人才晋升机制，这也使成熟媒体很难推动破坏性创新，即便高层管理者打算启动破坏性创新业务，负责执行的中层管理者和基层员工也会消极抵制。成熟媒体熟悉的延续性创新管理的流程是，先进行市场分析，然后制定战略规划，再执行战略规划，而新兴媒体在管理破坏性创新时采取相反的流程，先实施行动，根据行动收集的信息分析市场，然后制定计划，并随时根据新反馈的信息调整计划，甚至可以在市场信息与计划冲突时推翻原有计划。

2.3.2　资源分配机制

媒体的资源分配取决于消费者。通常，媒体认为自己在自主决定资源配置，向哪些领域投入资源、投入多少资源等问题是由媒体管理层决定的。但是，在市场经济中，消费者拥有决定权，消费者决定媒体的资源配置。原因在于，媒体只有将资源投入到消费者需要的产品和服务上，开发和生产能够满足消费者需求的产品，才能在市场竞争中获得成功。媒体通过市场调研、市场分析来了解消费者需求，根据消费者需求不断调整自身定位及产品特性。在市场竞争中成功的媒体，是比竞争对手更好地满足消费者需求的媒体。

在媒体决策过程中，消费者需求是引导媒体资源分配的准绳，成功的媒体能够有效满足消费者需求。不同媒体有不同的目标消费者市场，它们用不同方法管理创新项目，这可以在一定程度上解释，为什么一些传统媒体忽视新媒体市场。

第一，传统媒体有自己熟悉的消费者市场，它的主要收入来自主流消费者，传统媒体通过为主流消费者提供他们需要的信息和服务获得回报，主流消费者市场决定媒体资源分配的流向。传统媒体了解主流消费者的需求，能根据主流消费者需求的变化及时调整产品。这既是它们的长处，也是它们面临破坏性创新时的短处。消费者需求决定媒体资源分配，"如果企业的客户需要某种创新，领先企业会利用各种资源和手段来开发和实施这一创新。反过来说，如果企业的客户不想要或不需要某种创新，这些企业会发现它们根本不可能将——哪怕是在技术上很简单的——创新转化为商业用途"[1]。主流消费者是现有产品的消费者，他们需要现有产品持续提升质量品质，他们可能不是新产品的目标市场。新产品的目标市场是不消费现有产品或对现有产品不满的零消费市场，这部分市场不是传统媒体的目标市场，传统媒体不愿为这部分市场投入资源。

第二，与新兴的媒体公司相比，传统媒体管理规范的项目评估体系对新项目有严格的标准和要求，这些标准和要求不利于破坏性创新产品。现有产品市场规模大、利润高、风险低，而新产品市场规模小、利润低、风险高，传统媒体没有动力将资源投入到利润菲薄、前景不明的新产品市场。与新媒体公司相比，传统媒体的市场环境清晰、组织结构健全、管理规范、资本雄厚、利润率高，它们会用更加系统化的方法从事创新管理。在投入资源设计开发新产品之前，必须要有详细的市场调研报告，对利润率、市场规模、产品需求、消费者特征、市场未来前景等做出详细调查研究后，才能决定是否投资新产品项目。媒体在对某一产品项目做可行性评估时，有明确的市场需求、可行的盈利模式的项目会比市场需求不明确、没有盈利模

---

① 克莱顿·克里斯坦森.创新者的窘境[M].胡建桥，译.北京：中信出版社，2014：34.

式的破坏性创新项目得到更多关注,更有可能通过职能部门的评估。越是大型媒体,审批新产品项目时的要求越严格,它们在评估新项目可行性时考虑的不是领导者的个人能力,也不是项目团队的整体水平,而是项目是否符合媒体对市场规模和利润率的要求,以及项目风险的可控性。评估部门的任务是找到项目的缺陷和漏洞,通过评估的项目获得成功,说明评估部门完成本职工作。但是,如果通过评估的项目在实践中失败,评估部门就会遭到问责与追究。因此,越是管理规范的大型媒体,越会以严格的评估程序审查每一个新项目,有稳定的市场预期、风险可控、利润较高的项目要比市场未知、高风险、低利润的新产品项目容易通过评估。

第三,传统媒体长期在延续性创新轨迹上发展,在相对稳定的市场参与竞争,它愿意对风险可控、收益可观的项目投入资源,但对充满不确定性的产品项目不感兴趣。大型媒体有健全的项目评估制度,它们偏向于对有较大市场规模、风险可控、利润较高、有竞争优势的项目投资。当这种项目评估标准建立起来后,评估标准成为媒体内部各级管理者判断项目价值和可行性的依据,各级管理者将评估标准作为寻找项目机会、判断项目价值的标尺。当评估标准多次经过市场检验后,会逐渐沉淀为员工的心智模式,成为媒体的组织文化。当遇到不符合评估标准的新产品项目时,员工会自发将其排除,媒体的组织文化更青睐与之相符的产品项目。毕海德教授对大型企业创新决策的分析也适用于媒体,他说:"大公司决策制定者所需证据的性质导致了他们对某些创新活动的偏好,即那些风险与收益都可以加以客观评估的创新活动。对于那些不可预测或难以衡量的因素可能导致产出出现重大波动的投资项目,大公司所要求的客观公正的评估使其很难获得批准。"[①]

第四,随着传统媒体规模变大,规范化的创新管理成为传统媒体的业务流程,这套行之有效的流程在年复一年的运作中逐渐成为媒体的组织文化,决定了在它们眼中,具备何种特征的市场和产品具有吸引力。更具体地说,市场规模大小、利润率高低、目标消费者的人口统计学特征等因素决定了传统媒体的资源投放决策。例如,随着媒体规模变大,保持相应增长所需的市场规模也随之变大。我们在上文中举例说,一家销售额为1亿元的媒体要保持10%的年增长率,需要1000万元的市场。但对于一家销售额为10亿元的媒体而言,保持同样的增长率则需要1亿元的市场。因此,大型传统媒体通常对新媒体关注的新兴市场不感兴趣,原因之一在于新兴市场早期的市场规模无法满足大型媒体的增长需求。

---

① 阿玛尔·毕海德.新企业的起源与演进[M].魏如山,马志英,译.北京:中国人民大学出版社,2004:136.

　　而且,大型媒体的每一个项目都要经过评估,评估部门的人手有限、资源有限,它们更希望将有限的评估资源投入到能为媒体带来最大回报的项目上,而不是对所有备选项目投入相同的评估资源。在争夺评估资源的过程中,市场规模大、产品利润高的项目占有优势,一个为大规模市场服务的高利润产品可以为媒体带来丰厚回报,让媒体在激烈的市场竞争中获得优势地位,评估部门会将更多资源投入到这类项目上。随着时间推移,优先考虑大规模市场、高利润产品成为媒体评估项目的原则,媒体的评估原则逐渐成为员工的心智模式和媒体的组织文化,媒体更关注拥有较大市场空间和较高利润的产品项目,而忽视小规模、低利润的产品项目。传统媒体更愿意让新兴媒体做市场先锋,去探索新产品项目,如果新兴媒体的努力以失败告终,那么传统媒体没有任何损失。如果新兴媒体的尝试获得成功,实力更强的传统媒体可以凭借自己的优势地位进入该市场,赶走新媒体公司。但我们在随后的章节会揭示,在具有网络外部性的新媒体市场中,等新产品成长壮大后再进入市场,可能会错过进入市场的最佳时机。

　　第五,即便传统媒体的高层管理者决定投资破坏性创新产品,并要求媒体内部各级员工重视破坏性创新技术,也很难改变传统媒体既有的资源分配模式,新产品项目仍然难以得到充分投资。当媒体形成了以消费者为中心的观念,媒体的资源分配流程以消费者需求为转移,媒体所有活动都指向它们的主流消费者市场。根据前面的分析,破坏性创新产品市场不是媒体的主流市场,以消费者为中心的媒体很难将资源分配到主流消费者市场之外的领域。即便高层管理者要求媒体将资源投放到破坏性创新产品市场,但媒体内部的各种力量会严重制约高层管理者的决策,以消费者为中心的观念形成的体制格局和既得利益集团对资源分配发挥着更加重要的影响,正如克里斯坦森指出的,"真正决定企业未来发展方向的是客户,而非管理者;真正主导企业发展进程的是机构以外的力量,而非机构内部的管理者。成功企业以客户为导向的资源分配和决策流程,在决定投资方向方面所发挥的作用要远远高于管理者的决策"①。

　　从破坏性创新产品所需资源和技术角度看,传统媒体在开发破坏性技术方面并不存在太大困难,它们具备开发新产品所需的资源,也可以投入资源开发新产品。从媒体技术发展史上看,不少破坏性创新技术和产品由现有机构开发,但是它们一般不会为破坏性创新技术和产品寻找新市场,而是试图将新技术和新产品纳入主流技术和主流产品市场。在传统媒体内部,现有产品特别是拳头产品正在为媒体创造丰厚利润,围绕拳头产品

---

① 克莱顿·克里斯坦森.创新者的窘境[M].胡建桥,译.北京:中信出版社,2014:116.

聚集的部门和管理者在媒体资源分配活动中有很强的话语权。负责现有产品的部门和管理者不愿将资源投入到破坏性技术和产品上，更不愿让新产品冲击和破坏现有产品。负责现有产品的部门在媒体资源分配中拥有很强的话语权，它们是媒体内部的强势部门和既得利益者，来自现有产品部门的阻碍使破坏性技术难以得到必要的重视和投入。

主流消费者自下而上影响媒体决策过程。首先，呈现在高层管理者面前的提案要经过中低层管理者的筛选，基层员工和中层管理者会对备选项目和产品进行甄别遴选，将符合主流市场消费者需求的方案呈现在高层管理者面前，而将破坏性技术产品方案束之高阁。对员工和管理者来说，他们的个人职业生涯成就与其业绩密切相关，能为主流市场消费者提供高利润率的成功产品，对他们在媒体中的地位和晋升至关重要，前景不明的破坏性创新项目的风险太大。越是管理规范的媒体，对产品开发的要求越严格，一个好的产品计划应该有明确的市场定位、足够的市场空间、可行的商业模式、较高的利润率等特征，而这些特征都是延续性创新产品的特点。员工和中层管理者的职业生涯与其业绩密切相关，他们希望自己的职业生涯更加顺利，他们不愿因充满风险的破坏性创新产品项目影响自己在媒体内部的职业前景。

其次，即便媒体高层管理者批准破坏性产品项目，但负责执行项目的仍是业务部门和职能部门的中层管理者，如果中层管理者不能及时重视并充分投入新产品项目，也会导致新产品项目失败。在多数媒体中，通常由高层管理者负责制定战略，中层管理者负责执行战略，当战略执行者未能完全执行战略决策时，高层制定的战略很难获得成功。对媒体业务部门和职能部门的中层管理者来说，他们比高层管理者更接近一线市场，更加了解消费者需求和竞争对手动向，在主流产品仍然为媒体带来丰厚回报的环境下，很难说服他们将资源投入到充满风险的新领域。他们会提出，竞争对手正在延续性创新的维度上改善产品品质，而我们却要放弃利润丰厚的现有产品，这必然会影响媒体的市场竞争力。长期以消费者为中心的观念成为媒体的组织文化和员工的心智模式，让管理者和员工放弃现有产品，既不符合媒体的组织文化，也不符合他们的心智模式。中层管理者负责运营媒体主流产品，他们在媒体内部有较强的资源调配能力和话语权，一旦媒体决定将资源从现有产品转移到新产品，必然影响他们的权力和利益。在一些案例中，组织内部的权力斗争导致媒体无法启动破坏性创新项目。对商业领域的研究发现，"在争夺资源的博弈中，以现有客户的明确需求为目标，或者以竞争对手目前还无法满足的现有客户的需求为目标的项目，总是能压倒为尚不存在的市场开发产品的提案……事实上，任何没有针对客户的需求建立资源分配体系的企业都将以失败告终……即便高层管理者做出了开发破坏性技术的决策,当这项技术不符合企业或企业内的工作人员获得成功的模式,企业内的工作人员可能仍会对此视而不见,或者最多不太情愿地稍加配合……管理者很难要求有能力的员工持续、积极地从事一些他们认为没有意义的工作"[1]。

2.3.3 投资决策机制

成熟媒体在决定进入某一市场之前,需要进行严格的项目论证和市场调研,它们愿意进入大规模、高利润率、风险可控的市场,而不愿进入小规模、低利润率、高风险的市场。一般来说,破坏性创新产品市场在早期规模很小,充满风险,尚无可行的盈利模式,它们对传统媒体缺乏吸引力,传统媒体通常不会率先进入新市场,这为破坏性创新的新媒体提供了宝贵的时间和空间。

早期的破坏性创新产品市场并不为传统媒体看好,这给破坏性创新的新媒体提供了进入市场的机会。破坏性创新产品的目标市场是零消费市场和现有产品的低端市场,零消费市场不是现有产品的目标市场,低端市场利润率很低,当面临新媒体从低端市场发起的攻击时,传统媒体通常会放弃低端市场,转而为更有价值的高端市场服务。破坏性创新产品通过为低端市场或零消费市场服务,率先进入新市场,逐渐形成与新市场相匹配的商业模式,迅速在新市场获得成长。

研究发现,在延续性创新中,领先者和追随者之间没有明显的竞争优势差异,延续性创新中的市场领先者并不会占据优势地位。但在破坏性创新中,率先进入市场获得领先地位能为媒体带来巨大的竞争优势,媒体可以通过领先对手进入市场获得丰厚回报。对企业界的研究发现,进入新兴市场谋求发展的公司获得的收入比同一产业内进入大型市场的公司收入多10倍。[2] 延续性创新的媒体与对手在红海中激烈竞争,破坏性创新的媒体在少有竞争的蓝海获得丰厚回报。

在延续性创新中存在子弹时间,现有企业可以先观望新产品的发展,然后决定是否投入新市场,一旦投入,可以凭借自身优势占据市场。但在破坏性创新中,是否率先进入市场至关重要,破坏性创新要求企业具有不同于现有能力的新能力,甚至新能力与现有能力之间存在冲突。这种情况下,观望会错过机会窗口。

① 克莱顿·克里斯坦森.创新者的窘境[M].胡建桥,译.北京:中信出版社,2014:91.
② Rigby D K, Christensen C M&Johnson M.Foundations for growth:How to identify and build disruptive new businesses [J]. Mit Sloan Management Review,2002,43(3):22-31.

现有企业重视市场调研、凭借量化数字制定决策的方式也会产生不利后果。量化数据所能传递的信息有限，很多重要的信息不一定能够量化，量化在获取信息的同时也遗漏了信息，而遗漏的信息可能非常重要。有学者指出，"一个重要问题是企业对待新的商机往往就像它们处理原有业务一样。它们追求数据，即使那些关于并不存在的市场的数据在本质上是虚构的。实际上，很多重要的事情是无法被数据衡量的，而那些被衡量的东西往往可能并不重要"①。

另外，即便媒体意识到尽早进入新产品市场的重要性，也很难在早期进入新市场。而且，越是大型媒体，越难在第一时间进入新市场。一方面，如上文所述，媒体的资源分配活动由消费者决定，现有产品的消费者不是新产品的目标市场，媒体缺乏进入新市场的动力。另一方面，大型媒体需要保持较高增长率，特别对于上市媒体公司来说，资本市场对媒体公司的资本收益率有严格的要求，媒体规模越大，保持相应增长率所需要的市场规模越大，越难把小规模的破坏性创新市场纳入决策范围。媒体规模越大，维持相应增长所需要的市场就越大，但破坏性创新产品在初期的市场很小，无法满足大型媒体的市场需求。即使大型媒体意识到破坏性创新产品的市场潜力，它们也很难对新产品投入大量资源。

这一问题是媒体遭遇破坏性创新时的困境。当媒体还能从现有产品获取利润时，它们没有启动破坏性创新的动力，当现有产品的利润下降时，媒体可能错过了进入新市场的最佳时机。媒体需要在现有业务仍然盈利时就开始着手开发破坏性创新产品，并主动用破坏性创新产品颠覆现有产品。破坏性创新产品需要成长时间，等新产品逐渐成长壮大后媒体才能实现产品换代。媒体不能在现有产品衰退时才考虑投资新产品，因为新产品无法在短期内代替现有产品，给媒体带来足够利润。"大多数经理知道创造新成长业务对于保持企业长期可持续增长的重要性，但很少有人能做到。因为，在企业核心业务稳定发展期间，经理缺乏开创新业务的动力，而当主流业务开始衰退时，新启动的业务无法在短期内为企业带来足够回报。"②

现有媒体对破坏性创新的反应提高了创新者成功的概率。破坏性创新充满不确定性，创新失败的可能性很大，如果现有媒体看到创新机会后进入市场，可以凭借其市场优势给创新者造成沉重打击；如果现有媒体未

---

① 玛丽恩·德布鲁因.用户创新实战：围绕用户痛点打造创新的十大策略[M].高美，李妍，译.北京：人民邮电出版社，2017：188.
② Rigby D K, Christensen C M & Johnson M. Foundations for growth: How to identify and build disruptive new businesses [J]. Mit Sloan Management Review, 2002,43(3):22-31.

能在早期启动破坏性创新,就降低了创新者的风险,提高了创新者成功的概率。

2.3.4 创新管理机制

通过前面的分析我们发现,媒体需要同时管理延续性创新和破坏性创新,有两种机制可以帮助媒体管理创新。

第一种是构建双元组织。管理学家马奇最早提出,企业需要做好两种工作,一是利用,二是探索。[①] 利用主要涉及应用、效率、生产、执行等活动,主要为短期目标服务。探索主要涉及研发、风险、实验、创新等活动,主要为长期目标服务。利用侧重于运用现有知识和技能,探索侧重于学习新知识和新技能。在一定程度上,延续性创新偏向于利用,破坏性创新偏向于探索。

尽管利用和探索同样重要,但组织在适应环境的过程中通常偏向于利用。利用现有知识和技能服务于客户需求,可以即时得到回报。利用的回报是直接的、快速的、确定的,而利用的成本则是间接的、长期的、不确定的。从组织适应环境的角度看,能给组织带来即时回报的活动直接影响组织的生存,组织自然会把资源分配在这些活动上。从进化角度看,这些活动具有进化优势。在日复一日的重复中,这些活动不断得到强化。因此,媒体会不断强化利用,以便获取持续回报。但将资源分配给利用意味着探索不足,探索包括研发、实验、创新等活动,这些活动直接影响媒体的长期利益。对探索投入不足,导致媒体难以适应技术和环境变化。

马奇指出:"利用现有资源会产生直接可见的回报,让组织看到利用的益处。但组织的长期绩效既取决于利用现有资源实现产出最大化,也需要通过探索寻找未来机会。过于强调利用而忽视探索,会产生自我毁灭的可能性。"[②]这种自我毁灭的可能性,可以称之为利用带来的成功陷阱。通过不断利用获得持续成功,但最终失去探索的能力。马奇说:"在某方案上获得成功,就会重复这一方案;不断在这一方案积累经验,就会越来越胜任这一方案;越来越胜任这一方案,使用这一方案获得成功的可能性就越来越大。久而久之,组织变得如此胜任某一方案,以致很难转到另一方案,即使另一方案潜力更大。追求效率(利用)驱使探索,结果让长期适应变得更

---

① March J G. Exploration and exploitation in organizational learning[J]. Organization Science,1991,2(1):71-87.

② March J G. Exploration and exploitation in organizational learning[J]. Organization Science,1991,2(1):71-87.

难。"①

同样,偏重探索而忽视利用,固然可以增强媒体适应环境变革的能力,但也会损害媒体当下的竞争力和收益。探索可以增强组织适应环境变化的能力,但组织不仅要适应变革,还要考虑当前,组织毕竟要在当下的环境中运营,重视探索忽视利用会损害组织当下的表现,不断探索新事物但没有把握新事物,会让组织陷入失败陷阱。陷入失败陷阱的组织不断尝试,但没能有效把握创新机会。

利用和探索不可偏废,媒体需要在利用和探索之间实现平衡。在技术快速变革的环境中,同时管理好利用和探索,在利用和探索之间实现平衡,成为媒体创新管理的重要问题。

双元组织是解决利用与探索冲突的有效机制。双元性指一方面在成熟的市场中竞争,成熟市场的竞争优势来自延续性创新、关注客户需求、强大的执行力。另一方面,在新兴市场中竞争,新兴市场的竞争优势来自速度、灵活性、容忍失败。② 双元组织意味着媒体同时具备利用和探索两种能力,在利用现有知识和技能从事当前业务的同时,积极探索新业务所需要的新知识和新技能。

第二种机制是通过组建独立的小型机构管理破坏性创新产品业务。独立的小型机构也称为臭鼬工厂,该机构独立于媒体之外,按照新产品的性质和要求进行管理,新机构可以创建全新的业务流程和组织文化,不受现有媒体流程和组织文化的影响。新机构的组织结构、资源分配模式、业务流程、制度规范、组织文化都围绕破坏性创新产品展开。这个全新的机构独立开发破坏性创新产品,按照破坏性创新产品的特征寻找新市场,并不断改进产品以满足新市场需求。新机构自负盈亏,需要尽快实现盈利。新产品在试错中寻找商业模式,任何人在事先都不知道新产品的商业模式,只能通过反复实验,不断修改甚至推翻产品设计,直到为新产品找到令人满意的市场和商业模式。成熟媒体使用的市场调研方法无法运用于小型机构,新机构生产的产品充满风险,市场未知,新机构的资金和人力资源有限,市场机会稍纵即逝,这些都让新机构无法像成熟媒体那样进行严密的市场调研。新机构需要通过精益创业的方式,先投入少量资源进行试错,在实践中不断修改市场假设和产品计划。

要求新机构尽快盈利的原因在于,设定盈利目标会给新机构施加压力,迫使新机构以寻找可行的商业模式为工作重心,而不是盲目扩张市场

---

① 詹姆斯·马奇.马奇论管理[M].丁丹,译.北京:东方出版社,2010:66.

② Tushman M L & O'Reilly C A.Lead and disrupt:How to solve the innovatior's dilemma[M].Stanford University Press,2016.

份额。新产品的市场不同于现有产品的市场，给新机构设定盈利时间节点，有助于激励新机构尽快找到适合新产品的目标市场，并发现可行的商业模式。扩大市场份额不是新机构的目标，增加利润才是目标。如果没有可行的商业模式，那么扩大市场份额只会增加亏损。与增加市场份额相比，找到可行的商业模式是新机构的当务之急。

让小型机构开发新产品的另一个原因在于，小型机构运营成本低，对市场机会的判断不同于大型媒体。对大型媒体没有吸引力的市场，很可能是小型机构所需要的市场。破坏性创新产品在初期市场小、价格低、利润低，很难引起大型媒体的兴趣，但新产品相对较小的市场规模和利润却能够满足小型机构的需求。对大型媒体可有可无的市场，可能是小型机构梦寐以求的理想市场。将新机构从媒体中分离出来，按照新产品的性质特点运作，才能真正使新机构对小型市场产生兴趣，并围绕新产品制定竞争策略。如果新机构中的管理者和员工仍然在现有媒体工作，他们很可能忽视小规模、低利润的新市场。我们会在第八章具体阐述这一问题。

第三章　价值网络与非连续性市场

本章研究媒体竞争的环境和媒体的市场假设。我们的研究发现,媒体产品的竞争是动态竞争,媒体产品在不同阶段的竞争维度不同。当产品在某一维度上的品质超出消费者需要的水平后,媒体竞争会转移到消费者尚未得到满足的其他维度。动态竞争的气泡模式理论可以给这一现象做出有说服力的解释。

价值网络(value network)是组织运营的大环境。① 价值网络决定媒体的资源分配、运作流程、成本结构和市场判断,价值网络决定媒体生产什么、为谁生产、如何生产等重要决策,不同类型的媒体在不同的价值网络中运作,并基于所处的价值网络进行市场决策。

媒体有两种市场假设,连续性假设和非连续性假设。媒体通常在连续性市场运作,它们在连续性市场中形成相应的业务流程、资源分配模式、组织文化和心智模式。但市场也会出现非连续性,在非连续性环境下,媒体需要反思和调整连续性市场中形成的业务流程、资源分配模式、组织文化和心智模式。

3.1　媒体动态竞争与动态能力

媒体动态竞争理论认为,媒体产品在两种维度上进行品质竞争,一是内容品质,二是便携性、定制化、社交化、智能化、场景化等某种新维度上的品质。品质可能低于消费者需求,也可能超出消费者需求。图 3-1 表示媒体在内容维度和其他新维度上的动态竞争模式。

<table>
<tr><td colspan="2" rowspan="2"></td><td colspan="2" align="center">内容品质</td></tr>
<tr><td align="center">未达到</td><td align="center">超出</td></tr>
<tr><td rowspan="2">竞争维度
品质</td><td align="center">未达到</td><td align="center">缺乏竞争力</td><td align="center">当前维度竞争</td></tr>
<tr><td align="center">超出</td><td align="center">内容为王</td><td align="center">竞争维度转移</td></tr>
</table>

图 3-1　媒体动态竞争

① 克莱顿·克里斯坦森.创新者的窘境[M].胡建桥,译.北京:中信出版社,2014:34.

如果产品在内容与当前竞争维度上的品质都未能达到消费者需求,则产品缺乏竞争力。当内容品质没有达到消费者需求,但在当前竞争维度上的品质超出消费者需求时,媒体需要尽快提升产品的内容品质。当内容维度的品质超出消费者需求,但在当前竞争维度上的品质未能达到消费者需求时,媒体需要提高产品在当前维度上的品质。当产品在内容维度和当前竞争维度的品质均超过消费者需求时,产品竞争维度将转移到消费者尚未满足的其他新维度。

媒体动态竞争把内容维度竞争和其他维度竞争纳入到统一的分析框架,认为在不同市场阶段,媒体针对相应的维度展开竞争。内容是媒体竞争的基石,内容品质可以增强媒体的竞争力,只有当内容品质超出消费者需要的水平后,媒体竞争才会转向其他维度。动态竞争视角认为,内容品质是媒体竞争力的基础和源泉。当内容品质超出消费者需求后,媒体竞争会转移到消费者尚未满足的另一维度,媒体通过提升该维度上的品质增强竞争力,当这一维度上的品质超出消费者需求后,媒体竞争又会转移到消费者尚未满足的新维度上。

当媒体产品在内容和当前竞争维度的品质超出消费者需要的水平后,媒体产品的竞争维度开始转移到尚未达到消费者需求的其他维度,媒体需要将资源从先前投入的领域转移到尚未达到消费者需求的新领域。比如,当媒体产品在内容品质维度尚未达到消费者需求时,以提升内容品质为战略抓手是正确的战略决策,媒体在内容生产领域投入的资源越多,生产的内容越好,竞争优势就越明显,"内容为王"正是媒体在这一阶段最为重要的竞争战略。当内容产品的品质超出消费者需要的水平后,如果媒体能够让消费者为优质的内容支付更多货币或注意力资源,以弥补媒体在内容生产上的高额成本,即媒体从优质内容中获得的回报大于投入,那么媒体仍然可以加大内容生产领域的资源投入。但是,如果消费者不愿为优质内容支付溢价,或消费者对优质内容的支付意愿低于媒体生产优质内容的成本,从经济学角度看,媒体就不应继续在内容生产领域投入更多资源。

投资方在这一问题上比媒体更为敏感。菲利普·迈耶在《正在消失的报纸》中记载了一个值得深思的案例:[①]1986年,美国奈特-里德报业集团获得了7项普利策新闻奖,但是在宣布获奖的当天,这家公司的股票价格却出现下降。公司关系部主任霍金斯给分析家打电话,分析家解释说:"因为你们获得了太多的普利策奖。在这些项目上投入的资金应当被容许下降到账本底线。"从新闻专业立场出发,我们并不认同资本市场的这种做

---

① 菲利普·迈耶.正在消失的报纸:如何拯救信息时代的新闻业[M].张卫平,译.北京:新华出版社,2007:5.

法,好新闻对民主社会的健康运作至关重要。但作为上市公司的投资方,当媒体对内容的投入有可能超过内容带来的经济回报时,资本市场会敏锐地发出信号。

当媒体产品的品质超出消费者需要的水平后,产品从能给媒体带来丰厚利润的商品变成利润菲薄的货品,货品化(commoditization)指产品过度满足消费者使其从高利润产品降为低利润产品。例如,传统媒体在内容生产领域进行激烈的竞争,以便获得竞争优势。当媒体在内容生产领域的竞争日趋白热化,媒体在内容方面不断投入最终使得内容品质超出消费者需求,内容差异化由此失去了对消费者具有的吸引力,消费者不想为超出实际需求的内容产品支付溢价,内容产品带给媒体的回报随之下降。内容产品从能够为媒体带来高额回报的商品变为回报微薄的货品,市场竞争开始从内容品质转移到消费者尚未满足的其他维度。

我们用"气泡模式"描述媒体动态竞争过程的基本模式。在图 3-2 中,横轴代表媒体竞争维度,纵轴代表媒体产品的品质水平,品质水平自下向上提升。图形中间的波浪线表示消费者需要的品质水平,即无论在哪个竞争维度上,消费者对该维度上媒体产品品质的要求,消费者对不同维度的品质有不同要求,所以线条是一条波浪线而非直线。从 a 到 n 的气泡表示不同阶段媒体产品的竞争维度,气泡自下向上上升,表示在该维度上产品品质不断提升。波浪线是气泡上升的天花板,波浪线表示在该维度上的品质水平已经满足了消费者需求,该维度上的媒体竞争告一段落。下一个气泡开始成为媒体竞争的新维度,气泡自下向上上升,开启下一轮的媒体竞争,如此反复持续。

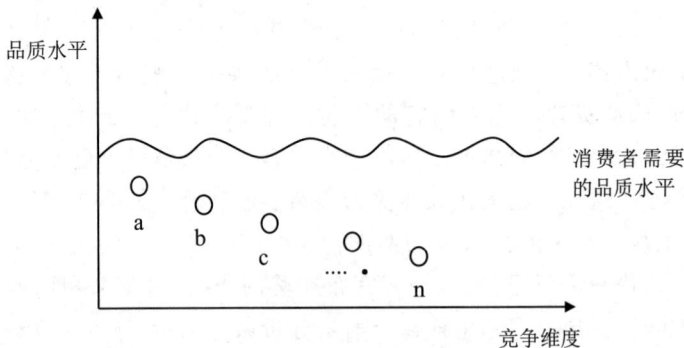

图 3-2　媒体竞争的气泡模式

"气泡模式"认为,当内容品质超出消费者需求后,媒体开始在多重维度上进行动态竞争。媒体需要核心竞争力,但核心竞争力并非某种特定的能力,而是随着竞争维度的变化而不断变化的动态能力。动态能力的核心在于,当媒体的内容品质超出消费者需要的水平后,媒体能够比竞争对手更快地提升产品在新竞争维度上的品质。"气泡模式"说明,媒体的核心竞争力是一种动态能力,先前给媒体带来竞争优势的某种能力一旦固化,可能会使媒体忽视竞争维度的转变。媒体需要具备动态竞争的战略视角,能够随竞争维度的变化不断调配资源分布。"气泡模式"能够帮助媒体认识到竞争维度的变化对媒体竞争能力的影响,在动态竞争环境下,媒体要培育能够随竞争维度变化而变化的动态竞争能力。

"气泡模式"要求媒体从动态视角认识产品创新。产品创新是一个动态过程,当媒体产品的竞争维度转移后,先前不被媒体重视的竞争维度成为竞争优势的新来源,媒体需要在新竞争维度上投入资源,培育新竞争维度上的竞争力。当媒体产品的内容品质超出消费者需求后,媒体竞争的基础将从内容维度转移到其他维度,此前凭借内容品质实现差异化竞争的媒体发现,内容作为竞争优势来源的作用开始下降。当内容品质超出消费者需求后,消费者不再关心内容品质之间的差异,内容品质差异对于提高媒体竞争力的作用变小,而消费者尚未得到满足的其他维度,如便携性、定制化、社交化、智能化、场景化、价格等成为竞争优势的新来源,但是在这些维度上,传统媒体并不一定具有竞争优势。在竞争基础转移后,传统媒体遇到掌握新技术的竞争对手,产品竞争从传统媒体熟悉的内容维度转移到它们并不熟悉的新维度。内容品质超过消费者需求意味着产品竞争基础开始变化,当新产品在内容品质维度达到消费者要求的水平后,新产品在便携性、场景化、社交化、定制化、智能化、价格等方面具有的特征成为新竞争维度,媒体市场的游戏规则即将改变,竞争优势的来源开始从内容维度转向新维度。

在新技术环境下,媒体既要围绕内容品质展开竞争,还要从便携性、定制化、社交化、智能化、场景化等维度展开竞争,但不同媒体对新技术的认识存在差异。对一些传统媒体来说,便携性、定制化、社交化、智能化、场景化等属性并不是它们主要的竞争维度,它们更习惯于围绕产品内容展开竞争。对这些媒体而言,便携性、定制化、社交化、智能化、场景化等属性服务于内容。它们会努力把这些新属性融入内容产品,使这些新技术做出迎合主流市场消费者的改变,一些媒体在这些年推行的媒体融合大多以这种思路为出发点。这种思路是从事延续性创新的媒体的惯性反应,它们试图把具有破坏性的新技术纳入现有产品,用现有技术和产品吸收接纳新技术,使新技术服务于现有产品市场。比如一些媒体陆续打造网站、数字报、客户端、中央厨房、官方微博、微信公众号等,它们将新技术视为既有技术和产品的延伸,认为媒体融合就是在既有产品中纳入各种新技术。其实,这种"传统媒体＋互联网"的融合模式是将破坏性创新的新技术纳入延续性创新的既有路径，这样做的结果是损害了破坏性创新技术具有的颠覆性，无法充分发挥新技术的潜力。

遵循动态竞争战略的媒体会以不同的态度对待新技术，它们认为应该从这些新技术自身的特性出发设计产品，并为新产品寻找相应的市场，而不是让新技术做出迎合主流市场的改变。新技术具有的移动化、定制化、社交化、智能化、场景化、低价等特性是设计产品和服务时的出发点，产品和服务应该以新技术自身的特性为核心，尽可能发挥新技术的优势，通过设计出最能有效发挥技术自身特点的产品和服务来创造全新的市场，并使产品比竞争对手更好地满足市场需求。对这些媒体来说，最大的挑战不是技术带来的挑战，不是如何将新技术加以改造，将其纳入现有产品市场，最大的挑战来自市场，即如何为基于新技术设计和开发的新产品寻找新市场，使新技术具有的颠覆性潜能在新市场中得以充分发挥。

不同媒体在面临破坏性技术时，往往采取不同的策略，策略的差异既会影响创新结果，也会影响利润流向。坚持静态竞争观的媒体更有可能将破坏性技术纳入现有市场和产品系统，具有动态竞争理念的媒体则围绕新技术开发产品、寻找市场。克里斯坦森提出："面临破坏性技术创新的成熟企业，通常将技术性挑战看作是它们面临的首要发展挑战，即改善破坏性技术，使其足以满足已知市场的需求。与之相比，在对破坏性技术的商业开发中做得最成功的企业，是那些将市场营销挑战（构建或发现一个新市场，其中的产品竞争主要围绕着产品的破坏性属性展开）视为它们面临的主要发展挑战的企业。"①产品竞争维度转变后，利润由先前的竞争维度流入新维度。当新产品的内容品质尚未达到消费者需求时，现有产品可以凭借内容维度的竞争优势获得丰厚回报。当新产品的内容品质达到消费者需求后，内容不再是消费者关注的重点，在移动化、定制化、社交化、智能化、场景化、价格等竞争维度中，具有一项或数项新竞争维度优势的产品将更受欢迎，消费者愿意为具备新属性的产品支付溢价，市场利润从内容维度流向新竞争维度，市场竞争的优势开始在不同媒体间转移。

研究发现，当产品竞争维度转变后，会同时出现货品化和反货品化两个过程。② 货品化意味着，当产品在内容维度上的品质达到消费者需求后，消费者不愿再为内容品质的提升支付溢价，产品利润率下降。反货品化是指，产品的竞争维度转移后，产品在新竞争维度上的品质未能达到消

① 克莱顿·克里斯坦森.创新者的窘境[M].胡建桥,译.北京:中信出版社,2014:214.
② 克莱顿·克里斯坦森,迈克尔·雷纳.创新者的解答[M].李瑜偲,译.北京:中信出版社,2013:121.

费者需要的水平,消费者会对产品品质的提升支付溢价,产品利润率上升。内容货品化并不意味着利润会消失,内容维度流失的利润会出现在价值链上的其他环节。内容货品化预示媒体产品竞争维度的转变,在产品内容货品化的同时,媒体产品的其他维度会出现反货品化,即利润从内容维度转移到其他尚未达到消费者需求的新维度,在这些尚未达到消费者需求的新维度上存在丰厚利润。在媒体产品价值链上,利润从品质超出消费者需求的维度转移到品质不够完善、无法达到消费者需求的链条环节。

媒体产品由许多模块组合构成,当媒体产品的内容品质超出消费者需求后,内容货品化,而其他模块的质量成为决定产品品质的关键因素,子模块可以通过提升品质以满足消费者对该环节品质的需求,也可以通过与内容的结合创造出新的产品形态及市场类型。

比如,媒体具有社交功能,贝雷尔森在1945年研究人们阅读报纸获得的满足时发现,通过阅读报纸获得社会接触是一项重要的满足。但传统媒体在社交维度上的表现并不出色,人们只能通过讨论媒体内容间接社交,很难直接利用媒体社交,而推特、脸书、微博、微信等产品通过强化社交维度的功能获得丰厚回报。再如,分类广告是传统报业广告的重要组成部分,但在报纸上刊登分类广告的费用不低、查询不方便、速度较慢,不能很好地满足消费者需求,1995年成立的克雷格雷表使消费者方便快速地发布各类广告。还有,传统媒体作为大众媒体,尽管也有受众来信、来论等受众生产的内容,但其绝大部分内容由媒体自身生产,受众在新闻生产中的作用很有限。新媒体技术极大地降低了生产内容的成本,Youtube 等 UGC 网站及社区迅速吸引消费者关注,使内容生产进入社会化生产时代。另外,传统媒体在内容推送上难以做到定制化、个性化、智能化,只能将同样的产品呈现在每个人面前,尽管媒体的内容品质达到了消费者需求,但消费者并不打算购买一期报纸或杂志上的所有内容,而嗡嗡喂、今日头条、一点资讯等通过算法进行智能推荐,可以为消费者提供定制化、个性化的内容。荷兰网站 Blendle 推出单篇付费模式,消费者只需在自己的订阅中为愿意阅读的单篇新闻支付费用。

产品竞争维度的变化意味着媒体竞争是动态竞争而非静态竞争,在不同阶段,媒体竞争的着力点不同,资源分配的方向和领域不同。决定媒体资源分配的核心因素是价值链上尚未得到满足的需求,而非价值链上过度满足的需求。比如,内容是媒体至关重要的竞争优势,"内容为王"充分说明媒体对内容作为竞争优势来源的重视,内容生产也成为媒体投入最多资源的领域。但内容作为竞争优势的来源是有条件的,当媒体在内容维度的表现尚未达到消费者需要的水平时,消费者愿意为内容品质的提升支付货币和注意力,提升内容品质能够为媒体带来明显的战略优势,媒体在内容生产领域投入资源、提升内容品质是理性的竞争战略。作为延续性创新,媒体长期在内容生产领域进行投入,不断提升媒体内容品质,最终使媒体内容品质超出消费者需求。当内容品质超出消费者需求后,内容之间的差异不再构成竞争优势,消费者并不关心品质超出自身需求的产品之间的差异性。内容作为竞争优势来源的作用下降,媒体从内容投入中获得的回报出现递减趋势,而价值链上其他尚未得到满足的需求成为新的利润来源,定制化、移动化、社交化、智能化、场景化等属性成为新的竞争维度,围绕新竞争维度设计和开发产品的新组织开始进入市场。

动态竞争意味着媒体的核心竞争力也是动态的,核心竞争力不是某种特定的能力。核心竞争力是随着竞争维度的变化而不断变化的动态能力,拥有核心竞争力的媒体具备的不是在某个特定维度的竞争优势,而是在快速变革的环境中满足消费者需求、创造市场价值的动态能力。如果仅仅把核心竞争力视为媒体在某一维度上特有的静态能力,很有可能会发现,今天作为核心竞争力的某种能力,在未来的媒体竞争中不再是核心竞争力,而今天看来并不是核心竞争力的能力很可能成为未来市场的核心竞争力。一些当下很重要的能力可能随技术进步而淘汰,而在未来应该普遍具备的能力我们今天并不知晓,更谈不上去掌握这些能力。剧烈变化的技术和市场环境要求媒体成为学习型组织,能够不断根据媒体竞争维度变化调整和更新自身能力,满足动态环境中的消费者需求,帮助他们完成特定场景中需要完成的任务。

亚马逊作为非常具有创新精神的公司,能够从动态能力角度理解核心竞争力。亚马逊公司首席执行官(CEO)贝索斯说,很多公司宣称自己以客户为导向,实则不然。"公司的能力集中在某些特定的方面,当它们试图将业务扩展到其他领域时,首先会问自己,为什么要进入这一领域?我们缺乏这一领域需要的技能。这就减少了公司的寿命。因为世界在变化,很多在过去有用的技能对今天的消费者毫无价值。更加可靠的战略是问问自己,我们的客户需要什么?然后通过创新解决技能缺口。"①

苹果公司也非常重视学习能力,乔布斯说:"学习新的技术和市场趋势对于我和其他苹果员工来说都是一种乐趣。事实上,这就是我们的工作,学习技术和市场趋势的方式有很多。五六年前,我们不懂视频编辑,于是收购了一家公司学习如何编辑视频。后来我们不懂 MP3 播放器,但员工很聪明,他们用批判的眼光研究了现有产品,然后结合苹果已有的设计、界

---

① Tushman M L, O'Reilly C A. Interview with Jeff Bezos, Business Week,April 28,2008 [M]//Lead and disrupt:How to solve the innovatior's dilemma.Stanford University Press,2016:49.

面、材质和电子产品方面的经验，打造出了播放器。如果不去研究学习，我们会变得很无聊。不断关注新事物是我们前进的动力。"[1]

克里斯坦森认为，动态竞争环境下有三种应对方法：一是向高端市场发展，将低端市场让给新进入者；二是努力与消费者需求保持一致；三是改变消费者对产品功能的需求。[2]

第一种办法是，通过延续性创新进入高端市场，将低端市场让渡给新进入者。低端市场利润低，竞争激烈，高端市场利润丰厚，竞争者较少。延续性创新推动媒体不断为高端市场服务来获得利润，把低端市场让给新进入者。这样做的结果是新进入者会从低端市场向高端市场发展，蚕食现有媒体的市场基础，这正是破坏性创新在很多行业领域的运作轨迹。我们将在下文中以门户网站与都市报的竞争为例，分析这一应对办法的利弊得失。

第二种办法是，增强媒体的学习能力和适应力，使媒体能力与竞争维度保持同步。当媒体以内容品质作为竞争维度时，媒体具备生产高品质内容的能力。当媒体内容品质超出消费者需求后，产品的竞争维度转移到场景化、社交化、便捷化、移动化、智能化等新维度后，媒体能够及时调整资源分配活动，将资源投入到新竞争维度，并在保证产品内容品质的前提下，比对手更快地提升产品在新维度上的品质水平，满足消费者需求。具有学习能力和适应力的媒体能够根据市场竞争维度的变化调整资源分配，使媒体能力与市场变化始终保持一致。

要让媒体能力与竞争维度保持同步，媒体需要平衡利用和探索两类活动。利用是运用现有知识解决问题，探索是创造新知识解决新问题。利用是在现有竞争维度上比竞争对手更好地满足消费者需求，探索是预测和发现未来产品竞争维度的走向。利用是把工作做得更好，探索是更好地工作。在静态竞争中，媒体擅长通过利用现有知识满足消费者需求，在动态竞争环境下，媒体还需要通过探索发现未来竞争维度的走向。

利用和探索是两类不同的活动，媒体既可以在内部同时管理这两类活动，也可以组建独立的新机构专门从事探索活动。新机构具有较高的独立性，有着与母媒体不同的组织结构、业务流程和组织文化，它们根据技术发展和市场环境独立设计和研发新产品，新产品的竞争维度不同于现有产品，它们更可能在便捷性、移动化、智能化、场景化、社交化等某种新维度上有出色表现。当产品竞争维度转变后，在某一新维度上具有优势的产品将获得丰厚回报。对现有产品来说，新产品具有极强的颠覆性，在一些案例中，新产品可能会颠覆现有产品。通过组建独立机构探索在新竞争维度上

---

①　布伦特·施兰德，里克·特策利.成为乔布斯[M].陶亮，译.北京：中信出版社，2016：233.
②　克莱顿·克里斯坦森.创新者的窘境[M].胡建桥，译.北京：中信出版社，2014：220.

具有优势的新产品,可以增强媒体的适应力,提高媒体动态竞争能力,让媒体能力与产品竞争维度保持同步。

第三种办法是,运用新技术提升产品品质,提升消费者对媒体产品品质的需求水平,使消费者对产品品质的需求与技术发展速度保持一致,避免或延缓产品超出消费者需求的现象。当技术进步使产品品质超出消费者实际需求时,采用新技术工具和方法生产新型产品,增加产品的技术附加值,提升消费者需要的产品品质水平,避免或延缓产品品质超出消费者需求的现象。

近几年,信息传播技术呈现爆发式发展,快速进步的技术使媒体产品品质很快超出消费者需求,加快产品竞争维度的转变。为避免产品过度满足消费者,媒体需要充分运用新技术提升产品品质,为消费者提供富含新技术元素的新型产品,提高消费者对产品品质的需求,避免或延缓产品超出消费者需求的现象。在生产媒体产品时,充分运用虚拟现实、增强现实、人工智能、信息可视化、大数据、新闻游戏、算法推荐、区块链等各种新技术,利用新传播技术提升产品附加值,创造出高品质的新型传媒产品,用富含新技术的高品质产品提高消费者对媒体产品品质的要求,避免或尽可能延缓产品品质超出消费者需求的问题。

在实施这一战略时,媒体与新技术公司及网络平台有共同利益,它们可以通过合作实现双赢。对技术公司和网络平台来说,如果没有把新技术应用于媒体产品,技术公司和网络平台会错过传媒产业市场。对媒体来说,如果不能将新技术元素融入产品,会面临市场竞争维度变化导致产品竞争力下滑的问题。媒体和新技术公司、网络平台合作,运用各种新传播技术设计和生产高品质的新型传媒产品,可以提高消费者对传媒产品品质的需求,解决产品品质超出消费者需求的问题。

在个人电脑市场上,微软公司与英特尔公司的合作战略符合这种模式,它们之间的合作战略对媒体产业具有启发意义。1965年,英特尔公司创始人之一的戈登·摩尔提出摩尔定律,认为计算机的性能每2年翻一番,后来这一时间缩短为18个月。在过去的50多年里,计算机性能的提升速度基本符合摩尔定律的预测。摩尔定律预测下,计算机性能以指数化速度进步,今天一台普通智能手机具有的计算能力已经远远超过早年大型机的计算能力。

摩尔定律之外,计算机领域还有一个并不广为人知的安迪-比尔定律:比尔会拿走安迪提升的性能(What Andy gives, Bill takes away)。[1] 安迪

① 吴军.浪潮之巅[M].第2版.北京:人民邮电出版社,2013:64.

和比尔分别是英特尔公司董事长安迪·格鲁夫和微软公司创始人比尔·盖茨。英特尔是全球最大的半导体生产公司,全球一半以上的电脑使用英特尔公司生产的中央处理器(CPU)。有人提出,个人电脑时代是 WinTel 时代,即微软的软件操作系统和英特尔的中央处理器系统主导个人电脑时代。摩尔定律意味着计算机的性能会持续提升,但是,如果消费者使用的计算机软件系统不需要太高的计算能力,计算机市场就会出现产品性能过度满足消费者的现象,人们不愿为更高处理速度的电脑硬件系统付费,英特尔等硬件公司会面临危机。计算机市场由软件供应商和硬件供应商共同组成,当硬件供应商由于产品性能过度满足消费者而遇到危机后,软件供应商也会受影响。微软作为最大的软件供应商,开始不断提升软件操作系统对计算能力的需求,微软每次新发布的操作系统都会对计算机的硬件性能提出更高要求。微软推出的新操作系统会提供很多新功能,新系统的办公桌面和软件对消费者具有很大的吸引力,但新操作系统要求计算机具有更高处理速度的 CPU、更大的内存和硬盘,这就促使消费者升级计算机硬件系统,以便使用新软件系统。

微软与英特尔密切合作,一方发布具有新功能的软件操作系统,一方发布处理速度更快的硬件系统,不断提升消费者对计算机性能的需求水平,避免硬件系统进步过快导致产品性能超出消费者需求的现象。消费者想得到具备新功能的软件操作系统,就必须升级硬件系统,因为新软件要求更高配置的硬件。尽管在摩尔定律作用下,计算机的计算能力持续提升,但个人电脑市场并没有像其他领域一样,出现产品性能过度满足消费者的现象。主要原因在于硬件厂商与软件厂商之间的合作,双方通过合作不断提升消费者对产品性能的需求。消费者要得到新软件操作系统,就得更换硬件系统,但硬件系统中的一大部分性能被软件系统占用,消费者真正提升的性能有限,这为下一轮软硬件系统升级带来机会。

在计算机领域之外,智能手机市场也存在类似现象,拥有共同利益的软件和硬件企业通过合作,可以解决产品超出消费者需求引发的竞争维度转变问题。来自计算机产业和智能手机产业的实践,对传媒产业具有积极的借鉴价值。

3.2　价值网络与单向度流动

价值网络是"一种大环境,企业正是在这个大环境下确定客户的需求,并对此采取应对措施,解决问题,征求客户的意见,应对竞争对手,并争取利润最大化。"①对传媒业来说,价值网络是媒体运作的环境,媒体在这个大环境中设计和生产产品,满足消费者需求,价值网络决定媒体的资源分配、运作流程、成本结构和市场判断。价值网络是媒体衡量产品不同维度属性价值的标准,对各种属性的价值判断构成媒体的价值网络。在不同的价值网络中,衡量媒体产品的标准不同,这些衡量标准构成媒体相应的价值网络,价值网络塑造媒体的核心能力和价值观念。比如,对追求新闻专业主义的媒体来说,客观、独立、真实等属性构成评价媒体产品价值的标准。对社交媒体来说,定制化、社交性、互动性、用户粘性等属性构成价值网络。重视新闻专业主义属性的媒体和重视社交属性的媒体处于不同的价值网络,它们对产品各种属性的价值判断存在差异,在专业媒体看来至关重要的属性却不一定为社交媒体重视,而社交媒体看重的属性也不一定属于专业媒体的价值网络。

价值网络影响媒体的成本结构和对市场机会的判断。在不同的价值网络中,衡量产品价值的属性不同,在产品中融入这些属性的成本不同,成本各异的媒体对市场机会的判断也会出现差异。成本较高的媒体需要利润率更高的市场机会,对它们而言,低利润率的市场没有吸引力,它们不会将低利润率市场纳入决策范围。相反,成本较低的媒体对利润率的要求较低,它们对有较高利润率的市场充满兴趣,一旦有机会就会进入市场。

比如,生产报纸的很大一部分成本用于纸张、印刷、发行等环节,真正用于生产新闻的成本只占总成本的一小部分,有学者研究报纸生产成本后发现,报纸总成本中60%到70%的成本用于购买纸张、油墨、印刷及发行投递,投入到内容生产方面的成本不到总支出的40%,其中投入到采编等核心领域的成本仅占25%左右。② 生产报纸的成本中只有1/4用于采编新闻,承载新闻的介质和其他环节要占用3/4的成本。对美国报业的研究发现,美国报纸的平均成本中,管理成本为14%,纸张占成本的16%,印刷成本20%,发行成本9%,广告成本14%,内容生产成本仅为27%。③

另外,报纸的生产成本也非常高。2017年《南方周末》发布反侵权公告称,《南方周末》每个字的生产成本为12元,《南方周末》解释说,"这里每个字12元的成本,并不是指创作者按每字12元给以稿酬,而是从现场采编、创作撰稿、编辑校对、印刷出版、推广发行等一系列成本"④。《新京报》

① 克莱顿·克里斯坦森.创新者的窘境[M].胡建桥,译.北京:中信出版社,2014:34.
② 支庭荣.互联网环境下二次售卖盈利模式再审视[J].现代传播,2015(5):121-125.
③ 胡泳.高质量新闻的命运[J].新闻记者,2013(8):10-16.
④ 搜狐.传统媒体内容生产成本有多高? 南方周末:每个字成本价12元[EB/OL].[2017-08-29].https://www.sohu.com/a/167970619_708049.

的一位管理人员透露,不算油印费,《新京报》每个字的生产成本为 5 元。①

报纸高成本的商业模式缺乏市场竞争力,它需要用较高的市场利润率来补贴业务成本。对报纸来说,越高端的市场,利润率越高,越能引起它的兴趣。而利润率较低的市场无法弥补报纸的生产成本,它们不会对低利润率市场产生兴趣。通常,新市场在早期规模较小,利润率较低,甚至尚未找到可行的商业模式,因而报纸往往不会选择进入这些新市场,但尽早进入新市场对于获得市场优势地位至关重要。对报纸特别是有较高利润率要求的报纸而言,它们对新兴媒体感兴趣的低利润率市场缺乏兴趣,导致它们做出这种决策的原因,是产品的成本结构以及这种结构对利润率的要求。

由此可见,价值网络是影响媒体市场定位的重要原因。对某家媒体有利可图的产品项目,可能对价值网络之外的其他媒体缺乏吸引力。影响媒体对新市场、新技术、新产品投入的不仅是它们拥有的资金、人才、技术、领导者等因素,还有它们所处的价值网络。价值网络为媒体界定出,哪个市场具有吸引力,哪个市场没有吸引力,以及不同市场的吸引力程度。凡是处于媒体价值网络之内的市场需求,媒体都会主动投入资源满足这些需求,对价值网络内市场需求的满足程度,可以衡量出媒体的市场竞争力。越是成功的媒体,越能有效满足价值网络内的市场需求。当市场需求处于价值网络之外时,无论这些需求多么迫切、多么容易得到满足,媒体都不愿为这些需求投入资源。业界人士将没有在现有价值网络内满足的需求称为"用户痛点",尽管用户存在痛点,但这些需求位于媒体价值网络之外,媒体具备解决用户痛点的能力,但缺乏解决用户痛点的动力。因而,价值网络既是媒体在现有市场中分配资源的准绳,但也成为制约媒体将资源投入新领域、解决用户痛点问题时的主要障碍。

在价值网络中,始终存在拉动媒体为高端市场服务的力量,这股力量阻碍媒体为低端市场服务。在高端市场上,消费者需要更高品质的产品,这些高品质产品的价格更高、利润更丰厚,因此高端市场对媒体的吸引力更大。为高端市场服务属于延续性创新,媒体只需在现有技术轨迹上不断提升产品品质,使之更好地满足高端市场的消费者需求,就可以得到丰厚的回报。在市场竞争中,力争上游的媒体都会不断改进产品品质,使产品优于竞争对手,媒体竞争的结果是产品向高端市场发展。相反,参与竞争的媒体很少会为低端市场服务,因为低端市场利润低,产品品质不佳。媒体产品只能从低端市场向高端市场发展的现象,称为单向度流动。

---

① 中华人民共和国国家版权局.网络媒体作品使用版权问题座谈会在京举行[EB/OL].[2014-06-17].http://www.ncac.gov.cn/chinacopyright/contents/596/209450.html.

　　导致媒体单向度流动的原因如下：首先，媒体的资源分配取决于消费者，媒体会把资源投给最有市场价值的消费者。可以简单地把媒体消费者市场分为低端市场、中端市场和高端市场，实际的消费者市场更加复杂，简化为三类市场可以更清晰地阐述问题。低端市场消费者愿意为媒体产品支付较低的价格、对广告商的价值低；高端市场消费者愿意为媒体产品支付较高的价格、对广告商的价值高；中端消费者介于两者之间。媒体为不同市场服务，得到不同的回报，高端市场利润率最高，中端市场次之，低端市场利润率最低。从经济学角度看，对媒体最有价值的消费者是能为媒体带来最大回报的消费者，通过为高端市场消费者提供高品质产品，媒体可以得到最丰厚的经济回报。

　　其次，在媒体逐渐改善产品品质、不断沿市场轨迹向高端市场发展的过程中，会形成与高端市场产品相匹配的成本结构和业务模式。高端产品的生产成本较高，这就要求媒体找到具有较高利润率的市场，媒体在向高端市场发展的过程中，需要不断提升产品品质，使产品比竞争对手更具吸引力。提升产品品质使其为高端市场服务，需要媒体不断增加对产品的投资，新产品的设计、研发、生产、分发、营销都需要投入大量资源，产品的每次创新都意味着巨大的资源投入，媒体为高端市场服务的过程也是产品成本逐渐上升的过程，高成本打造高品质产品，高品质产品服务高利润率市场。

　　以内容产品为例，生产一篇高品质新闻的成本非常高，而产品的生命周期很短，媒体需要投入巨额资源才能持续生产高品质新闻。比如，《纽约时报》在 2012 年 12 月 20 日推出重磅报道《雪崩：特纳尔溪事故》（*Snow Fall：The Avalanche at Tunnel Creek*），该报道融合文字、图片、视频、数字化模型、动漫、3D 等多种方式，讲述发生于 2012 年 2 月 19 日美国史蒂文斯·帕斯滑雪场 16 位滑雪爱好者遭遇雪崩的事件，该报道由 6 个故事组成。这篇重磅报道很受欢迎，6 天内获得 290 万次访问、350 万次浏览，并获得普利策新闻奖最佳特稿，评奖委员会对该报道做出很高评价，"《雪崩》对遇难者经历的记叙和对灾难的科学解释使事件呼之欲出，灵活的多媒体元素的运用更使报道如虎添翼"①。《纽约时报》还将该报道制作为电子书，以 2.99 美元价格出售。《雪崩》由 11 人组成的制作团队用 6 个月时间完成，仅人力资源和时间投入就很多。虽然《纽约时报》拒绝透露《雪崩》的制作成本，但有媒体称，该报道的生产费用高达 25 万美元。科技博客创始人奥姆·马利克认为，时报应该以这种类型的数字化报道模式为起点，开

---

　　① 陈力丹，向笑楚，穆雨薇.普利策奖获奖作品《雪崩》为什么引起新闻界震动[J].新闻爱好者,2014(6):43-46.

创一种新的商业模式,重新定义新闻报道。他说:"《纽约时报》的管理层真
该赌一把:斥资 2500 万美元打造 100 个类似'雪崩'的项目吧。"① 但《纽约
时报》网络业务负责人指出,《雪崩》不是时报网站的常规项目,因为这样的
新闻"十分奢侈"。② 对《纽约时报》这种行业顶尖媒体来说,投资 25 万美
元、指派 11 个优秀记者花费半年时间生产一部作品,也是"十分奢侈"的投
入,但类似《雪崩》的优秀产品非常有助于媒体满足高端市场的需求。

以都市报市场为例,从 20 世纪 90 年代中期开始兴起的都市报,起初
以普通市民为目标消费者,以社会新闻和民生新闻为突破口,为市民提供
各种有别于党报的新闻和信息,很快得到社会公众的欢迎,在全国许多城
市落地开花。都市报价格低,竞争激烈,在 2000 年前后,成都、南京、西安
等地还爆发过价格战,甚至发生过报纸售价低于废纸回收价格的现象。90
年代中期的都市报定位较低,当时的主流报纸仍然是定位更高的时政类报
纸。都市报市场竞争非常激烈,各地都市报在市场竞争中推出很多创新,
"三步五秒""扫楼发行""华西模式"等都代表着都市报当时的市场创新能
力。

都市报的市场竞争呈现出单向度流动的特点,在市场竞争中都市报逐
渐从低端市场向中高端市场发展。以 2003 年《新京报》的创办为拐点,都
市报开始向"主流大报""主流媒体"转型,从都市报提出的口号和愿景中可
以看出它们开始向中高端市场发展的意图。如《新京报》"一出生就风华正
茂""负责报道一切",《南方都市报》"办中国最好的报纸",《新民周刊》"我
们影响主流",《东方早报》"影响力至上",《华商报》"奉献最有价值的新闻
和信息",《城市画报》"新生活的引领者",《羊城晚报》"真知影响人生",《生
活新报》"新闻改变生活"。这些愿景标志着都市报特别是区域市场中成功
的都市报开始进入中高端市场,在它们看来,中高端市场的读者是"三高人
群",高学历、高收入、高消费,具有更强的社会影响力,主流大报需要"影响
有影响力的人",通过影响主流读者提升报纸的社会影响力。

传媒经济作为"注意力经济"和"影响力经济",对读者注意力的获取能
力和对读者的社会影响力,是决定报纸市场价值和社会价值的关键因素。
正如喻国明教授所说:"传媒作为一项产业的市场价值在于,它能够在多大
程度上保持它对于其目标受众的影响,并且这种对于受众的影响力能够在
多大程度上进一步影响社会进程、影响社会决策、影响市场消费和影响人

① 陈力丹,向笑楚,穆雨薇.普利策奖获奖作品《雪崩》为什么引起新闻界震动[J].新闻爱好
者,2014(6):43-46.
② 张祯希.业内人士:《纽约时报》数字化专题报道"雪崩"难复制[N].文汇报,2013-05-21.

们的社会行为。"①对都市报来说,高端市场读者愿意为高品质内容支付更多费用,越高端的读者越有影响力,市场价值也更高,都市报通过为高端市场提供高品质内容可以获得高额收益。对参与这场竞争的都市报们来说,当竞争对手不断增加投入、竞相为高端市场提供高品质产品和服务时,很少会有报社愿意减少投入,转而为低端市场服务。在市场化程度较高、竞争激烈的都市报市场,这样的做法相当于宣告自己主动退出市场竞争,极少有都市报愿意做出这样的决策。

3.3 市场真空与市场进入

在参与竞争的都市报纷纷为高端市场提供产品和服务的同时,市场底部出现真空状态,新的竞争者开始从底部进入市场。很少有都市报愿意为处在价值网络之外的低端市场服务。当都市报需要做出决策时,为高端市场投资的声音必然压过为低端市场服务的声音。媒体内部各级管理者的业绩与他们在媒体内部的升迁密切相关,能够为媒体带来丰厚回报的管理者,会有更加顺利的职业前景。在市场决策中出现重大误判导致媒体遭受损失的管理者,会面临极为不利的职业前景。如果管理者办公桌前放着两份投资提案,一份针对高端市场,一份针对低端市场,我们的理论可以预测,管理者批准高端市场提案的可能性更大。高端市场风险小、回报大、市场成熟,报社也非常熟悉如何为高端市场服务,因为报社一直通过延续性创新改进产品以满足高端市场需求,不断提高产品品质、更好地为读者服务已经成为报社内部的组织文化,是员工进行思考和判断的心智模式。毫无疑问,理性的管理者会批准针对高端市场的提案。当提升产品品质、为高端市场服务的组织文化形成后,报社内部甚至不会出现针对低端市场的提案,因为每位管理者和员工都知道,为低端市场服务的提案无法通过评估,提出为低端市场服务的提案会损害自己在报社的职业前景。越是管理规范的媒体,员工们越懂得如何按照媒体的组织文化采取行动。

市场底部的真空状态会吸引具有相应价值网络的新进入者。新进入者的价值网络不同于都市报,没有直接影响都市报的市场地位,都市报们并没有把新进入者视为竞争对手,进入者会建立与低端市场相匹配的业务模式,从市场底部发起破坏性创新,自下而上蚕食都市报的受众市场。从市场底部进入都市报市场的是以门户网站为代表的网络媒体,主要有新浪、搜狐、雅虎、网易、腾讯。美国学者乔纳森·尼曾经对传统媒体发出警

---

① 喻国明.关于传媒影响力的诠释——对传媒产业本质的一种探讨[J].国际新闻界,2003(2):5-11.

告:"互联网也许是某人的朋友(其中最引人瞩目的一类人是媒体的消费者),但互联网对已经盘踞在媒体业中的老牌公司并不友好。对于老牌公司来说,无论在成本方面还是在新的收入机会方面,任何来自互联网的利好都比不上降低进入门槛所造成的危害。从长远来看,进入门槛降低所带来的负面影响始终会压倒成本利好或增长所带来的机遇。"①

在门户网站成立之前,纸媒就已经开始尝试网络发行,国内最早进行电子化传输的是《杭州日报》,1993 年 12 月 6 日,《杭州日报·下午版》通过联机服务网进行传输,是国内第一家进行电子化服务的报纸。② 但当时我国还没有接入国际互联网,《杭州日报》的影响极为有限。《中国贸易报·电子版》在 1995 年 10 月 20 日上线,是我国第一家在互联网上发行的电子日报。③ 早期有较大影响的是张志新 1996 年开发的"瀛海威网络",瀛海威模仿美国在线的业务模式,用户需注册登记并缴费后方能使用。缴费模式降低了瀛海威的破坏性,张树新也于 1998 年离开瀛海威。1996 年年底,国内有 30 余家报纸发行电子版。到 1997 年年底,国内有 95 家报刊发行电子版,上网报刊约占全国报刊总数的百分之一。④ 但是,早期的电子版只是把纸质版的内容放在网上,从创新类型看,属于延续性创新。

真正对报刊产生冲击和破坏的是 1997 年到 1998 年相继成立的网易、新浪、搜狐、腾讯四大门户网站,门户网站的出现对包括都市报在内的报刊行业影响深远,它们从都市报市场底部的真空地带进入市场,创造出不同于都市报的价值网络,逐渐侵占都市报的市场空间。

门户网站从市场底部的真空地带进入传媒市场。它们刊载的新闻来源于传统媒体,以社会新闻和民生新闻为主要内容的都市报是门户网站的重要内容来源。消费者免费阅读网站上的新闻,网站可以对新闻即时更新,在时效性上具有优势。门户网站通过内容聚合、超级链接、多媒体呈现、实时互动等方式展示新闻,对消费者有很大的吸引力。消费者还可以在网络上进行评论和社交,BBS 论坛的互动性是单向传播为主的都市报所欠缺的。门户网站和都市报构建出不同的价值网络,都市报重视新闻产品品质维度,门户网站重视新闻产品的丰富性、时效性、互动性、社交性维度。

在门户网站发展之初,都市报等传统媒体并没有把它们看作对自己的威胁,没有针对竞争对手展开有效反击,反而把网站视为扩大自身影响力

① 乔纳森·尼,布鲁斯·格林沃尔德,艾娃·希芙.被诅咒的巨头[M].施乐乐,译.北京:中信出版社,2013:76.
② 彭兰.中国网络媒体的第一个十年[M].北京:清华大学出版社,2005:23.
③ 闵大洪.中国网络媒体 20 年:1994—2014[M].北京:电子工业出版社,2016:6.
④ 闵大洪.中国网络媒体 20 年:1994—2014[M].北京:电子工业出版社,2016:13.

和覆盖面的帮手。门户网站从都市报等传统媒体那里无偿获取新闻,很少给新闻生产方支付版权费用,尽管门户网站的转载可以增加新闻的阅读量和影响力,但新闻生产方并没有从中获得经济收益。

从1999年开始,都市报等传统媒体组织过几次集体行动,试图向网站索取版权费,但几次行动的效果都不尽如人意。早在1999年4月,就有23家上网新闻媒体在北京开会,对商业网站盗用新闻的做法进行批评。[①] 会上提出,坚决反对和抵制任何侵权行为,建立网络新闻传播的规则,商业媒体要使用它们的新闻,必须经过授权并支付版权费,使用时要注明出处和链接。会议还通过了《中国新闻界网络媒体公约》,但这次活动的实际效果不大。2005年召开的中国都市报研究会总编辑年会发布了索要版权补偿的"南京宣言",二十多家都市类媒体提出"坚决维护报纸的新闻知识产权。全国报界应当联合起来,积极运用法律武器,加强知识产权保护,维护自身合法利益,改变新闻产品被商业网站无偿或廉价使用的现状"[②]。但这一宣言并没有转化为实际行动。另外,在行业内部各家报社的意见也多有不同,尽管不少报社要求网络媒体支付版权费,但还有一些报社认为网络媒体的转发可以增强报道的影响力,还有一位总编说:"恨不得新浪、搜狐天天用我的新闻,唯一的期望就是注明出处。"[③]

2005年,报业开始进入寒冬期,它们在索取版权费问题上的态度越发坚定,2006年报业又一次发动版权保护活动,解放日报报业集团向全国其他38家报业集团发出《发起全国报业内容联盟的倡议书》,宣布要"共同制定向网络媒体提供新闻内容的定价规范,提高网络转载的门槛",保护报社要有"自己的知识产权,让新闻内容回归应有的价值"。《倡议书》宣称"我们身处一个内容为王的时代。每年,办一张综合性日报采编成本数以千万元计算;但当我们把优质新闻信息交给网络媒体时,得到的却只是象征性的区区几万元。付出与回报,何等悬殊"。针对过去认为网络媒体转载可以提高报道影响力的观点,报业进行了自我反省,"曾经我们还沾沾自喜,把自己最好的内容提供给网络媒体,期冀借助网络增加曝光率,显示自己的影响力。然而,当喧闹褪去,如今已是好好反思这一模式、重新审视内容价值的时候"[④]。然而,报业的集体行动并不顺利,内容联盟甚至没有召开第一次理事会。

报业未能有效反击网站转载新闻的原因在于,一方面,各家报社在这

---

① 彭兰.中国网络媒体的第一个十年[M].北京:清华大学出版社,2005:86.
② 李惊雷.报业"内容联盟"本质探析[J].新闻战线,2006(9):24-27.
③ 鞠靖.先分是非,再谈利益:媒体版权十年战争[N].南方周末,2014-06-12.
④ 鞠靖.先分是非,再谈利益:媒体版权十年战争[N].南方周末,2014-06-12.

一问题上的意见不一致。如上文中那位恨不得新浪、搜狐天天用他的新闻的总编，可能业内并非只有他一人持有这样的看法。报业内部不同报社的意见不一致、利益不同，有些报社希望建立严格的版权保护制度，但也有报社希望借由网络扩大自身影响，还有少数报社也会从网络上转载内容，建立严格的版权制度对它们不利。

另一方面，按照目前的法律规定，报社从网络转载中获得的版权费有限，版权费很难真正解决报业的经济困难。《著作权法》第五条第二款规定：时事新闻不适用于《著作权法》。都市报等传统媒体的时事新闻不受《著作权法》保护。在 2015 年 4 月，国家版权局在其发布的《关于规范网络转载版权秩序的通知》第四条对《著作权法》作出补充解释，"《著作权法》第五条所称时事新闻，是指通过报纸、期刊、广播电台、电视台等媒体报道的单纯事实消息，该单纯事实消息不受著作权法保护。凡包含了著作权人独创性劳动的消息、通讯、特写、报道等作品均不属于单纯事实消息，互联网媒体进行转载时，必须经过著作权人许可并支付报酬"。[①]

受著作权法保护的新闻报道所能得到的版权费并不高，但打版权官司的成本非常高，传统媒体通过司法渠道索要版权在经济上得不偿失。国家版权局 1999 年发布《出版文字作品报酬规定》，文字作品的报酬标准为每千字 30—100 元，转载作品支付的报酬更低。从司法实践看，法院规定取证时要将每篇侵权稿件单独立案，这极大地增加了维权成本。《新京报》在 2007 年起诉浙江在线，《新京报》提出，浙江在线网站刊载《新京报》的原创作品 7706 篇，杭州中院让《新京报》把 7706 篇作品分拆后立案，《新京报》认为诉讼成本过高，而且胜诉的收益很小，最终撤回起诉。《新京报》的管理人员在另一个场合说："在发生侵权时，公证费、律师费花了不少，每篇稿子的赔偿却只有几十元到一两百元，显然不划算。"[②]

在索要版权费之外，都市报们缺乏有效反击门户网站的办法，而门户网站不断提升新闻产品的品质，建立起不同于都市报的价值网络，吸引都市报的读者市场和广告市场。2000 年起，"网络媒体"的称呼开始流行起来，当年由国务院新闻办公室和中国记协指导、新华社承办的全国性论坛，名称冠以"中国网络媒体论坛"。2000 年，新浪和搜狐获得国务院新闻办公室批准的刊载新闻业务资格许可证，2001 年，更多门户网站获得该许可证，门户网站开始宣称自己是网络媒体，一些较大的门户网站认为自己是

---

①　中华人民共和国国家版权局.关于规范网络转载版权秩序的通知[EB/OL].[2015-04-22].http://www.ncac.gov.cn/chinacopyright/contents/483/249606.html.

②　中华人民共和国国家版权局.网络媒体作品使用版权问题座谈会在京举行[EB/OL].[2014-06-17].http://www.ncac.gov.cn/chinacopyright/contents/518/206690.html.

网络新闻传播中的主流媒体。[①]

门户网站在短短几年时间内提升内容产品品质,蚕食都市报的市场份额。当门户网站与都市报的内容产品都可以满足受众需求后,市场竞争从内容维度转移到其他维度,在新竞争维度上,门户网站更具优势。门户网站免费提供新闻,新闻数量多、时效性强、互动性高,超级链接可以方便地将相关新闻联系起来,网站可以集合文字、图片、音频、视频、动画等加工新闻,受众可以在论坛上自由发言讨论新闻时事。门户网站由此建立起不同于都市报的价值网络,不仅吸引都市报的受众,也引起广告商越来越大的兴趣。

2000 年网络泡沫破裂后,门户网站面临较大的困难。网易在 2001 年的广告收入仅为前一年的一半,搜狐在 2002 年年底之前一直亏损。但此后门户网站的收入迅速增加,新浪在刚成立的 1998 年只获得 18 万元人民币的广告收入,这对当时正处于高峰期的都市报没有任何影响,但 2003 年新浪的广告收入达到 4410 万美元。搜狐从 2000 年到 2003 年的广告收入分别为 580 万美元、920 万美元、1386 万美元、2950 万美元,门户网站迅速增加的广告收入开始影响都市报等传统媒体的核心业务。议程设置理论的创建人麦库姆斯教授曾提出媒体消费的相对常数理论,认为大众传媒支出在宏观经济中占据着一个相对固定的比例,他认为宏观经济的发展水平决定大众媒体市场规模,消费者用于大众媒体的支出占据总支出中的固定比例,各种不同媒体之间存在此消彼长的替代关系,新兴媒体得到的收益来自现有媒体的亏损。麦库姆斯使用从 1929 年到 1968 年的数据,检验消费者和广告主的媒体支出。在 1929 年,大众媒体支出占消费者总支出的3.46%,1968 年为 3.14%,均值为 3.04%,标准差小于 0.2。从 1929 年到1968 年,电视作为新媒体在美国得到接受和普及,1947 年美国只有2.5%的家庭拥有电视,12 年后这一数字上升到 85.5%。麦库姆斯认为,尽管宏观经济状况在改善,但电视的成功并非来自消费者新投入的资金,而是来自电影支出。电视刚刚出现的 1947 年,平均每个家庭每年在电影上的花费为 45 美元,1959 年,这一数字降为 25 美元。[②] 按照相对常数理论的解释,在广告总支出保持相对稳定的前提下,门户网站得到的广告收入来源于传统媒体的损失。

当都市报等传统媒体发现读者市场和广告市场受到来自门户网站等网络媒体的冲击,决定开始反击网络媒体时发现,这场市场竞争战不是刚刚开始,而是已经临近尾声。门户网站从市场底部的价值真空进入,在一

① 闵大洪.中国网络媒体 20 年:1994—2014[M].北京:电子工业出版社,2016:74.

② Mccombs M E.Mass media in the marketplace[M].Journalism Monographs,1972:24.

段时间里没有正面挑战传统媒体,传统媒体以高端市场为目标的核心市场没有受到来自底部的冲击,它们在追求高端市场、成为主流大报的过程中忽视了来自市场底部的挑战,甚至在一段时间内将网络媒体视为扩大自身影响力和覆盖面的盟友。网络媒体具有不同于都市报等传统媒体的价值网络,它对产品价值的衡量维度与都市报等传统媒体的衡量维度不一致,这也使都市报等传统媒体没有把网络媒体看作自己的主要竞争对手,利益本不一致的都市报也没有组织起有效的反击战略,当受众市场和广告市场大量流失后,都市报等传统媒体才发现,市场竞争优势已经偏向对手一边。美国学者科瓦奇和罗森斯蒂尔说:"传统媒体组织曾有机会创建(后来还有机会购买)那些摧毁了自己的经济基础的网站,其中包括 eBay、Craigslist、Google、Realtor.com 和 Monster.com。它们眼睁睁地看着这些机会离去,因为它们没有从根本上意识到这些新技术可能具有的价值。当时,这些技术公司并没有为传统的商业媒体增加直接的效益。它们看上去是不同的商业类型。但是,这些传统媒体没有想到,这些技术公司的功能与自己的并没有本质差异。"①

3.4　技术发展轨迹

通过分析门户网站与都市报的市场竞争,我们发现破坏性创新与延续性创新的技术发展轨迹存在差别。在延续性创新中,技术发展轨迹基本按照经典的 S 形曲线运作。在技术发展的早期阶段,技术进步的速度较慢,产品品质提升的幅度有限。当技术进入成熟期,人们对技术越来越熟悉,产品品质的提升速度越来越快,品质越来越高,这一阶段技术进入加速增长期,技术的快速进步加速产品品质提升。随后,技术进入衰落期,技术的增长潜力已经完全开发出来,产品品质很难继续提升,现有技术进入衰退期。在这一过程中,新一代技术开始出现,并逐渐取代现有技术,新技术再次开始按照 S 形曲线发展。

在延续性创新中,不同技术的价值网络即衡量产品价值的标准是一致的。现有技术不断提升产品在价值网络内的品质,新技术也在同一价值网络内提升产品品质。当旧技术的潜力完全释放、无法继续提升产品品质时,能够更有效地提升产品品质的新技术开始替代旧技术,但新技术是在旧技术的价值网络内改进产品,新技术本身没有创造出新的价值网络。

破坏性创新创造出不同于现有产品价值网络的新价值网络,这与延续

① 比尔·科瓦奇,汤姆·罗森斯蒂尔.真相:信息超载时代如何知道该相信什么[M].陆佳怡,孙志刚,译.北京:中国人民大学出版社,2014:193.

性创新中同一价值网络内不同技术之间的替代有很大差异。破坏性创新技术创造出新价值网络,新价值网络的产品价值衡量标准不同于现有价值网络,传统的 S 形技术发展曲线不适用于破坏性创新技术。图 3-3 表示两种创新之间的差异。

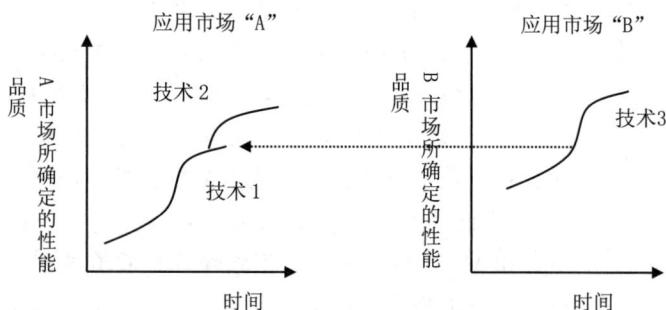

图 3-3　破坏性技术 S 形曲线*

＊图片来源:克莱顿・克里斯坦森.创新者的窘境[M].胡建桥,译.北京:中信出版社,2014:44.

左图表示同一价值网络内部不同技术之间的更替,当技术 1 进入衰落期后,技术 2 开始替代技术 1,两种技术都为同一市场服务,新技术与现有技术处于相同的价值网络。右图表示新价值网络中的技术对现有价值网络的入侵,技术 3 来自不同领域,虚线表示 B 市场中的产品可以跨界进入 A 市场。右图中,技术 3 先在 B 市场创造产品价值网络,新价值网络对产品品质的衡量标准不同于 A 市场的衡量标准,当新技术不断改进以提升产品品质,使其达到 A 市场中价值网络对产品品质的要求后,技术 3 生产的新产品就能凭借新价值网络赋予的优势进入 A 市场。新产品既能达到 A 市场中价值网络对产品品质的要求,又具有新价值网络赋予的新属性特征,新产品在与现有产品的竞争中就会拥有极大的优势,能够在短时间内获取明显的竞争优势地位。一些业界人士借用物理学中的空间维度概念,将新产品对现有产品的入侵称为降维打击,即新产品从更高的维度空间冲击低维度空间的产品。实际上,更高维度作为隐喻,指代的是新产品在新价值网络中所确立的新属性,当新价值网络中的技术能够让产品达到现有价值网络的品质水平后,产品竞争维度转移,新价值网络中的产品属性成为新的竞争维度,决定市场竞争优势的归属。

发生在不同价值网络之间的媒体竞争,是破坏性创新环境下的媒体竞争,在现有价值网络内运作的媒体遭遇来自不同价值网络的竞争对手。在这场竞争中,传统媒体处于不利地位。它们仍然在现有价值网络内改善产品品质,但产品竞争的维度已经从现有维度转移到新维度,新维度可以帮助消费者解决现有维度中难以处理的问题,业界人士将其称为用户痛点。用户痛点之所以困扰用户,是由于这些问题处于现有产品的价值网络之外。媒体所处的价值网络决定媒体对市场机会的判断,处于价值网络之内的市场机会,媒体会尽可能投入资源予以满足,对处于价值网络之外的市场机会,媒体不会做出积极回应。

　　而且,一些媒体认为,自己所属的价值网络和其他竞争者的价值网络之间存在界限。媒体通过市场细分、市场定位强化这种界限,认为这些界线构成护城河,保护自己不受竞争对手影响。它们认为市场竞争只存在于同一价值网络内部的媒体之间,这会让媒体过于关注价值网络内的其他媒体,忽视价值网络外部的潜在竞争者。事实上,不同价值网络之间会出现交汇,当新价值网络中的产品品质达到现有价值网络中产品的品质后,不同价值网络之间的边界随之消失,产品竞争从行业内部竞争转为跨越不同行业边界的跨界竞争。

　　传统媒体需要创新价值网络,以便与来自其他价值网络的新对手竞争。价值网络是对产品品质属性的排序,而决定产品品质的是技术。技术既是单数也是复数,复数的技术像一张网,各种具体的技术则是网络中的节点,节点之间相互连接。能够运用到经济社会中的技术是活跃的技术,技术如同生物体一样存在新陈代谢,可以更好地解决问题的新技术会取代旧技术。最活跃、最有价值的技术是技术上具有可行性、商业上具有经济性的技术。主导技术进化的力量有两类:一是市场需求,市场需求激励人们寻找可以满足需求的原理及技术,影响需求的是经济因素,有何种市场需求,就会产生满足该需求的技术。二是供给方的技术组合,可供组合的技术越多,能够出现的组合就越多,一旦可供选择的技术超出某个阈值,新技术会呈爆炸式增长。技术的进化使新技术取代旧技术,随之而来的是旧技术的子技术、附属技术也随之消失,旧技术崩塌后,新技术开始形成新的技术网。新技术网会创造出相应的社会经济结构,为经济提供基本框架,经济是技术的社会表达,技术成为这一阶段经济的表征,如蒸汽机时代、电气化时代、互联网时代等等。经济为技术提供市场利基,市场利基刺激技术发展,技术发展又反过来重构经济的结构和特征,"技术创造了经济的结构,经济调节着新技术的创造"[①]。

　　在技术变迁的大环境下,传统媒体需要从价值网络内的 S 形技术轨迹转换到能创造出新价值网络的新技术曲线。但技术变迁是复杂而困难的

---

　　① 布莱恩·阿瑟.技术的本质:技术是什么,它是如何进化的[M].曹东溟,王健,译.杭州:浙江人民出版社,2014:216.

过程,技术如同制度,存在路径依赖性。技术不断改进以提升产品品质,但每一种技术总会遇到自身的瓶颈,这时有两种解决问题的办法,一是更换阻碍技术提升的部件,二是通过其他技术的进步来改变现状,通过给既有技术增加新技术部件使现有技术继续提升,这种方法称为结构深化。① 在不断解决问题的过程中,技术变得越来越复杂,技术也会形成相应的发展轨迹,通过上述两种机制的作用,技术日趋复杂成熟、自我强化,产生路径依赖和锁定效应。美国经济学家布莱恩·阿瑟认为,有四个原因导致技术锁定②:(1)经过不断改进,成熟的旧技术比竞争对手表现得好;(2)采用新技术要改变组织结构,改变组织结构的成本太高;(3)从业者不认可新技术的愿景或承诺;(4)新技术会淘汰旧技术,新技术对旧技术的替代导致人们认知失调并产生情感反应。

首先,尽管旧技术已经达到天花板,无法继续提升产品品质,但这并不意味着媒体会选择能创造新价值网络的新技术。旧技术尽管难以继续发展进步,但目前非常成熟,在现有价值网络内的表现甚至优于新技术。比如,在内容生产能力上,传统媒体仍然具有难以撼动的优势地位,新媒体在短期内很难追赶并超越传统媒体。

其次,采纳和旧技术截然不同的新技术,需要媒体在组织结构、人员配置、业务流程等方面做出重大调整,而这对大多数成熟媒体来说都极为困难。比如,不少媒体认为自己非常重视建设新媒体,但它们投入在新媒体业务上的人力资源却很有限,对新媒体业务分配的资源并不多。有学者指出,“传统媒体的新媒体转型如果说需要一个具体指标的话,就是新媒体部的人占到总体人数的比例是否够高。绝大部分的传统媒体集团的新媒体部只有几十号人马,而传统媒体部门却成百上千”③。

最后,采纳新技术对从业者也是不小的挑战。在一些传统媒体内部,对新媒体的担忧强化了从业者对威胁的感知和判断。露西·昆认为:“对新事物的畏惧是传媒业从业者一直以来的一个反应。”④考察近几年离开传统媒体的从业者的离职文本,也可以看出离职者对新媒体的恐慌感。有研究者对新闻人的离职告白做内容分析发现,影响传统媒体人离职的主要

① 布莱恩·阿瑟.技术的本质:技术是什么,它是如何进化的[M].曹东溟,王健,译.杭州:浙江人民出版社,2014:147.
② 布莱恩·阿瑟.技术的本质:技术是什么,它是如何进化的[M].曹东溟,王健,译.杭州:浙江人民出版社,2014:155.
③ 朱春阳.媒体融合:传统媒体向新媒体学习什么[J].新闻记者,2016(5):53-58.
④ 露西·昆.媒体战略管理:从理论到实践[M].高福安,王文渊,译.北京:中国广播电视出版社,2013:129.

原因包括体制的禁锢、新技术的冲击、经营压力以及个人职业选择。[①] 浏览这些告白文本可以看到从业者的恐慌感,如"在媒体颠覆性的大变革前夜,既然谁都不知道我们的未来在哪里,何妨就走走看呢,到一个陌生的新世界里去,总不会比一艘沉没的巨轮更糟糕","自己身处一个人人都说'夕阳'的行业,根本无法为拯救这个行业做些什么。我自己本身就需要拯救","为了人生不留遗憾,为了不在平媒大船沉没中跟着沉沦,我必须走出这关键的一步","我开始慢慢理解一些全新的逻辑和想法,很像《三体》里一句无情的话,我消灭你,和你无关。这是另外一个世界,不是我积累了多年的知识和逻辑可以解释的。我开始有一种恐惧。世界正在翻页,而如果我不够好奇和好学,我会像一只蚂蚁被压在过去的一页里,似乎看见的还是那样的天和地,那些字。而真的世界和你无关"。[②]

其实,这些告白印证出传统媒体从业者在面对自己不熟悉的新技术时放大了的恐慌感,在恐慌感的影响下,从业者或是主动离开传统媒体,或是开始怀念"过去的美好时代"。但是,就像科幻小说家科利·多可托罗所言:"铁匠在啤酒中撒下眼泪,悲叹自己没有办法在铁路时代卖马蹄,但是这并不会使他们的马蹄更受欢迎,那些学习变成机械师的铁匠才会保住自己的饭碗。"[③]新媒体不是洪水猛兽,新技术也不是"另外一个世界",当传统媒体的从业者对新媒体技术发展演变的内在规律和逻辑有了更加全面和深入的认识后,他们的恐慌感会下降。胡泳教授对传统媒体从业者的这种恐慌情绪进行了善意的调侃:"在过去的这一年当中,如果你是传统媒体的精英的话,通常会干两件事。第一件就是你宣布从传统媒体辞职,第二件是辞职了以后写一封特别具有抒情意味的长篇,讲述自己为什么辞职的理由。"[④]

技术的路径依赖和锁定效应使传统媒体习惯于通过现有技术解决新出现的问题,这种效应称为自适应延伸,[⑤]即面对新问题时,习惯用现有技术或延伸现有技术加以解决。在实践中,自适应延伸使媒体对现有技术做出重新配置或增加新集成的方式来完成新任务,这会在技术层面上加剧媒体的延续性创新倾向。

---

① 陈敏,张晓纯.告别"黄金时代"——对52位传统媒体人离职告白的内容分析[J].新闻记者,2016(2):16-28.

② 和讯网.张泉灵撰文谈离职央视:生命的后半段,我想重来一次[EB/OL].[2015-09-10]. http://news.hexun.com/2015-09-10/178980408.html.

③ 埃里克·莱斯.精益创业:新创企业的成长思维[M].吴彤,译.北京:中信出版社,2012:序.

④ 胡泳.媒体发展核心是"对话为王"[EB/OL].[2015-12-22].http://app.myzaker.com/ news/article.php? pk=56791bbe9490cb5f5e000168&target=_new.

⑤ 布莱恩·阿瑟.技术的本质:技术是什么,它是如何进化的[M].曹东溟,王健,译.杭州:浙江人民出版社,2014:157.

3.5 跨界竞争与创新扩散

技术发展轨迹正在模糊传媒产业的边界,来自其他产业的产品开始和传媒产品展开竞争,传媒产业的创新呈现出跨界竞争的特征。比起传媒行业内部的竞争,来自行业之外的竞争者更具破坏性。随着技术变迁速度加快,媒体产品的生命周期变短,创新产品会在很短的时间内被其他产品替代。在迅速变革的环境下,媒体需要主动颠覆自己的成熟产品,以便跟上连续不断的创新浪潮。以跨界竞争、快速扩散、自我颠覆为特点的大爆炸式创新时代,一切坚固的东西都烟消云散了。

美国学者拉里·唐斯和保罗·纽恩斯在《大爆炸式创新》中提出,指数化增长的颠覆性技术推动创新进入大爆炸时代。不同于传统的延续性创新,颠覆性恰恰是大爆炸式创新的重要特征。大爆炸式创新是破坏性创新,会在很短时间内颠覆成熟的行业。传统的竞争环境下,媒体通过在某一方面(如价格、内容、定位、消费者、渠道等)实现差异化以获取竞争优势。但大爆炸式创新产品不仅同时面向所有用户,并且可能在价格、质量、便利性、定制化等多个方面优于现有产品。大爆炸式创新没有明确的竞争对手,而是通过提供新产品和服务创造出新的市场需求,让使用者以全新的方式完成某一任务,从根本上改写行业竞争规则。比如打车软件对出租汽车行业的颠覆;微信在短短数年内颠覆短信;手机导航软件颠覆车载导航仪;嘀嘀喂、赫芬顿邮报、社交媒体颠覆传统媒体;Kindle 等电子书对纸质图书的影响;慕课和网络公开课对传统教育的挑战。大爆炸式创新通常来自行业外部,行业内的组织很难预测和应对业外颠覆者,甚至无法预测竞争对手会在何时何地发起何种颠覆。正如唐斯所言,在大爆炸式创新时代,"你所面临的新竞争完全不受你的约束,而且根本不遵循原来的规则。大爆炸式创新甚至可能没想与你的产品进行竞争,甚至不会将你视为竞争对手。通常情况下,他们只是针对你的顾客抛出某些让人眼前一亮的东西,把消费者吸引到一个全新的业务上来"[1]。

传统的创新分三类:自上而下的创新、自下而上的创新和蓝海战略创新。自上而下的创新指企业通过成本领先、产品差别化、目标聚集三种基本竞争战略推动创新,在市场结构和产品技术相对稳定的环境下,自上而下的创新可以维持竞争优势。自下而上的创新属于破坏性创新,有两种实现方式,一种是低端市场破坏性创新,另一种是新市场破坏性创新。蓝海

---

① 拉里·唐斯,保罗·纽恩斯.大爆炸式创新[M].粟之敦,译.杭州:浙江人民出版社,2014:11.

战略不与竞争对手展开正面交锋,而是寻找低竞争的新市场空间,"蓝海代表亟待开发的市场空间,代表着创造新需求,代表高利润增长的机会,蓝海中竞争无从谈起,因为游戏规则还未制定"。①

通常情况下,媒体只能从以上三种创新战略中选择一种。但大爆炸式创新可以同时从多个层面进行创新,新产品价格更低(一些产品免费甚至补贴消费者),性能更优越,高度便携化和定制化,面向所有客户,开创全新的市场空间。大爆炸式创新产品具有颠覆传统产品的巨大优势。大爆炸式创新的特征是"三无":无章可循的战略、无法控制的增长、无可阻挡的发展,"三无"特征分别从战略原则、市场营销、创新方法三个方面改写行业竞争规则。②

在战略原则上,大爆炸式创新产品同时在价格、性能、定制化、便携性等方面超越现有产品,从高维空间向现有产品发起冲击,这主要得益于以指数速度进步的技术所提供的可能性。美国学者库兹韦尔在《奇点临近》一书中提出技术加速回报定律,认为技术以指数化速度进步。③ 拉里·唐斯在另一本著作中也提出技术增长的颠覆定律,认为今天的科技呈指数式增长,其速度远远超过社会、经济和法律制度的变化。④ 计算机技术方面,摩尔定律预测计算机的运算能力会每 18 个月翻一倍,而成本保持不变。以指数化速度突飞猛进的互联网技术为大爆炸式创新提供原动力,凭借互联网技术提供的可能性,大爆炸式创新产品以令人意想不到的方式改变诸多行业和领域。

在市场营销方面,梅特卡夫法则认为,网络的价值随用户人数增加呈指数式增长。大爆炸式创新产品凭借网络效应在短期内迅速增加用户,产品用户一旦超过引爆点,将出现井喷式增长。新环境下生产者和消费者之间协同合作生产产品,产品的研发、设计、加工阶段都有消费者的深度参与,这使产品能够更好地满足客户需求。传统的创新扩散理论认为,新产品的扩散需要较长时间,市场分为创新者、早期使用者、早期的多数、后期的多数和落伍者。但大爆炸式创新大大缩短了新产品的扩散时间,当产品满足早期创新者之后,其他顾客会一拥而上,在极短时间内普及新产品,创新扩散的钟形曲线压缩为更加陡峭的鲨鱼鳍曲线,这是大爆炸式创新扩散不同于传统创新扩散的重要特征。

① 钱·金,勒妮·莫博涅.蓝海战略[M].吉宓,译.北京:商务印书馆,2005:4.

② 拉里·唐斯,保罗·纽恩斯.大爆炸式创新[M].粟之敦,译.杭州:浙江人民出版社,2014:20.

③ 雷·库兹韦尔.奇点临近[M].李庆城,董振华,田源,译.北京:机械工业出版社,2015:3.

④ 拉里·唐斯.颠覆定律:指数级增长时代的新规则[M].刘睿,译.杭州:浙江人民出版社,2014:14.

比如,腾讯公司于2011年1月推出微信,2012年3月29日,微信用户破1亿;2012年9月17日,微信用户破2亿;2013年1月15日,微信用户达3亿;2013年7月25日,微信用户超过4亿;2016年8月,微信用户超过8亿;2017年6月,微信用户达到9.63亿;2019年第一季度,微信用户超过11亿。微信在14个月内使用户达到1亿,用6个月时间使用户从1亿增加到2亿,用4个月时间使用户从2亿变为3亿。仅仅8年时间积累11亿用户,创新扩散的速度极快。

在创新方法上,创新者可以利用新技术提供的各种可能性进行组合,寻找最有价值的创意和产品。传统的产品创新由研发部门进行,而大爆炸式创新可以通过众筹获取资金支持,将研发、生产等任务以众包形式分包给网络用户协同完成,通过建立网络社群,利用集体智慧,动员粉丝参与产品设计和生产。同时,由技术进步带来的移动设备、社交媒体、大数据、传感器和定位系统的有机融合,为大爆炸式创新孕育了无数种可能性,技术元素的融合使移动互联网进入场景时代。① 消费者在每种场景中都有特定需求,理解和掌握消费者所处的特定场景,可以创造出更多的市场机遇,进而对消费者推送更有针对性的产品和服务。

大爆炸式创新理论认为,创新分为四个阶段:奇点、大爆炸、大挤压、熵。② 奇点是大爆炸式创新的孕育阶段,在这个阶段,各种奇思妙想层出不穷、自由发展,许多创新以失败告终,但少数创新产品会一鸣惊人,改写整个行业,改变人们的生活和工作方式。在奇点阶段需要把握好进入市场的时机,太早进入不成熟的市场会导致企业失败,而错过进入市场的时机,则使企业面临激烈的红海竞争。

一旦新产品得到市场认可,新产品将迅速成功,在马太效应作用下,用户会在很短的时间内以指数速度快速增加,在这个阶段通常出现赢者通吃的现象,成功推出某一产品的组织会大获成功,垄断整个市场,获取高额回报。面临突如其来的巨大成功,新机构需要在短时间内扩张规模、控制质量,重新设计组织结构和产品流程,适应市场需求。

大爆炸式创新是一个持续不断的过程,当上一轮创新尚未结束时,下一轮创新又已开始。大爆炸之后进入大挤压,市场迅速坍塌,用户纷纷选择新产品,现有产品用户大量流失,如果不能推出新产品,媒体将面临"猝死"的危险。在大爆炸式创新时代,一次成功创新是不够的,不能跟进下一

---

① 罗伯特·斯考伯,谢尔·伊雷斯尔.即将到来的场景时代[M].赵乾坤,译.北京:北京联合出版社,2014:11.

② 拉里·唐斯,保罗·纽恩斯.大爆炸式创新[M].粟之敦,译.杭州:浙江人民出版社,2014:92.

轮创新的媒体会在大爆炸后陷入大挤压阶段。大爆炸式创新是破坏性创新，在成功推出新产品后，媒体不断完善和改进产品，从破坏性创新进入延续性创新，让现有产品尽可能创造回报。当下一轮破坏性创新开始后，延续性创新的媒体会陷入困境。在一轮又一轮的大爆炸式创新中，产品的生命周期非常短，创新的速度十分快，新产品的推出和扩散时间不断缩短，成功的产品也会在短时间内被新产品颠覆。一项新产品会在极短时间内普及，也会在同样短的时间内衰退。比如微博在短短数年中成为最热门的互联网产品，也在很短的时间受到微信等产品的冲击。

大爆炸式创新环境下，媒体必须做到自我颠覆，媒体既要领先竞争对手，更要超越自我，只有主动颠覆自己的产品，才能保持市场领先地位。如果只是改进现有产品，拒绝主动颠覆自身产品，当竞争对手推出新产品后，媒体将会陷入巨大的危机。在媒体融合热潮中，一些媒体推出新产品后红极一时，但其兴也勃其亡也忽，它们没有继续创新来颠覆现有产品，而是将主要资源用于改进和保护现有产品。当竞争对手推出新产品后，这些媒体纷纷落败。

腾讯是移动互联网时代较为成功的自我颠覆者，腾讯推出的微信不仅颠覆了微博，也对自己的即时通讯工具 QQ 造成巨大影响。QQ 及其衍伸产品在腾讯公司的业务中占据很大比重，颠覆 QQ 必然影响腾讯的业绩。但问题在于，QQ 更多是基于 PC 端开发的即时通讯设备，产品架构并不适应于移动互联网环境。移动互联网环境需要全新的社交产品，如果腾讯不主动推出这种产品，其他公司一旦推出基于移动互联网环境的社交工具，将对腾讯构成巨大的威胁。因此，腾讯选择自我颠覆，通过研发微信颠覆QQ，以保持企业在互联网行业的领先地位。

反观手机业巨头诺基亚，由于迟迟不愿用智能手机颠覆自己最擅长的功能手机，错失全球智能手机发展的黄金期，最终不得不以低价被微软收购。诺基亚 CEO 后来自述道："我们了解世界在发生什么，我们的失败之处在于未能有效地运用我们的知识。此外，我们也是自身成功的因徒。在我们意识到 2004 年的危机之前，诺基亚的业绩是令人满意的，甚至是卓越的。2007 年，我们也曾创下了史上最佳的业绩记录。没有人会想到，仅仅在一两年之后，这家企业又将会创造出世上最差的业绩记录之一。"[①]

大挤压阶段之后进入熵阶段，这时行业处于沉寂期，市场完全萎缩，产品和客户老化，组织难以摆脱低迷状态。经历大爆炸式创新后，原有行业被摧毁，市场大幅萎缩，可能还会存活少数几家组织为剩余市场提供产品，

---

① 约玛·奥利拉，哈利·沙库马.诺基亚总裁自述[M].王雨阳，译.上海:文汇出版社,2017:352.

这些客户通常忠于老产品。比如在智能手机普及后,仍然存在一小部分使用非智能手机的用户市场,少数几家企业可以为这部分市场提供服务。但这些市场通常利润很低,市场规模不断萎缩。

大爆炸式创新具有极强的破坏性和颠覆性,而且很难对之做出有效预测,在面临大爆炸式创新时,媒体应该注意做到以下两点:

第一,在领先市场时就率先退场。在大爆炸式创新中,媒体在领先市场时就应考虑退出市场的问题。飞速发展的技术加速市场格局的变化,今天的产品很快会被明天的新产品替代。当现有产品的用户停止增长甚至减少时再开发新产品,会使媒体错过下一轮大爆炸式创新的窗口期。同时,当现有产品的用户减少后,产品的后期服务开始增加,这会增加媒体的成本,"在大爆炸阶段,创新者会经历良性循环,在大挤压阶段,企业面临的是恶性循环"①。媒体要勇于自我颠覆,通过自我颠覆实现持续创新。媒体不能留恋现在的成功,而要时刻提醒自己,只有自我颠覆、不断创新才能生存。

第二,成立新机构开发新产品。现有产品正在为媒体创造丰厚的回报,媒体很难下定决心抛弃现有产品,转而将资源投入前景并不明朗的新产品。媒体内部也会有很大的反对意见,媒体领导层面临着极大的阻力。但腾讯公司开发微信的例子说明,新环境下媒体只有自我颠覆才能避免被竞争对手颠覆。当媒体内部很难实现自我颠覆时,媒体可以在外部成立小型机构开发和管理创新。小型机构专门为研发和管理创新产品而创立,组织的资源分配、流程设计、价值理念都围绕新产品展开,这种环境更有利于创新。仍以微信为例,微信并没有在深圳总部研发,而是由腾讯设置在广州的一个小团队负责开发,该团队甚至受到深圳总部 QQ 业务部门的指责。马化腾在总结经验时说:"怎样给自己多一个准备,即使是开一个另外的部门、另外一个分支,调一些团队,做一些可能跟现在已经拥有的业务其实是有矛盾的业务,也不妨尝试,因为你不做的话,你的对手或者是想抢你市场的对手一定会做,还不如自己先试一下。"②在媒体内部存在较大阻力时,可以在媒体外部设置独立的机构开发新产品。

---

① 拉里·唐斯,保罗·纽恩斯.大爆炸式创新[M].粟之敦,译.杭州:浙江人民出版社,2014:185.

② 马化腾.如果别人先搞出微信,腾讯根本"挡不住"[EB/OL].[2014-02-20].https://e.chengdu.cn/html/2014-02/20/content_454998.htm.

3.6 连续性与非连续性

前面几节的分析使我们认识到,媒体在特定的价值网络中运作,价值网络决定媒体对产品价值维度的判断,价值网络内始终有一股推动媒体为高端市场服务的力量,媒体只能单向度流动到高端市场,单向度流动的结果是市场底部出现价值真空,为竞争对手留下进入市场的空间,新产品跨界进入传统媒体市场,并以指数化的速度快速扩散。

长期在较为稳定的连续性市场里运营的媒体,逐渐培育出适应连续性市场的心智模式。但是,当环境变革使媒体市场进入非连续性阶段后,此前的心智模式就让媒体在认识市场、制定战略时出现盲区,媒体需要对连续性假设进行验证,重新认识市场。当媒体技术变革推动媒体创新进入"下半场"时,媒体需要重新思考和认识市场,反思建立在连续性假设的心智模式,重构一套适应于非连续性市场的心智模式。

前几节分析的是媒体在市场中的行为,市场假设决定市场行为。媒体先提出对市场的假设,随后制定相应的战略,并采取战略行动实现战略意图。将媒体对市场的判断称之为市场假设而非市场认知,原因在于媒体制定的战略要面向未来,媒体所认识的市场却是过去和当前的市场,媒体需要基于对过去和当前市场的认识预测未来市场。这就决定了对未来市场的预测只是假设,而非事实,无论何种预测,预测在本质上都属于未经证实的假设,预测者只是根据对过去和当前市场的认识来推断未来。如果未来与当下相似,那么基于对当下市场的认识做出的预测是可靠的行动指南,如果未来不同于当下,那么就不能通过对当下市场的认识去预测未来。对未来市场的假设一定要经过市场的实际检验,在经过市场实际检验后,媒体的市场假设才能成为经过证实的认知。正如第五项修炼理论的提出者彼得·圣吉所言:"经理人必须学会反思自己现在的心智模式——在占主导地位的假设暴露出来之前,不能指望心智模式会改变,也不能指望系统思考会有什么意义,如果经理人坚信自己的世界观就是事实,而不是一系列假设,他们就不愿意挑战自己的世界观。"[①]

媒体通常有两种市场假设,一是连续性假设,一是非连续性假设。一般而言,媒体会假设市场具有连续性,这种假设在很多时候与现实一致。但是,市场也出现非连续性。连续性假设认为市场是稳定的,消费者有清晰明确的需求,产品创新主要是延续性创新,沿着技术进步的轨迹不断提

---

① 彼得·圣吉.第五项修炼:学习型组织的艺术与实践[M].张成林,译.北京:中信出版社,2009:200.

升产品的性能品质,就能够满足消费者需求。在连续性阶段,市场竞争主要存在于传媒产业内部不同媒体之间,竞争的维度是产品在同一价值网络内的质量品质,媒体管理者主要考虑媒体运营层面的问题。这是连续性市场假设的基本命题,在这一假设下,媒体的商业模式较为稳定,技术和市场的不确定性较低,媒体可以基于过去的经验制定战略,战略执行能力至关重要,核心竞争力是某种特定的能力,主要体现在运营能力和执行能力层面。

作为一种对现实环境的准确描述,持有连续性假设的媒体逐渐获得成功,连续性假设也慢慢成为媒体成员的心智模式。当连续性假设多次得到验证后,媒体会接受这一假设,并把连续性看作既定前提,建立在连续性市场假设基础上的心智模式成为媒体成员认识市场和制定战略的深层因素。但问题在于,技术和市场的快速变革使媒体市场出现非连续性市场的特征,在非连续性市环境下,媒体需要重新思考和理解媒体环境,改变已有心智模式。

真实的市场既有连续性,也会出现非连续性,非连续性市场类似于黑天鹅事件,尽管出现的次数没有连续性市场那么多,但对市场和媒体的影响非常大。非连续性会打破线性发展的市场进程,创造与颠覆开始主导市场,创新者推出新技术研发的新产品,新产品拥有不同于现有产品的商业模式,新产品凭借技术优势和商业模式创新,在短时间内冲击甚至颠覆现有产品。市场竞争从传媒产业内部不同媒体之间的竞争,进入到不同类型产业之间的跨界竞争,产品的竞争维度从性能品质转向定制化、移动性、智能化、社交化、场景化等新维度。在非连续性阶段,媒体既要和其他媒体在运营层面展开竞争,更要和来自其他行业的新对手展开跨界竞争,这些新竞争对手甚至从未进入过媒体的竞争对手名单里。在非连续性阶段,媒体需要反思自身的市场假设,而非固守已有心智模式。媒体的核心竞争力不是某种单一的静态能力,而是随着竞争维度变化而变化的动态能力。消费者的忠诚度很有限,他们不会固守某一产品,创新者推出的新产品可以在短时间内吸引大量消费者,冲击甚至颠覆现有产品。媒体既需要优秀的运营能力,更需要不断创新和持续变革的能力。非连续性市场中,利用固然重要,但探索的价值更大。

与非连续性市场相比,连续性市场是媒体更加熟悉的市场,媒体基于对已知市场的认识预测未来市场,由于市场的发展是线性的延续,因此媒体可以较为准确地预测未来市场走势。在连续性市场中竞争的媒体逐渐培育出一套有效的市场调研工具和技术,这套工具和技术可以有效分析和预测市场。当分析预测结果多次通过实践检验,帮助媒体获得预期回报后,这套市场调研工具和技术就构成媒体市场分析的标准组件。

　　但是,这套工具和技术有适用的范围和条件,这套工具和技术适用于连续性市场,不能适用于非连续性市场。任何一种工具和技术都有其适用范围,在适用范围内,这套工具和技术可以有效解决问题,一旦超出适用范围,这套工具和技术就失去效力。当市场从连续性阶段进入非连续性阶段后,适用于连续性市场的分析工具和技术就会误导媒体,影响媒体战略决策质量,降低媒体的价值回报。陷入焦虑的媒体管理者试图找到产生问题的根源,但产生问题的原因不在外部,而在媒体内部。媒体需要意识到,它们对市场的预测只是假设,而非事实,假设需要经受市场检验,市场可能在一段时间内保持稳定,但市场并非是静止的,媒体需要保持对市场的警觉,及时发现并响应市场变化。媒体需要认识到,建立在连续性市场上的分析工具和技术只适用于连续性市场,不能将其套用在非连续性市场。在非连续性市场,媒体需要反思市场假设,将非连续性引入媒体的市场认知框架,学会从非连续性的视角出发认识市场,基于非连续性做出市场假设,才能帮助媒体开发出有效的市场调研工具。

　　技术和市场的变革使得传媒市场呈现非连续性,媒体需要建立针对非连续性的心智模式。仍然坚持认为市场是连续性的媒体,很有可能在非连续性的市场环境中落败。管理学者加里·哈默认为,“虽然管理者承认公司必须定期地更新换代所提供的产品和服务,但它们往往假设战略、商业模式、竞争力、核心价值是相对稳定的。这种假设越来越被证明是不合时宜的,把短暂误当永恒的公司注定将错失未来”①。塔什曼和奥莱利认为:“技术变化速度太快,很多大型公司因此失去优势,管理者必须在短短几年内做出有效反应,或是培养新能力,或是被边缘化。”②

　　非连续性在一定程度上与熊彼特提出的“创造性破坏”相吻合。熊彼特认为,企业家开启的创新是一种创造性破坏,真正的创新只能出现在非连续性市场,连续性市场中没有创新。创新是质变的发展,不是量变的增长,“你不管把多大数量的驿路马车或邮车连续相加,也绝不能获得一条铁路”③。熊彼特认为,增长和发展是两个不同的概念,增长是数量层面的变化,发展是质量层面的变化,增长是静态的,发展是动态的。发展不是数量的简单变化,发展是事物“根本现象”的改变,是打破旧均衡之后实现的新均衡,增长和发展之间存在本质差异。熊彼特提出,创新“是一种特殊的现

　　① 加里·哈默,比尔·布林.管理的未来[M].陈劲,译.北京:中信出版社,2012:38.
　　② Tushman M L, O'Reilly C A.Lead and disrupt:How to solve the innovatior's dilemma[M].Stanford University Press,2016:39.
　　③ 殷凤.卓尔不群的创新者:约·阿·熊彼特[M].保定:河北大学出版社,2001:32.

象,它完全不同于我们在循环流转中或者均衡趋势中所观察到的现象。它是在流转渠道中自发的和间断的变化,它打破了均衡,并且永远改变和替代先前存在的均衡状态"①。破坏性创新只能发生在非连续性市场,创新的特征是创造和破坏,创新者对生产手段重新进行组合,新的组合包括引进新产品、采用新生产方法、打开新市场、获取新原材料、创建新组织五种方法。创新者通过新组合打败现有媒体,实现创造性破坏。创新具有破坏性,以连续性假设采取行动的现有媒体和现有产品可能会被新媒体和新产品打败。

长期处于连续性市场的媒体,逐渐培育出适应连续性市场的组织结构、资源分配模式和组织文化,这些模式和观念会逐渐内化成媒体管理者和员工的心智模式。心智模式是媒体认知外部环境、思考、判断和决策的图式,图式是"关于某些概念或刺激的有组织、结构化的认知集合。它包含关于这些概念或刺激的知识、不同认知之间的关系以及特定的例子"②。心智模式是媒体员工认知、思考、判断和决策的基本模式,心智模式决定他们的观察和判断。针对相同的事物,具有不同心智模式的人们会做出不同的反应和判断,心智模式决定人们如何观察和思考事物。心智模式来自进化过程,作为进化生成的能力,心智模式会自动将问题分类,以便让人们把新事物纳入现有心智模式,对新事物作出快速反应和加工,减少资源投入。心智模式隐藏在人们的内心深处,每个员工都会自觉使用媒体的心智模式加工和处理信息,但心智模式也可能误导媒体管理层和员工。

第一,心智模式会简化事物以便提高人们应对和处理新事物的效率,但对复杂事物的过度简化也会使人们对新事物做出错误的判断和反应。心智模式建立了很多认知框架,通过将新事物纳入已有认知框架,可以让人们投入尽可能少的资源来加工处理新事物。诺贝尔经济学奖得主、心理学家丹尼尔·卡尼曼将这一系统称为思维模式的系统1,系统1来自进化,是一种无意识、快速、不费脑力、处于自主控制状态的信息处理系统。与之相对的是系统2,系统2需要学习才能掌握,系统2处理的是需要耗费脑力的活动,如逻辑推理、数学运算等。卡尼曼认为,系统1是冲动的,凭直觉的,而系统2则具备分析推理能力,它很谨慎。但对一些人而言,这个系统也是懒惰的。③

① 约瑟夫·熊彼特.经济发展理论[M].叶华,译.北京:中国社会科学出版社,2009:83.

② 谢利·泰勒,利蒂希娅·安妮·佩普卢,戴维·西尔斯.社会心理学[M].第12版.崔丽娟,王彦,译.上海:上海人民出版社,2010:77.

③ 丹尼尔·卡尼曼.思考:快与慢[M].胡晓姣,李爱民,何梦莹,译.北京:中信出版社,2012:32.

　　媒体在延续性创新中形成的心智模式成为媒体理解新环境时的系统1,媒体管理层和员工会基于延续性创新环境中积累形成的认知集合认识和应对破坏性创新。系统1的运作是不假思索的、条件反射式的,系统1能够让人们投入最低成本完成工作,但是,如果人们面临的问题不属于系统1处理的范围时,人们需要启动深思熟虑的系统2,系统2会对问题进行分析推理和逻辑思考,系统2的作用之一是纠正和覆盖系统1。系统1是人们快速处理问题时使用的心智模式,但这一心智模式经常出错,特别是在处理复杂问题时,系统1通常会做出错误的判断。但问题在于,当系统1出错时,本来用于纠正系统1错误的系统2不但没有启动以纠正错误,反而会为出错的系统1做辩护。可以将这种现象理解为系统1劫持了系统2,陷入斯德哥尔摩综合征的系统2心甘情愿成为系统1的人质。卡尼曼针对这一现象评论说:"当人们相信某个结论是正确的时候,他们很可能会相信支持这个结论的论证,哪怕这些论证不正确。"[①]

　　卡尼曼用一个简单的例子说明系统1和系统2的作用机制:[②]球拍和球一共1.1元,球拍比球贵1元,请立刻说出球的价格。当我们多次在课堂上向学生提出这个简单的问题时,大多数学生会在第一时间回答出球的价格为0.1元。随后我们让学生再想一想,这时候一部分学生会给出正确的回答(0.05元),但还有不少学生坚持认为球的价格为0.1元。直到我们告诉学生,如果球的价格为0.1元,球拍比球贵1元,为1.1元,两者总价就成为1.2元。而球的价格为0.05元,球拍价格比球贵1元,为1.05元,才能使两者总价刚好为1.1元。

　　值得提及的是,一次课上,当我们说出答案后,一位坐在前排的学生说:"这个题挺难的。"其实,这个题目对本科生没有难度,只不过大多数时候人们在用系统1思考和回答问题,但系统1不会认真思考问题,只会凭直觉和本能回答问题。当系统1的错误被我们指出后,大多数学生开始启动系统2,但刚才那位学生的系统2开始为系统1做辩护,认为是题目难度大导致判断出错,心智模式对人们的影响力由此可以略见一斑。

　　在同样的心理机制作用下,媒体管理层和员工会应用连续性市场培养的心智模式制定非连续性市场环境中的竞争战略。可以把适用于连续性市场的心智模式称为媒体的系统1,媒体运用系统1制定非连续性市场中的竞争战略。这种战略的实际效果很难令人满意,但当战略未能达成目标

---

　　① 丹尼尔·卡尼曼.思考:快与慢[M].胡晓娇,李爱民,何梦莹,译.北京:中信出版社,2012:29.

　　② 丹尼尔·卡尼曼.思考:快与慢[M].胡晓娇,李爱民,何梦莹,译.北京:中信出版社,2012:28.

时,这些媒体不但没有启动系统 2 来反思系统 1,反而会用系统 2 为系统 1 做辩护。从组织学习层面看,这些媒体陷入"单环学习"中,它们更多是在解决具体问题,但很少去反思为什么会出现这些问题。

心智模式更严重的影响在于,它会使人们偏离真正存在的问题,而用相对简单、易于回答的问题代替实际存在的问题,这会严重误导媒体对实际问题的认识。媒体在连续性市场中形成的心智模式成为思考和处理信息的系统 1,在大多数时间,是系统 1 而不是深思熟虑的系统 2 在进行判断。当面临有一定难度的问题时,系统 1 会找一个与之有关的问题,这个问题比真正面对的问题简单,很容易做出回答,系统 1 会用简单问题替代真正的问题。用于替代目标问题的简单问题,叫作启发式问题,启发式问题会给复杂问题提供简单明了的答案。同时,当系统 1 用启发式答案回答复杂问题后,受制于系统 1 的系统 2 会认可这一回答,甚至人们并不认为他们刚刚解决了一个困难的问题,因为自发式思考的系统 1 在第一时间就把复杂问题转化成了简单问题,系统 1 作为心智模式"自动且毫不费力地识别事物之间的因果关系,即使有时这种关系根本不存在,它也会这样认定"①。

来自心理学的研究成果对我们理解传媒产业创新给予了很多启发。对一些媒体来说,如何应对来自新技术的挑战是一个复杂而困难的问题,媒体的心智模式会将这个困难问题转为更容易处理的问题。比如:如何在现有产品和服务中融入新技术。媒体非常熟悉这个问题,这是连续性市场中运作的媒体特别擅长的问题,但是,如何应对新技术的挑战这一问题不同于如何在现有产品中融入新技术这一问题。在现有产品中融入新技术属于延续性创新,是保持现有产品整体架构不变的前提下,将新技术引入现有产品,无论是产品的整体架构还是媒体的组织结构、业务流程、资源分配机制创新或组织文化都没有重大改变,这种创新属于"传统媒体+互联网"式的创新。但是,媒体如何应对新技术的挑战可能与破坏性创新有关,媒体要思考和研究新技术对媒体产业的影响,以及新技术环境下的媒体组织结构创新、业务流程创新、资源分配机制创新和组织文化创新等一系列问题,这样的创新属于"互联网+"式的创新。

第二,人们很难意识到心智模式如何发挥作用,也很少会主动反思自身心智模式,当心智模式误导人们时,人们会为心智模式做出辩护,而不会主动改变自己的心智模式。心智模式存在于意识水平以下,是人们认知和解读环境的基本图式,人们意识不到到自己的心智模式,也很难对其作出

---

① 丹尼尔·卡尼曼.思考:快与慢[M].胡晓娇,李爱民,何梦莹,译.北京:中信出版社,2012:92.

反思和改变。同时,经过市场检验的心智模式已经证明了自身的合理性,媒体成员会主动接受这些心智模式,它们构成媒体成员加工和处理新事物的图式。心智模式一旦得到接受,就不再需要证据来证实它们,它们成为媒体证实其他事物的标尺。媒体管理层和员工很少会质疑这些通过市场检验的心智模式,他们会不假思索地接受这些心智模式,不仅不会质疑这些心智模式,更谈不上反思和修正这些心智模式。这些心智模式构成了媒体成员身份认同的来源,成为媒体根深蒂固的组织文化和价值观,是媒体招聘和培训新员工的主要依据。任何一个想进入该媒体的成员,都需要接受和吸纳这些心智模式。在这样的环境里,媒体内部很少有人会质疑和反思它们的心智模式,不认同媒体心智模式的人甚至没有进入媒体的机会。

当媒体环境从连续性阶段进入非连续性阶段后,此前行之有效的心智模式反而成为媒体认识和接受新事物的障碍。"原本用来帮助决策制定的心智模式,往往变成了未来在通往改变之路上唯一最重要的障碍。心智模式若是建立在连续性假设的基础上,那么对使用者而言,它所带来的弊多于利。"①导致"新观点和知识未能得以实践的原因是,它们与人们内心深处有关世界运行模式的图像发生了冲突,而这些图像则把人们局限在自己习以为常的思考方法和行为方式之中"②。

当媒体的心智模式固化之后,必然出现心智模式与新现实之间的冲突,这时,人们会对心智模式做出"习惯性防卫"。固化的心智模式会让人们宁可扭曲现实,也不愿反思和改变不符合现实的心智模式。比如刚才提到的例子里,那位认为球拍和球这道题目太难的学生,就在一定程度上开始防卫自己的心智模式。本来应该对直觉式思考的系统 1 进行纠正的系统 2,不但没有起到纠正的作用,反而帮助确认系统 1 的判断。比如,当媒体运用连续性市场中的工具方法实施融合,随后发现融合效果不尽如人意时,媒体不但不反思其心智模式,重新思考和认识融合,反而为自己的心智模式辩护,这会进一步增加媒体融合的难度,心智模式就造成媒体融合时的认知盲区。

在道德心理学领域也发现理性为情感判断做背书的现象,美国心理学家乔纳森·海特在研究道德心理学时发现,道德推理源于情感因素,直觉在先,道德推理在后,道德推理常常为情感和直觉判断服务,人们进行道德推理的目的是为了找到支持他们情感反应的理由,而非客观公正地思考。

① 理查德·福斯特,莎拉·卡普兰.创造性破坏[M].唐锦超,译.北京:中国人民大学出版社,2007:68.
② 彼得·圣吉.第五项修炼:学习型组织的艺术与实践[M].张成林,译.北京:中信出版社,2009:173.

海特研究发现,人的思维活动与动物相似,人们会对新事物做出直觉反应,然后以直觉反应作为判断基础。人们在做出本能反应后,开始调动理性来为本能反应寻找证据,而不是反思自己的直觉判断。海特说:"我们进行道德推理并不是为了重构我们自己做出这个判断的真实理由,而是为了找到最佳理由,以表明别人应当支持我们的判断……以为人们进行道德推理是为了寻求真理,这样的理解是错误的。"①海特将情感和直觉比喻为大象,将理性和推理能力比喻为骑象人,看起来骑象人控制着大象,其实骑象人在为大象服务,情感的大象控制着理性的骑象人。②

当直觉和情感决定人们的判断时,人们会用"证实性思考"取代"探索性思考",只重视符合自身心智模式的信息,拒绝接受与心智模式相冲突的其他信息。探索性思考要求人们对各种观点做出全面、公正的思考,证实性思考只是尽可能使自身观点能够自圆其说,但并不考虑他们观点是否符合逻辑或事实。海特研究发现,证实性思考会造成证实性偏见,人们会以证实自己已有的观念为目标来获取和解读证据。③ 这会让人们富于攻击性,在批评其他人的意见时,人们的态度非常激烈,在为自己的意见做辩护时,人们拒绝接受其他人的意见,也不会思考其他人的意见是否合理。不管是批评其他人的意见还是捍卫自己的意见,人们思考问题的出发点不是寻找客观事实,或对客观事实做出合理的解释,而是保护自己已有的心智模式。造成这一现象的原因在于,对人类来说,情绪、直觉是演化而成的本能,它们出现得更早,它们会对问题做出快速反应。而思考是人类学习得到的新能力,也需要投入更多的资源。与情绪、直觉相比,思考更为滞后,解决问题时的优先级较低。休谟说,理性是情感的仆人。要想说服与自己观点不同的另一方,需要诉诸情感和直觉,理解对方作出判断时所依赖的直觉和情感因素,而非仅仅通过理性推理来说服对方。

———————

① 乔纳森·海特.正义之心:为什么人们总是坚持"我对你错"[M].舒明月,胡晓旭,译.杭州:浙江人民出版社,2014:44,50.
② 乔纳森·海特.象与骑象人:幸福的假设[M].李静瑶,译.杭州:浙江人民出版社,2012.
③ 乔纳森·海特.正义之心:为什么人们总是坚持"我对你错"[M].舒明月,胡晓旭,译.杭州:浙江人民出版社,2014:83.

第四章　市场分析框架与管理原则

本章主要研究破坏性创新的市场分析框架,以及破坏性创新的管理原则。

4.1　市场分析框架

在研究传媒产业破坏性创新时,我们需要建立分析破坏性创新的理论框架,研究在何种环境下会出现破坏性创新? 象征市场变化的信号是什么? 如何辨别创新是否具有破坏性? 破坏性创新产品如何找到适宜的市场? 创新产品怎样进入现有市场,如何避免与现有媒体的正面竞争? 通过研究市场变化的各种迹象,建立解释和预测破坏性创新的市场分析框架。在我们的市场分析框架中,主要有以下几方面内容。

1.发现消费者需求

进行市场分析的第一步,是发现消费者需求。消费者需求表现为市场中存在三类不同的消费者群体,即过度满足的市场、零消费市场和未充分满足的市场,重点关注前两类市场。我们在前面分析过,过度满足的市场表示产品品质超出消费者的实际需求,消费者不愿意为超出自身实际需求的产品支付溢价。与过度满足的市场相对应的是低端市场破坏性创新,创新者推出品质可以满足市场需求,但产品价格低廉的替代品,自下而上冲击现有产品。当低端市场破坏性创新产品的品质满足市场需求后,产品竞争的维度会转移到其他维度,新产品具有的定制化、移动化、智能化、社交性、价格等优势成为产品竞争的新维度,新产品可以开发出不同于现有产品的商业模式。比如,新环境下传统媒体的双重出售模式难以为继,众筹新闻、众包新闻、付费墙/门、会员制、单篇新闻付费、原生广告、打赏、知识付费等新型商业模式层出不穷。

“气泡模式”理论认为,当媒体产品的品质超出消费者需要的水平后,内容产品的利润率下降,价值链上各个模块可以作为商品服务于消费者,也可以与内容结合起来创造出新的产品形式。这意味着原先由媒体统一打包销售的产品开始分解成不同的产品模块,利润从整合性的媒体产品转移到尚未满足消费者需求的子产品。比如,传统媒体将各种新闻、评论、广告打包出售给受众,受众不一定愿意购买媒体上的全部内容,他们更希望只为自己感兴趣的那部分信息付费。于是,专业化的信息服务商应运而生,今日头条、一点资讯等智能推送服务商根据消费者的兴趣推送相应内容;克雷格列表分走传统报业的分类广告服务;传统媒体的社交功能则由社交媒体实现;专业化服务商提供的模块化产品开始代替传统媒体提供的整合性产品,甚至内容生产也从媒体机构的专业行为分散为社会成员的大众化生产。

零消费市场表示一些消费者出于各种原因没有使用现有产品,或者虽然消费者使用现有产品,但对产品存在不满。可能产品在设计、价格、便携性、定制化、社交化、智能化、使用体验等方面不能完全符合消费者需求。与零消费市场相对应的是新市场破坏性创新,如果新产品可以让消费者更加方便高效地完成某一任务,消费者很可能抛弃现有产品,转而使用低价高效的新产品。识别新市场破坏性创新的指标有两个:一是新产品呈大爆炸式增长,二是消费者可以接受并不完善的新产品。[1] 零消费市场中,现有产品存在缺陷,它们或是无法满足消费者的某些需求,或是不能很好地满足消费者的某些需求。当新产品可以帮助消费者更简单有效地完成这些工作时,消费者会主动采纳新产品,新产品会有极高的市场增长率,呈现大爆炸式创新的特征。另外,新产品可以帮助消费者完成他们先前无法完成或难以完成的任务,与没有产品相比,消费者愿意接受并不完善的新产品。

比如,苹果公司开发的智能手机 iPhone 可以帮助消费者实现移动上网的需求,早期的 iPhone 在产品性能品质、待机时间、产品耐用性等诸多方面的表现低于以诺基亚为代表的功能手机。2007 年 iPhone 产品发布会上,苹果的工程师还没有解决 iPhone 的信号问题,苹果高级工程师格里尼翁说,为了避免 iPhone 在发布会现场出现信号故障,"无论真正的信号如何,我们干脆做了硬编码,让手机总是显示 5 格信号"[2]。2006 年初,苹果制作的第二部 iPhone 原型机与实际发布的产品非常相似,乔布斯对此很满意,但是这个原型机根本无法正常使用,苹果的研发团队犯了极其低级的错误,手机信号没法穿过手机的金属外壳。"他们没有意识到自己创造出来的只是一块漂亮的砖头——无线电波无法穿透金属层。天线专家不得不向乔布斯解释这个行不通,大多数设计师是艺术家,他们上的最后一堂科学课还是在八年级,他们问,那我们留一条小缝给无线电波穿过,总行

---

① 克莱顿·克里斯坦森,斯科特·安东尼,埃里克·罗恩.远见——用变革理论预测产业未来[M].王强,译.北京:商务印书馆,2012:4.
② 弗雷德·沃格尔斯坦.移动风暴:苹果与谷歌的科技之战[M].朱邦芊,译.北京:中信出版社,2014:8.

吧？技术专家还得解释为什么这个不行。"①

2007年iPhone上市后,诺基亚的工程师对iPhone进行测试,工程师让iPhone从10米高的地方下落,实验结果是iPhone摔碎了。诺基亚的工程部给总部汇报说,iPhone不耐摔,诺基亚CEO在iPhone发布后说:"诺基亚最大的对手是摩托罗拉,而不是根本不懂通信的苹果。"②诺基亚CEO在回顾智能手机竞争时说:"事实上,诺基亚的某些人曾坚信苹果绝无可能追赶诺基亚的市场份额,他们甚至会认为苹果根本无法生产出一款功能完善的手机。iphone在生产初期遇到的一些麻烦也曾佐证了这个观点,诸如天线故障问题。对诺基亚而言,其在移动电话制造方面的丰富经验则完全能够将这类问题最小化。"③在诺基亚看来,苹果公司的手机存在太多低层次问题,这些问题让诺基亚低估了iPhone对手机业的影响。

尽管问世之初有这么多问题,但iPhone移动互联的技术优势可以帮助消费者随时随地接入互联网,这恰恰是诺基亚等功能机不具备的属性。帮助消费者随时随地上网不是功能机的主要属性,但消费者需要能够随时上网的通讯设备,当搭载苹果IOS系统的智能手机出现后,手机可以方便地帮助人们实现随时在线的需求,尽管早期的iPhone在产品性能品质、待机时间、产品耐用性、通话质量等部件层面的性能不如功能机,但iPhone实现了手机的架构创新,改变了手机的整体架构,手机从通话工具变为移动上网设备。iPhone在短短几年时间里获得爆发式增长,曾经主导全球手机市场的诺基亚不得不低价出售给微软公司。

从创新类型上看,iPhone属于架构式创新。iPhone改变了手机的架构,手机的部件仍然保持稳定,但手机部件之间的设计和连接方式出现重要创新,人机互动的媒介从手机键盘变为触摸屏,APP取代了文件夹,联网成为手机的核心功能。架构创新把手机从通讯工具变成移动上网设备,接打电话从手机的主要功能变为诸多功能之一。

iPhone对手机的架构式创新颠覆了传统手机行业,也宣告智能手机行业主导技术范式的出现。在iPhone出现之前,手机厂商围绕手机的产品设计展开竞争,有平板手机、翻盖手机、折叠屏手机、滑盖手机、侧滑盖手机,有使用键盘的手机、使用触摸屏的手机、使用手写笔的手机,有的手机在顶部有天线,有的手机天线内置,手机的技术范式还没有完全确定。

---

① 弗雷德・沃格尔斯坦.移动风暴:苹果与谷歌的科技之战[M].朱邦芊,译.北京:中信出版社,2014:23.

② 李善友.颠覆式创新:移动互联网时代的生存法则[M].北京:机械工业出版社,2014:211.

③ 约玛・奥利拉,哈利・沙库马.诺基亚总裁自述[M].王雨阳,译.上海:文汇出版社,2017:385.

iPhone 的出现标志着手机业出现主导技术范式,平板手机、触摸屏和内置天线成为智能手机的标准技术组件。iPhone 出现后,流程和工艺创新开始代替产品设计创新,成为手机厂商主要的竞争维度。

在尚未完全满足的市场,产品的品质没能达到消费者需求,消费者愿意为产品品质的提升支付溢价。参与市场竞争的媒体需要进行延续性创新,在既有竞争维度上投入资源,提升产品品质,使产品更好地满足消费者需求。这种环境下媒体通过延续性创新使产品不断向高端市场发展,现有媒体通常在延续性创新方面具有优势。通常,新兴媒体进入未充分满足的市场上与现有媒体竞争,会遭遇现有媒体的反击。

2.确定创新是否具有破坏性

存在过度满足市场和零消费市场,表明市场竞争的基础开始变化,会有创新者试图进入市场。创新者需要让自己的产品具有破坏性,以过度满足的市场或零消费市场为定位,避免在未充分满足的市场上与现有媒体正面竞争。克里斯坦森认为,破坏性技术具有三个基本特征,使其区别于延续性技术。① 第一,破坏性技术预示着竞争基础即将改变。第二,破坏性创新产品在主流市场没有价值的属性,通常成为它们在新市场的核心优势。第三,相比现有产品,破坏性创新产品一般价格更低、更简单、更便捷。

具体来说,破坏性技术的出现,意味着市场竞争的基础从传统媒体熟悉的维度转变到其他新维度。产品品质超出消费者需要的水平后,产品品质间的差异不再成为竞争优势的来源,消费者不愿为超出需要的品质支付溢价,差异化战略的效果下降。提供能够满足消费者需求并具有低价位、便携性、定制化、社交化、智能化等维度优势的新产品,会改变产品竞争的维度,使市场竞争转移到消费者尚未满足的其他维度。新进入市场的媒体在评判产品是否具有破坏性时,需要研究新产品是否能够改变市场竞争的维度,使产品竞争从传统媒体熟悉的维度转到新产品更具优势的维度。

新产品在主流市场没有价值的属性,往往成为它们在新兴市场中的优势。破坏性创新产品会以新技术具有的特征为基础,寻找需要这种技术的新市场,新产品早期的市场并不是主流产品市场,传统媒体并不会积极采纳应用新技术,它们更希望等新技术发展成熟、能够满足主流市场需求后再进入市场,新兴媒体和传统媒体从不同视角看待破坏性技术,新兴媒体依据新技术自身的特点开发产品,并为新产品寻找相应的市场,传统媒体更多考虑如何将新技术加以改造,使新技术能够满足主流市场需求。新技

---

① 克莱顿·克里斯坦森.创新者的窘境[M].胡建桥,译.北京:中信出版社,2014:212.

术和现有技术是两种不同的技术,新技术创造的产品不同于现有技术创造的产品,但不能低估新技术的潜力和价值。新技术可能适用于现有市场之外的新市场,新市场对产品的需求不同于现有市场,新市场可能更看重新技术具有的新特征,只要新技术曲线进步的斜率高于消费者需要的产品品质曲线的斜率,两条曲线就会相交,相交后新产品就可以满足消费者需求。当新技术达到消费者需要的品质水平后,产品竞争维度开始转移。这时,新技术具有的低价、便携性、定制化、社交性、场景化、智能化等特征,开始成为市场竞争的新维度。

传统媒体在面对破坏性技术时,常常会比较破坏性技术曲线与现有技术曲线的进步速度,如果破坏性技术曲线的进步速度高于现有技术曲线的进步速度,说明新技术的进步速度更快,新技术曲线的斜率更高,说明新技术将在日后超过现有技术,媒体会重视并投入新技术。如果破坏性技术曲线的斜率低于现有技术曲线斜率,媒体会认为新技术不具有威胁性,不再关心新技术。我们认为,这样的比较具有误导性。新技术和现有技术都在满足消费者需求,当新技术能够满足消费者需求后,产品品质之间的差异就不再成为竞争优势的来源,根据媒体动态竞争的"气泡模式"理论,媒体竞争的维度会转移到消费者尚未满足的其他维度。因而,新技术在当前竞争维度上的表现是否能够超过现有技术,并不是最重要的问题,重要的是新产品何时可以达到消费者需要的品质水平,一旦新技术生产的产品在品质上达到消费者需要的水平,市场竞争的基础就会转变,而这与新技术是否超过现有技术无关。因此,考察新技术能否满足消费者的需求,远胜于在新旧技术之间比高低。

从这个角度看,传统媒体陷入困境的原因并非是新媒体的内容品质超过传统媒体的内容品质。传统媒体仍然拥有强大的内容生产能力,持续生产高品质新闻。但是当新媒体的内容品质达到消费者需要的水平之后,内容差异化的战略价值下降,媒体竞争的维度由内容品质转移到消费者尚未满足的其他维度,便捷性、定制化、社交性、场景化、智能化、价格成为媒体竞争的新维度,而新媒体在这些维度上的表现胜于传统媒体。因此,破坏性创新的第三个特征体现为,新产品具有现有产品缺少的某些维度,这些维度是新产品具有的属性,现有产品一般并不具备这些属性,当产品品质达到消费者需求后,新产品具有的简单、便捷、定制化、社交性、场景化、智能化、低价等属性成为市场竞争优势的来源。

3.寻找并进入新市场

当新兴媒体发现市场变化的信号,并确定新产品具有破坏性定位后,需要主动寻找适合新产品的消费者市场。为新产品寻找市场是一个探索和发现的过程。产品市场是未知的,消费者也是未知的,在一些案例中,新产品不是在满足市场需求,而是在创造市场需求。针对成熟市场的分析工具无法应用于未知市场,新产品需要以市场未知作为寻找和分析市场的前提,这与延续性创新中的市场分析方法有很大区别。延续性创新产品在成熟的市场竞争,市场不确定性较低,媒体已经发展出一套行之有效的市场分析工具,可以对市场做出相对准确的分析。但这套市场分析工具并不适用于破坏性创新,这使现有媒体在分析破坏性创新时经常出错。现有媒体更熟悉延续性创新市场,媒体管理层和员工在面对破坏性创新时仍然沿用延续性创新市场中的分析工具和方法,很可能让他们对市场和产品做出错误的判断。

破坏性创新产品市场是未知市场,用于成熟市场的技术工具无法分析未知市场,对未知市场只能采用小规模试错法,不断寻找产品市场,逐渐摸索发现可行的商业模式。破坏性创新的产品、市场、消费者、商业模式都是未知的,媒体很难在事先制定出可行的战略规划。小规模的新兴媒体们缺乏制定战略规划所需的各种资源;它们没有动力投入资源制定战略,很可能花费大量资源却制定出错误的战略;由于市场变化太快,可能在制定战略的过程中市场机会已经溜走;初期市场规模很小,制定战略耗费的资源可能超过市场带来的回报,这些都会降低新兴媒体投入资源进行战略规划的动力。新兴媒体应该以小规模试错的方式探索市场,先投入少量资源生产产品来试探市场反应,根据市场反馈的信息改进产品,为新产品寻找适宜的消费者市场,了解消费者需求,并根据消费者的意见不断调整产品。在试错阶段尽可能投入较少的资源试探市场,这一阶段媒体的主要目标不是生产和销售产品,而是寻找市场和消费者。当媒体通过反复试错找到市场,并形成与之相匹配的商业模式后,再投入资源生产产品,满足新市场需求。开发破坏性创新产品是一个不断试错的过程,媒体在试探阶段不应投入太多资源进行大批量生产,而应尽可能保留资源以便调整战略计划和产品方向。当确定市场和消费者需求后,媒体才可以投入大量资源开发产品。小规模试错的市场分析方法与延续性创新中的市场分析方法有很大差异,在破坏性创新市场中,如果媒体在早期就投入资源大规模生产产品,很可能由于误判市场而造成巨大损失。

破坏性创新产品市场的未知性要求媒体以小规模试错的方法进入市场,媒体需要保持战略调整的灵活性,能够随时根据市场反馈调整战略决策。破坏性创新是不断试错的过程,市场的未知性使媒体很难在事先准确分析和预测市场,媒体不必在进入市场之前就制定出深思熟虑的战略规划,然后执行战略规划。破坏性创新的战略规划是一个学习的过程,创新者先做出一些假设,然后投入少量资源验证假设。如果假设与市场实际不符,媒体只损失有限的资源,媒体可以根据市场反馈重新调整产品思路,这个过程不断反复,直到最终发现可行的商业模式。创新者的市场计划是一个不断寻找市场、不断认识市场的学习计划。

相反,在延续性创新中,媒体制定并实施计划,媒体的管理层和员工并不习惯小规模试错法,媒体的流程和制度安排也不利于实行该方法。对管理层和员工来说,如果在产品推广的过程中出错,会影响他们在媒体内部的晋升。成熟媒体中负责市场业务的员工不愿在规划市场时出错,他们所受的训练要求他们必须对市场做出准确的量化分析,比如消费者要有具体的人口统计学特征,产品要有清晰明确的市场定位,市场规模和产品利润率要有准确的预期数字。一旦在市场分析过程中出现误判,会严重影响媒体对员工能力的评判,也会危及员工在媒体的职业晋升空间。成熟媒体的特点之一是其减少差错的能力,破坏性创新要求的主动试错恰恰是成熟媒体竭力避免的,"发现新兴市场的过程是一个与失败为伍的过程,大多数决策者都发现,他们很难下定决心去支持一个可能会因为没有市场而最终失败的项目"①。

4.2　创新管理原则

无论是传统媒体还是新兴媒体,只有深刻理解破坏性创新的运作规律和基本原则,并按照这些规律和原则行动,才能获得竞争优势。在破坏性创新管理领域,学术界已经积累了大量有价值的成果,我们在梳理和提炼现有成果的基础上,总结归纳出媒体管理破坏性创新的基本原则。

1.选择破坏性定位

破坏性定位指新产品在进入市场之初,需要将自己定位在不同于现有产品的其他市场,破坏性定位通常具有低成本盈利的特征,与现有产品不断向高端市场发展的特点相反,破坏性定位意味着新产品要向低处看,而非向高处看。破坏性定位的另一个突出特点是,现有市场中的媒体通常不会关注破坏性创新产品,也不会主动反击破坏性创新产品。"判断一项业务是否属于破坏性业务,要看现有企业是否愿意进入低端市场。如果破坏性创新企业愿意进入低端市场,而主流企业不愿进入低利润的低端市场,

①　克莱顿·克里斯坦森.创新者的窘境[M].胡建桥,译.北京:中信出版社,2014:176.

并主动放弃这部分市场,转向为更高利润市场服务,那么这项业务就是破坏性业务。"①因此,要检验新产品是否具备破坏性,就要研究新产品是否定位于低端市场或零消费市场,新进入市场的产品是否具有低成本盈利能力,以及现有媒体是否关注新产品,是否打算反击进入者。

对打算启动破坏性创新的媒体而言,在启动破坏性创新时要保证产品具有破坏性定位。如果新产品对某些媒体来说属于延续性创新,它们只需对现有产品作出改进就可以推出新产品,那么市场进入者很难有成功机会。在延续性创新阶段,现有媒体一般会占据优势。新进入者将产品定位在现有市场,会与在位者进行正面竞争,为捍卫自身的市场地位,现有媒体会对新进入者发动攻势,进入者要付出很高代价。将产品定位于现有产品市场,从事延续性创新,会让进入者进入竞争激烈的红海市场。因此,为避免和现有媒体之间的激烈竞争,新产品需要选择破坏性定位,让产品价格低于现有产品,主要以零消费市场或低端市场作为目标。这些市场的利润不高,现有媒体通常不太关注,拥有这些特征可以减少现有媒体的反击,让新产品拥有相对有利的发展空间和市场机会。

在非连续性市场上,媒体管理者既要做好延续性创新管理,还要具备管理破坏性创新的能力。延续性创新是较为常见的创新类型,媒体熟悉延续性创新管理。在产品创新方面,媒体通过对产品进行改进和升级,用更好的产品参与市场竞争,延续性创新是产品性能品质不断提升的过程。破坏性创新如同黑天鹅事件,破坏性创新的出现次数少于延续性创新,媒体对破坏性创新的了解和认识有限,但破坏性创新会对媒体市场产生重大影响,忽视破坏性创新会给媒体造成巨大损失。媒体管理的复杂之处在于,媒体既要具有管理延续性创新的能力,也要掌握与延续性创新截然不同的破坏性创新的管理能力。更困难的是,当媒体在激烈的市场竞争中想尽办法提升产品品质、战胜竞争对手时,破坏性创新者会从低端市场或新价值网络进入,侵蚀现有产品市场。媒体既要面临来自现有对手的竞争,还要关注市场底部和外部破坏性创新者发起的挑战。媒体一方面要在激烈的延续性创新中与同行竞争,另一方面还要防范和反击破坏性创新的跨界竞争对手。与现有对手竞争时,媒体需要不断提升产品品质,与破坏性创新的新对手竞争时,媒体又要颠覆现有产品,主动开启破坏性创新,以免被市场进入者颠覆。在快速变革的市场环境下,种种矛盾聚集在一起,媒体管理变得异常复杂艰难。

① Rigby D K, Christensen C M&Johnson M. Foundations for growth:How to identify and build disruptive new businesses[J].Mit Sloan Management Review,2002,43(3):22-31.

2.针对零消费市场或低端市场

　　破坏性定位主要面向零消费市场或低端市场,相比于现有产品市场,零消费市场或低端市场更加适合破坏性创新产品。零消费市场是不使用现有产品和对现有产品不满的消费者,这一市场具备三个有利于新产品的特征。第一,零消费市场中的消费者并非现有产品的主流消费者,他们有一些未能得到满足的需求,但市场上没有能够满足其需求的产品,因而创新者进入的是竞争并不激烈的蓝海市场。第二,零消费市场中的消费者需要某些产品帮助他们完成相应的任务,但是,现有产品或是过于昂贵,或是复杂不便,消费者对这些现有产品不满意,新产品只要能够帮助消费者完成他们的任务,消费者就愿意选择新产品。创新者要解决的是实际存在的痛点问题,不是自己闭门造车想象出来的伪需求。第三,新产品针对主流产品以外的消费者,可以在一定程度上避开和现有媒体的正面冲突,不会引发现有媒体的反击,创新者有更好的成长环境。新产品建立全新的价值网络,吸引现有产品价值网络之外的消费者,当新产品品质达到现有产品消费者的需求后,新产品开始吸引现有产品的低端消费者市场,不断向高端市场发展的现有媒体也乐于将低端市场让给新产品。

　　零消费市场中媒体需要为新产品寻找市场,在寻找新产品市场时需要注意,新产品市场通常不是现有产品市场,以零消费市场为定位的新产品不能在现有产品市场中寻找消费者,如果这样做,生产新产品的媒体会认为新产品没有市场需求。新产品的市场在现有产品市场之外,其目标客户是不使用现有产品或对现有产品不满的消费者,媒体需要在现有产品之外寻找消费者,而不是在现有产品的主流市场中寻找消费者。通常,现有产品的主流消费者不是新产品的目标市场,媒体不能因为无法在现有产品市场中找到消费者便认为新产品没有市场需求。

　　低端市场与零消费市场有一定差别,低端市场处于现有产品价值网络内部,是现有产品中定位较低、利润较低的那部分市场,参与市场竞争的媒体希望为回报更丰厚的高端市场服务,不愿为回报较低的低端市场服务,我们曾将这种现象称为单向度流动。低端市场破坏性创新的媒体不需要像零消费市场中的媒体那样去寻找市场,它们只需要为现有产品的低端市场提供服务。现有媒体通常愿意将低端市场让给新产品,自己集中资源为高端市场服务,进入低端市场的新产品会避开现有产品的反击。

　　市场中存在过度满足的消费者,是低端市场破坏性创新成功的前提。当产品品质超出消费者需求时,产品价格变高,消费者支付意愿下降,消费者不愿为超出需求的产品支付溢价。这时,能够满足消费者需求的低价产品开始进入市场,新产品的品质低于现有产品,但可以达到消费者需要的品质水平,新产品价格低廉,市场中不愿为超出需求的产品支付溢价的消费者会选择低价的新产品。从经济学角度分析,低端市场存在大量富有价格弹性的消费者,价格弹性指产品价格变动对需求量的影响,当需求量的变动幅度大于价格变动幅度时,产品富有价格弹性。当产品向高端市场发展时,成本增加、价格提高,产品价格提高后需求量下降,一部分消费者不愿为产品支付高价,他们会主动选择低价的新产品。如果产品品质尚未达到消费者需求,市场没有过度满足的消费者,消费者仍然愿意为更高品质的产品支付溢价,此时就不宜进行低端市场破坏性创新。判断是否可以启动低端市场破坏性创新的依据是新兴媒体是否拥有低价盈利的成本结构。

3.低价盈利的成本结构

低价盈利的成本结构对创新者至关重要,低价盈利的成本结构具有四种作用。第一,低价盈利意味着产品具有破坏性定位。破坏性创新的重要特征是新产品价格低于现有产品,无论针对零消费市场还是过度满足的市场,低价始终是新产品的主要优势。如果新产品的定价高于现有产品,新产品很可能偏向延续性创新,而非破坏性创新。延续性创新中现有媒体通常更具优势,而且现有媒体必然会对挑战者发起猛烈反击。新产品想在延续性创新中打开市场,需要投入大量资源,也会面临更多困难。

第二,要求媒体在尽可能短的时间内实现低价盈利,可以增强媒体寻找可行商业模式的动力,减少资源浪费。媒体成立独立的机构负责破坏性创新业务,给予新机构的资源有限,并要求新机构在短时间内实现盈利,这可以给新机构相应的压力,新机构必须节约并尽可能充分利用资源,以发现可行的商业模式为目标。媒体需要在尽可能短的时间里找到目标市场,并建立适应新市场的业务模式,这就要求媒体主动检验市场假设,并根据检验结果及时调整产品设计和定位。判断媒体市场假设是否合理的标准是产品能否盈利。产品盈利,说明媒体对市场的假设得到市场认可,媒体可以投入更多资源开发产品。产品无法盈利,说明媒体的市场假设与现实不符,媒体需要重新调整产品定位。对新机构提出要求,可以让新机构以发现可行的商业模式作为中心工作,避免推出不被市场认可的产品后,不断为产品投入资源,使得媒体不断给新项目投入资源,但没有实际回报。

第三,低价盈利的成本结构可以消除媒体对新机构的怀疑,有利于新机构在媒体内部的发展,当现有业务陷入困境时,新机构还可以反哺媒体。破坏性创新产品最终要颠覆和破坏现有产品,在现有产品业务仍然处于繁荣成长的阶段,媒体内部会质疑成立新机构开发新产品的必要性。新产品能够盈利,可以在一定程度上消除媒体内部的质疑声,减少媒体内部的阻力,提升新机构的话语权,让新机构拥有更有利的内部环境。如果新产品迟迟不能盈利,媒体内部反对的声音会越来越强,新产品从媒体得到的支持下降,一旦现有产品业务开始下滑,首当其冲的就是不能盈利的新产品项目。新产品在媒体内部本来就面临着不少反对意见,产品又迟迟没有为媒体带来利润,媒体极有可能首先裁撤新产品部门。如果新产品可以在较短时间内盈利,并且随着市场规模和市场份额的增加逐渐提升盈利水平,新产品会在媒体内部得到更多支持。当现有产品业务开始下滑时,快速成长的新产品可以反哺媒体,得到媒体更多的关注,适应市场环境的新产品会逐渐替代现有产品。通过及早布局新产品业务,并要求新产品尽快盈利,媒体可以较为顺利地实现产品更替,平稳度过破坏性创新浪潮。

第四,低价盈利的成本结构成为新产品与现有产品竞争时的优势,现有产品主要针对高端市场,它们很难通过降价与新产品竞争。市场竞争的单向度流动导致现有媒体不断向高端市场发展,产品越为高端市场服务,产品的成本和价格就越高。媒体在设计和生产高端产品的过程中形成相应的资源分配模式和组织文化,降低成本是不符合媒体资源分配模式和组织文化的行为。比如,HBO长期为高端市场服务,形成重视节目品质和艺术性的资源分配模式和业务流程,这种资源分配模式和业务流程会沉淀为组织文化,根植于HBO管理层和员工内心,成为极难改变的心智模式。HBO在与奈飞竞争时,很难通过降低产品价格的方式进行竞争,降价不符合HBO的组织文化。另外,HBO订价较高,降低订价会严重影响HBO的利润。面向高端市场服务的媒体有较高的固定成本,收入下降会直接影响媒体利润。当现有业务的收入开始下滑时,降低产品价格将进一步减少媒体利润,高成本的产品很难运用价格竞争反击低成本产品。

4.消费者决定资源分配

消费者主权是市场经济的基本原理。我们在第二章中提出,成功媒体的资源分配活动取决于消费者,消费者决定媒体的资源分配流向。参与市场竞争的媒体必须将资源投入到能满足消费者需求的产品和服务上,才能获得市场竞争优势,越是成功的媒体,越能有效地将资源投入到消费者急需解决的问题上。管理层认为由他们决定媒体的资源分配,但他们在分配资源时所遵循的是需求至上的消费者主权原则,消费者决定媒体的资源分配,想获得市场优势地位的媒体必须遵循这一基本原则。

消费者决定媒体的资源分配是市场经济的一条基本原则,在市场中运作的媒体通过满足消费者需求获得回报,消费者用货币、注意力对媒体投票,能够比竞争对手更好地满足消费者需求的媒体,可以得到更多的经济回报,而那些不能满足消费者需求的媒体,则面临消费者流失、利润下滑的危险。

消费者决定媒体资源分配既是实践也是观念,会给媒体带来一系列影响。以消费者需求为依归的实践会成为媒体的资源分配流程和组织文化,内化为媒体管理层和员工的心智模式。当媒体需要做出变革以适应环境变化时,它会成为一种阻碍媒体变革的力量。消费者决定媒体资源分配,这会让媒体过于关注当下的消费者市场,特别是产品的主流消费者市场。主流消费者愿意为高品质产品支付溢价,这会促使媒体通过延续性创新不断向高端市场发展,高端市场有更高的利润。重视主流消费者会使媒体忽视零消费市场和低端市场,破坏性创新往往出现在这两个市场。消费者决定媒体资源分配变为主流市场消费者决定媒体资源分配,媒体忽视零消费市场和低端市场,这给破坏性创新产品留出市场空间。优秀的高层管理者会发现这个问题,他们也会努力推动媒体关注新产品和新市场,但这些优秀的管理者很难让媒体在新产品和新市场上投入资源,来自内部的阻力成为一股强大的力量,制约高层管理者的行动。比如,市场研究部门对新产品进行市场研究后得出结论,新产品没有市场。市场研究部门通过对现有产品的消费者进行市场调研,得出新产品没有市场需求的结论,但破坏性创新产品的消费者不是现有产品的消费者。销售部门员工也会发现新产品没有市场,因为他们对现有产品的分销商、消费者推销新产品,新产品的分销渠道、消费者不同于现有产品。媒体内部负责主流产品的部门和员工也会阻碍媒体将资源投入新产品,各级管理者和员工受关键绩效指标(KPI)的影响,评价他们工作绩效的是现有产品的市场指标而非新产品的市场指标。因此,消费者决定媒体资源分配虽然可以帮助媒体满足主流市场需求,但会让媒体忽视主流市场之外的新市场,不利于媒体管理破坏性创新。

消费者决定媒体资源分配这一法则既适用于现有媒体,也适用于破坏性创新者。破坏性创新者也需要将资源分配给消费者,它们与现有媒体的差别在于,它们需要将资源分配到主流市场之外的低端市场和零消费市场。在管理破坏性创新时,媒体高层管理者需要利用这一法则,通过巧妙运用该法则启动破坏性创新业务。当在媒体内部启动破坏性创新业务有较大阻力时,媒体可以成立一个以破坏性创新产品的消费者为目标市场的新机构,由新产品的消费者决定新机构的资源分配。

5.寻求适合自身规模的市场

媒体需要寻求适合自身规模的市场。破坏性创新产品早期市场规模较小,利润不高,风险较大,对成熟的大型媒体缺乏吸引力,无法满足大型媒体对市场规模的要求。成熟的大型媒体规模较大,要保持一定的市场增长率所需要的市场规模也更大。如果媒体在资本市场运作,投资者对媒体增长率有较高要求,媒体必须让自己的增长率达到投资者预期,才能得到资本市场的认可,资本市场的压力促使媒体寻找规模更大的市场。我们曾举例说明,规模更大的媒体,要保持同样增长率,需要比小型媒体更大的市场。大型媒体和小型媒体对市场机遇的看法不同,对小型媒体有吸引力的新产品市场无法引起大型媒体的兴趣。媒体规模越大,保持同样增长速度所需要的市场规模越大,越难以在第一时间关注新产品市场。

　　小市场无法满足大型成熟媒体的增长需求,大型媒体不能及时关注破坏性创新,可能会错过进入市场的最佳窗口期。在延续性创新中媒体可以发挥后发优势,凭借丰富的资源和产品研发经验赶上领头羊。在破坏性创新中媒体率先进入市场并推出符合市场需求的产品,能给媒体带来极大的竞争优势。对硬盘驱动器行业的研究发现,率先推出破坏性创新产品的企业共实现 620 亿美元的收入,而在市场成熟后进入市场的企业只获得 33 亿美元的收入,率先推出破坏性创新产品的企业创造的平均收入是 19 亿美元,而后期进入市场的企业平均收入只有 6450 万美元。① 如果媒体没能在破坏性创新的最佳窗口期进入市场,将错过市场增长的关键节点,当率先进入市场的媒体找到可行的商业模式后,会获得迅速增长的机会。

6.战略制定与战略执行合二为一

　　延续性创新和破坏性创新存在较大差异,媒体在管理这两种创新时,需要理解不同类型创新之间的差异,并根据市场环境采取相应的战略。有两类主要的战略取向,一是理性主义战略,二是渐进主义战略。

　　理性主义战略将战略制定和战略执行划分为两个阶段,媒体先制定战略,然后执行战略。媒体管理者制定出深思熟虑的战略,然后由中层管理者和基层员工执行战略,深思熟虑战略主要应用于延续性创新市场,延续性创新中,媒体在已知市场运作,对市场需求、市场规模、产品技术有较为准确的认识,媒体基于这些认识制定出深思熟虑的战略安排,然后自上而下实施战略。实施深思熟虑战略要求媒体能够准确把握环境出现的各种变化,并在制定战略时将这些变化纳入战略。在相对稳定的环境中,优秀的媒体可以做到这一点。

　　当市场环境开始持续变革时,理性主义的深思熟虑战略就会暴露出问

---

① 克莱顿·克里斯坦森.创新者的窘境[M].胡建桥,译.北京:中信出版社,2014:180.

题。在市场需求、产品技术快速变革的环境里,媒体很难在事先将这些变革纳入战略。媒体的战略要有开放性,能够随环境变化做出调整,战略的制定和执行不再是相互割裂的两个阶段。媒体不是先制定战略后执行战略,而是在行动的过程中发现战略,在行动中涌现的市场信息帮助媒体确定战略,当媒体的涌现战略有效解决问题后,渐进主义的涌现战略会沉淀为深思熟虑战略。

进入非连续性市场后,媒体的深思熟虑战略不再适应市场环境,如果媒体仍然坚持先制定战略再执行战略,很可能忽视破坏性创新,错失破坏性创新的市场机遇。在非连续性市场环境中,媒体需要把战略制定和战略执行过程结合在一起。

成功的媒体需要在不同的市场环境中采用不同战略,媒体在两种战略之间的平衡和切换能力对媒体管理破坏性创新至关重要。在两种不同战略之间的平衡和切换是极为困难的工作,当媒体成功启动新业务后,深思熟虑战略开始占据主导地位,媒体逐渐形成相应的组织文化,以此作为判断市场的标准和依据,这会让媒体忽视破坏性创新业务,也会让媒体忽视涌现战略。但媒体之所以能够获得市场优势地位,正是依赖于早期发现的破坏性创新业务,媒体在管理破坏性业务时运用涌现战略抓住市场机遇,但是当媒体建立起稳定的组织文化后又会忽视涌现战略。媒体管理是极为复杂困难的工作,媒体既需要精心设计战略,也需要在实践中学习和调整战略,这对媒体高管提出很高的要求,但战略平衡和战略切换能力是媒体适应复杂环境时必须具备的能力。

7.产品用来帮助消费者完成任务

克里斯坦森在《与运气竞争》中提出产品用来帮助客户完成任务这一理论,他认为:"在购买产品时,我们实际上就是在雇用产品来完成一项任务。"[①]在市场营销领域,有多种细分产品的方法,比较主流的方法是从产品性能、价格、消费者人口统计学特征(性别、年龄、收入、阶层等)等角度细分产品市场,它们对产品或消费者进行市场定位,然后为具有这种定位的产品找到消费者,或是为具有某些特征的消费者提供相应的产品。但这些市场细分都是静态的划分,现实中的消费者并不会按照市场细分所假设的那样行动,消费者在不同的场景中需要完成不同的任务,哪种产品或服务能够最有效地帮助他们完成这项任务,消费者就会选择哪种产品或服务。换句话说,现实中的消费者在动态环境中决策,基于产品属性或消费者属

① 克莱顿·克里斯坦森,泰迪·霍尔,凯伦·迪伦,等.与运气竞争[M].靳婷婷,译.北京:中信出版社,2018:序言.

性的静态定位方法并不能有效预测消费者的行为。人们并非由于产品具有某种属性而选择该产品,人们选择某一产品是因为他们需要利用该产品完成某项任务。媒体需要知道消费者在各种时空场景里利用媒体完成的任务,随后为消费者提供更具针对性的产品和信息服务。

从消费者利用产品完成任务的角度理解产品定位,可以拓宽我们对产品定位的认识,帮助媒体找到满足消费者需求的途径和方法。传统的定位观念认为,定位是让产品区别于竞争对手,即"如何让你在潜在客户的心智中与众不同"①,但动态竞争理论认为,当产品品质尚未达到消费者需求时,产品与众不同的定位可以为媒体带来竞争优势,当产品的品质超出消费者需要的水平后,产品品质差异带来的竞争优势下降,消费者不愿为超出自身需求的品质支付溢价。另外,有研究发现,传统的定位理论还存在一个问题,即竞争对手可以模仿成功者的定位。即使组织为产品找到了独特的市场定位,但竞争对手也可以模仿这种定位。② 各家媒体以竞争对手的产品作为目标,把对方产品的特色融入自己的产品中,力图使自己的产品超出对手的产品,追求差异化的结果反而是市场上大量充斥着同质化产品,大而全的产品在激烈的红海市场中竞争。

从消费者需要完成的任务角度理解产品,可以对产品做出更有针对性的设计,满足移动互联网环境下消费者的场景化需求。在移动互联网时代,消费者所处的传播场景成为决定消费者需求的关键因素,在不同的场景中,人们有不同的信息需求和消费需求。静态的产品细分或消费者细分法已经不再适用,消费者是在动态的变动时空中完成各种事务,将消费者需要完成的任务与消费者所处的场景相结合,可以发现大量的市场营销机会。媒体针对消费者所处的特定场景以及在该场景中需要完成的任务提供相应的产品和信息,这些产品和信息能够帮助消费者完成特定场景中的任务,进而大幅提升市场营销的精准度和效率,也可以让媒体避开与竞争对手的同质化定位及红海竞争。

消费者需要完成的任务是一种基于场景的营销理念,可以扩展媒体对市场竞争的理解,帮助媒体从系统层面认识媒体竞争。以产品或消费者为市场细分依据的观念导致媒体将竞争局限于同一产业内部,认为市场竞争只发生在不同媒体之间,提供同一类型产品的媒体间存在竞争关系。但现实中的竞争不仅仅发生在媒体产业内部,在不同产业之间也存在广泛的跨

① 艾·里斯,杰克·特劳特.定位:有史以来对美国营销影响最大的观念[M].谢伟山,苑爱冬,译.北京:机械工业出版社,2011:3.

② Christensen C M, Anthony S D, Berstell G, et al. Finding the right job for your product [J].MIT Sloan Management Review,2007,48(3):38-47.

界竞争,以产品或消费者为中心的营销理论很难解释这一现象,而从消费者需要完成的任务视角出发,可以很好地解释和分析这些行为。

比如,消费者有很多碎片化时间,人们需要一些产品帮助他们打发碎片化时间,过去人们可以选择看报纸、看杂志、听广播、闲谈或是无所事事地发呆,与报纸、杂志、广播竞争的产品不多。但智能手机出现后,人们有更多可以帮助他们打发碎片化时间的产品和工具,报纸、广播、杂志面临的竞争对手不再是其他报纸、广播和杂志,也不再是闲谈或发呆,而是智能手机上名目繁多的各种应用程序,人们可以看新闻、打游戏、社交、拍照、看视频、收发邮件、处理工作事务等。与看报纸、看杂志、听广播相比,智能手机可以更好地帮助消费者打发碎片化时间。当媒体站在系统层面思考和理解竞争环境时,可以对产品设计的方向及产品应具备的特征和属性有更深刻的认识。

8.高管亲自领导破坏性创新项目

媒体高管需要亲自领导破坏性创新。一方面,新项目在媒体内部面临很多阻力,在管理破坏性创新业务时,高管的作用至关重要,只有高管可以绕开媒体既得利益的阻碍,在主流业务与新业务之间分配资源。另一方面,我们在前文曾提出,破坏性创新类似于黑天鹅事件,与常规化的延续性创新相比,破坏性创新出现的次数极少,但每次出现后造成的影响却更大。媒体对常规化的延续性创新非常熟悉,并发展出一整套管理延续性创新的业务流程和管理工具,但媒体很少能开发出管理破坏性创新的业务流程和工具,同一家媒体内部很难出现两种截然不同的业务流程和组织文化,在这种情况下,高管在管理破坏性创新业务时发挥着决定性作用。

克里斯坦森认为,决定高管是否参与决策的因素是决策类型,高管不需要过多介入程序化决策,但要亲自负责非程序化的破坏性创新业务。[①]如果决策属于程序化决策,高管在决策中所起的作用有限,媒体的业务流程可以有效处理程序化问题,高管是否参与对于业务的影响并不大。决定高管是否参与的依据是决策类型,程序化的延续性创新不需要高管太多的参与,高管需要参与非程序化的破坏性创新业务。媒体业务流程无法处理非程序化的破坏性创新,但破坏性创新对媒体未来的发展至关重要,因此,高管必须亲自负责管理破坏性创新业务。

为了充分发挥破坏性技术的市场潜力,高管应该亲自负责领导破坏性创新业务。如果需要在媒体外部建立专门负责新业务的独立机构,使新机

---

① 克莱顿·克里斯坦森,迈克尔·雷纳.创新者的解答[M].李瑜偲,译.北京:中信出版社,2013:213.

构独立于媒体之外,按照新技术自身的特点建立相应的组织结构、业务流程和组织文化,媒体内部只有高层管理者能够完成这项工作,其他人都缺乏完成这一任务所需的职位与权力。

在开始启动破坏性创新业务时,建立业务流程和组织文化的成本较低、难度较小,随着时间推移,建立流程和组织文化的成本和难度会逐渐上升。对媒体来说,流程和组织文化如同生物体的 DNA,它们一旦形成后非常稳定。成立新机构时,媒体高管有机会为新机构创造 DNA,高管需要抓住机会选择适宜新机构的业务流程和组织文化。

另外,创始人对新机构组织文化的影响力最大,媒体高管在创建新机构时有充分的空间建构全新的组织文化。组织文化研究的权威学者沙因教授提出:"最重要的文化起源还是创始人的影响,创始人不仅选择了新群体的基本使命和运营环境,还选择了群体成员,并且在组织努力战胜环境、整合自身的过程中,塑造了群体成员的反应方式。"①

一个优秀的媒体高管应该具备启动破坏性创新业务的能力,他能在媒体内部建立管理破坏性创新的机制,抓住破坏性创新机遇。在我们所研究的案例中,大多数破坏性创新业务由高管亲自领导。奈飞截至目前有两次重大的破坏性创新,一次是建立网站,注册会员后邮寄 DVD 影片,最终破坏传统的影碟租赁服务,一次是开发流媒体业务,破坏传统的付费电视市场,这两次破坏都由奈飞的创始人哈斯廷斯亲自负责。

在腾讯公司开发微信这一案例中,腾讯公司首席执行官马化腾亲自领导微信产品开发,微信既在冲击微博也在冲击腾讯自己的产品 QQ,QQ 是腾讯最成熟的产品系列,围绕 QQ 聚集着一大批衍生产品,如 QQ 空间、QQ 游戏、QQ 群、QQ 邮箱、QQ 皮肤、QQ 宠物等等,QQ 产品群为腾讯带来大量现金流,启动微信必然会影响腾讯的 QQ 产品群。微信由张小龙负责的团队在腾讯公司总部之外的广州研发,张小龙与马化腾直接联系,马化腾亲自负责微信产品开发的全过程。在腾讯公司总部深圳之外的广州开发微信,可以比腾讯总部少一些来自内部的阻力,保持新产品的独立性。马化腾亲自领导建立开发新产品业务的重量级团队,可以避免腾讯公司内部各种力量对微信业务的影响。腾讯公司开发微信的案例中,高管的直接领导可以帮助新产品业务打破现有流程的阻碍,把握涌现战略的机遇,帮助公司完成自我颠覆,我们还将在第八章深入分析该案例。

---

① 埃德加·沙因.组织文化与领导力[M].第 4 版.章凯,罗文豪,朱超威,译.北京:中国人民大学出版社,2014:189.

9.忘记、借用与学习

美国学者戈文达拉扬和特林布尔在研究战略创新时提出,有效的创新需要面对三个挑战:忘记、借用与学习。[①] 创新者需要忘记现有业务的成功经验,借用现有业务的资源,学习新市场知识以获得成功。新业务在高度不确定的环境中运作,管理新业务需要的技能不同于管理现有业务,媒体需要忘记现有业务的经验,才能更好地认识和理解新业务。同时,新业务需要借用媒体的资源,包括资本、人才、品牌、渠道等,这些资源有助于尽快启动新业务。新业务还要以学习为导向,在尽可能短的时间内用较少投入找到可行的商业模式。

忘记的核心是改变现有心智模式。在管理破坏性创新时,媒体需要忘记现有模式的成功经验,认识到新业务与现有业务存在很大差别,主动忘却现有业务的基本假设和运作模式,避免用形成于现有业务的心智模式分析和处理新业务。但媒体很难做到完全忘记,人们并非在真空中工作,创建一个新机构不难,但让新机构摆脱现有机构和业务的影响却非常困难。戈文达拉扬和特林布尔认为,主要原因如下:[②]在不确定环境下,管理者会自动转向熟悉的事物,他们会采用现有业务形成的心智模式思考和解决新问题;管理者的社会网络、工作资源和社会资本更多与现有业务相联系,这也会让他们运用现有业务资源解决新问题;媒体内部不同部门的地位、权力不同,新机构会受到强势部门的影响;媒体现有的关键绩效指标会影响新业务管理者的决策和行为;媒体的集体记忆、成功的神话也会影响管理者对新业务的看法与行动。

借用的核心是处理新业务与现有业务之间的关系。新业务需要从组织借用资源,新业务所借用的是现有业务的资源,这会让新业务和现有业务之间产生矛盾和冲突。破坏性创新业务会影响现有业务,新业务的快速发展会加剧新老业务之间的矛盾,当现有业务的市场份额和利润率下降时,也会引发新老业务之间的矛盾。新业务必须尽快实现盈利,随着利润增加,新业务部门能够提升在媒体内部的地位,如果现有业务增速下降,新业务可以反哺现有业务,双方矛盾下降。

---

① 维贾伊·戈文达拉扬,克里斯·特林布尔.战略创新者的十大法则——从创新到执行[M].马一德,罗春华,译.北京:商务印书馆,2008:8.

② 维贾伊·戈文达拉扬,克里斯·特林布尔.战略创新者的十大法则——从创新到执行[M].马一德,罗春华,译.北京:商务印书馆,2008:34.

学习的核心是了解市场,减少市场不确定性,让新业务管理者较为准确地预测新业务业绩。学习的主要方式是精益创业,精益创业模式是一种适用于不确定环境的产品开发方法,精益创业主张通过小规模试验的方法证实媒体的市场假设,并运用经过证实的认知开发产品。精益创业可以帮助新业务管理者找到新产品市场。

新业务管理者需要通过学习了解市场,对新业务管理者的业绩评估标准不同于现有业务管理者。现有业务管理者的业绩取决于管理者执行战略计划的能力,管理者如果实现了战略计划所制定的目标,则得到较高的业绩评价。管理者没有实现预定的业绩目标,会影响媒体对他的业绩评价。但这种评估方法不一定适用于新业务,用执行计划的结果来评价新业务管理者,可能引发道德风险。例如,在制定计划时有意降低计划目标,以便轻易完成任务。或是在计划明显不符合现实环境时,仍然坚持错误的计划,最终给媒体造成损失。在不确定环境中管理破坏性创新业务的管理者的首要目标,是通过学习降低不确定性。因此,对新业务管理者的绩效评估应该主要从学习能力和学习效果角度进行。管理者是否在短时间内了解市场,降低了市场不确定性?是否提出了可行的商业模式并获得利润?在不确定环境下,减少不确定性比执行预定计划更重要。

10.成立臭鼬工厂管理创新

新进入者凭借不对称动机和能力进入市场,现有媒体需要应对和管理破坏性创新。通常,在现有媒体之外成立一个独立的小型机构,让它专门负责某项破坏性创新技术的开发和管理,要比在现有媒体内部开发和管理破坏性创新更有效,这种独立于母公司之外、专门从事新产品开发的机构称为臭鼬工厂。

破坏性创新产品早期市场很小,利润不高,发展前景不明,不容易引起现有媒体的重视,现有媒体通常不愿给新产品投入太多资源。消费者决定媒体的资源分配,主流消费者决定媒体资源分配的主要流向。新产品市场规模很小、风险较大、利润不高,以零消费市场或低端市场为目标,而非现有产品的主流市场。因而,如果在现有媒体内部开发新产品,媒体管理层和职能部门可能不愿给新产品投入资源,媒体的员工也不愿给充满不确定性的新产品工作。但如果新产品属于延续性创新,是对现有产品的改进和提升,产品市场大、利润高、风险小,媒体将毫不犹豫地投入大量资源,管理层和员工也愿意为主流产品工作。媒体需要把开发和管理破坏性创新的任务交给一个独立于媒体之外的小型机构——臭鼬工厂,臭鼬工厂的目标市场是对新产品感兴趣的零消费市场和低端市场。臭鼬工厂对市场利润的要求不高,数额不大的订单足以维持其运作,它们对小规模的新兴市场更加敏感也更有兴趣。

媒体内部难以开发和管理破坏性产品的另一个原因在于,新产品通常具有破坏性,要颠覆和破坏现有产品,媒体内部会有很强的阻碍力量。破坏性创新产品虽然定位低、价格低,但只要新技术进步速度快于消费者需求水平的提升速度,新产品就可以满足消费者需求,当新产品的性能品质达到消费者需要的水平后,它们在其他维度上具有的优势会成为产品竞争的新维度,新产品将开始颠覆现有产品。破坏性创新要求媒体做到自我颠覆,但在媒体内部,负责管理主流产品的部门掌握着大量资源,它们在媒体内部有充分的话语权,不少业务部门的管理者和员工依靠主流产品获取资源和权力,围绕主流产品逐渐形成了既得利益集团。出于对自身利益的考量,它们会反对投资新产品的提案,即便高管决定启动破坏性创新业务,但是,负责具体执行业务的仍然是媒体职能部门和中层管理者,当他们缺乏推动新业务的动力时,新业务成功的机会很渺茫。破坏性创新业务本身就有较高的不确定性,很多因素都会决定产品的成败,失败的责任不能完全归因于执行者,这一问题会增加职能部门与中层管理者的道德风险。但如果把开发新产品的任务交给独立于媒体之外的臭鼬工厂,臭鼬工厂只负责破坏性创新产品业务,没有围绕主流产品形成的既得利益集团,臭鼬工厂中管理者和员工的业绩只和新产品相关,他们从各个职能部门和业务单位抽调到新机构,但他们此时的身份和考核指标只与新产品挂钩,这会让臭鼬工厂摆脱母体组织的羁绊,一心考虑新产品。

在以上两个原因之外,媒体的资源分配模式、组织文化也会影响媒体对破坏性业务的投入。改变资源分配方式相对简单,但改变组织文化非常困难,一家媒体内部很难同时并存两种组织文化。与其花费大量的资源建立两种流程和组织文化,不如成立一家独立的臭鼬工厂,根据新业务的特点建立相应的资源分配模式和组织文化,臭鼬工厂在新市场中的成功也会说服现有媒体内部的反对者,让更多人逐渐转变对新产品的态度。

传媒行业正面临巨大变革,认真分析市场环境的媒体才能做出有效反应,从传统中获得的经验固然珍贵,但媒体也要有改变现状、迎接新环境的勇气和智慧。当传媒产业环境发生巨变的时候,没有哪种产品会永存,与其被动等待变革的影响作用于自己,不如主动颠覆现有产品和市场,主动变革者和颠覆者有更大的发展机会。"无论在哪个行业,一个公司都是由一些有着有限生命周期的业务单位组成的:任何业务的技术和市场基础最终都会消失。破坏性技术也是这个循环的一部分。理解这个过程的公司可以建立新的业务来代替那些不可避免要消失的业务。要想这么做,公司必须给破坏性创新的管理者发掘该技术全部潜力的自由——即使那意味着最终要消灭主营业务。为了公司的生存，一定要忍心看到一些业务单位的消失。如果公司自己不消灭它们，它的竞争者们也将会这么做。"①

---

① 克莱顿·克里斯坦森.创新与总经理[M].郭武文,译.北京:中国人民大学出版社,2005:18.

第五章　不确定环境中的媒体决策

本章和下一章主要研究媒体决策,本章主要探讨不确定环境中的媒体决策,第六章重点关注媒体市场战略。在本章我们将媒体分为两类,一类是小型媒体,一类是大型媒体,分别研究两类媒体的初始条件、市场机遇以及市场调整方式,然后探讨不确定环境中的媒体决策。

5.1　小型媒体的决策环境

我们将媒体分成大型媒体和小型媒体,小型媒体有两种,一种是已经存在于市场的小型媒体,一种是新进入市场的小型媒体,这类媒体没有外部资本的投资。小型媒体是相对大型媒体而言的,媒体在某个市场参与竞争,在该市场中竞争的媒体之间总会有差异。毕海德认为,小型企业和大型企业在不确定性、投资和利润方面存在显著差别。小型企业的不确定性高、投资小、利润低,大型企业的不确定性低、投资大、利润高。[①]在我们的分类中,也主要从市场不确定性、投资需求和利润回报方面进行分类,这些差别影响它们所追求的机会的性质。

在以上几种差别中,市场不确定性是我们区分媒体的重要变量,大型媒体的市场不确定性较低,小型媒体的市场不确定性较高。通常,大型媒体在相对稳定的成熟市场运作,已经发展出一套行之有效的市场调研工具,能够对市场做出较为准确的分析和预测,降低市场风险。小型媒体实力较弱,很难和大型媒体在成熟市场直接竞争。因此,小型媒体需要避开大型媒体所处的成熟市场,选择进入不确定性较高的新市场,而较高的不确定性会增加小型媒体的市场风险。

另外,小型媒体规模较小,它们需要的投资额相对较低,利润回报不高,但由于市场不确定性很高,小型媒体面临的市场机会存在较大风险。大型媒体规模大,它们需要的投资额相对较高,利润回报较高,大型媒体通常在已知的市场运作,它们面临的风险较小。两类媒体的具体比较见表5-1。

---

①　阿玛尔·毕海德.新企业的起源与演进[M].魏如山,马志英,译.北京:中国人民大学出版社,2004:2.

表 5-1　两类媒体的比较

	小型媒体	大型媒体
风险	高	低
投资	低	高
利润	低	高

　　当小型媒体逐渐发展为大型媒体,它们的风险、投资和利润分布也会出现变化。小型媒体逐渐从高风险、低投资、低利润的决策环境转移到低风险、高投资、高利润的决策环境,它们的资源、市场机会、市场计划和市场调整方式等都开始出现显著变化。

　　资源方面,小型媒体的资源非常有限,它们通常没有足够的资源进行市场分析和调研,它们所追求的产品项目利润较低,从成本收益角度考虑,投入大量资源进行前期调研可能得不偿失。另外,它们面临的市场机会较为短暂,如果不能立刻抓住市场机会,机会很可能就会溜走。成熟的大型媒体在启动某个项目之前,会进行细致深入的市场调研,调研结果对于是否启动项目有决定性影响。但小型媒体进行市场调研的机会成本很高,它们有限的资金很难负担高昂的市场调研费用,它们更有可能直接采取行动,通过市场反馈信息修正行动。即使小型媒体的市场假设出错,它们的实际损失也很有限。毕海德研究新兴企业时发现,新兴企业通过实际行动所获得的市场信息要比市场调研得到的信息更有价值,新兴企业的管理者需要在运营企业的实际过程中评估企业的可行性。[①] 对美国成长最快的500 家企业中的 100 家企业和其他 100 多家快速成长的企业研究发现,成功的创业者很少花费时间进行市场分析和研究,而且,花费时间进行市场分析和研究的创业者最终推翻了之前的假设和战略。对 2994 家新创企业的研究发现,花费很长时间进行市场研究和调查的企业,度过创业前三年的概率与只注重抓住市场机会而不做计划的创业者基本相同。[②]

　　市场机会的不确定性也会降低市场调研的价值。一家媒体看中的市场机会也会被其他媒体关注,如果不能尽快抓住市场机会,其他媒体便会捷足先登,占据市场优势地位。进行市场调研需要花费时间,等调研结束时市场环境又会出现新变化,市场机会也可能随之消失。对小型媒体来说,"过多的分析可能有害无益,因为等你对机遇做全面的分析时,它可能

---

　　① 阿玛尔·毕海德.新企业的起源与演进[M].魏如山,马志英,译.北京:中国人民大学出版社,2004:63.

　　② 亨利·明茨伯格,约瑟夫·兰佩尔,詹姆斯·布莱恩·奎因,等.战略过程:概念、情境、案例[M].第 4 版.徐二明,译.北京:中国人民大学出版社,2012:338.

已经不复存在了"①。如果媒体看中的市场机会属于破坏性创新,产品针对的是不消费现有产品或对现有产品不满的零消费市场,那么针对现有市场的调研工具和技术的实际价值就更加有限,成熟的市场调研工具和技术更适用于分析现有产品市场,而非破坏性创新产品市场。小型媒体的创业者"必须认识到,哪怕进行再深入的研究分析,也仍然无法排除某些关键的不确定因素,创业者必须抵制无止境调查的诱惑并且相信他们自己的判断"②。

小型媒体的决策具有"干中学"(learning by doing)的特点。它们不像大型媒体那样先做市场分析与调研,然后制定市场决策,最后执行决策。它们制定并实施决策,随后通过市场反馈修正决策,在有些情况下甚至会推翻先前的决策。决策和行动取代市场调研,成为它们获取市场信息的主要来源。与进行市场规划相比,找到可行的商业模式并获得经济回报对它们更有吸引力。小型媒体会采取机会主义的市场调整方式,追逐短期市场利润。伊查克·爱迪思认为:"学步期公司围绕人而不是围绕任务来进行组织管理。它们的发展是没有计划的,它们总是对出现的机会做出回应,而不是预先做好计划、组织并确定好自己的定位,以便利用好自己创造的未来机会……它们是被机会驱动的,而不是主动推动机会的产生。"③

小型媒体在初创阶段需要强大的领导者,领导者对媒体至关重要。这种媒体具有灵活性和适应性,但也会产生脆弱性,整个组织的安危成败在很大程度上取决于领导者个人,领导者的错误反应或意外事件会断送媒体的未来。

小型媒体的管理者需要较高的风险承担能力。经济学理论认为,大多数人属于风险厌恶者,只有少数人属于风险爱好者,在期望收益相同的两种选择中,风险厌恶者更乐于选择确定性的选项,而不愿选择有风险的选项,他们甚至愿意为此支付一定费用。风险爱好者愿意承受模糊性,在期望收益相同的选项中,他们更有可能选择结果不确定的选项。比如,有两种工资支付方式,一是每月月底支付1000元,一是每月月底掷硬币,出现正面时支付2000元,反面时不予支付。由于掷硬币是独立事件,正反面出现的概率相同,各为50%。因此,掷硬币的期望收益为1000元,掷硬币的期望收益和每月支付固定工资的期望收益相等,均为1000元。但是多数

① 亨利·明茨伯格,约瑟夫·兰佩尔,詹姆斯·布莱恩·奎因,等.战略过程:概念、情境、案例[M].第4版.徐二明,译.北京:中国人民大学出版社,2012:338.
② 亨利·明茨伯格,约瑟夫·兰佩尔,詹姆斯·布莱恩·奎因.战略过程:概念、情境、案例[M].第4版.徐二明,译.北京:中国人民大学出版社,2012:342.
③ 伊查克·爱迪思.企业生命周期[M].王玥,译.北京:中国人民大学出版社,2017:74.

人宁愿选择每月支付 1000 元而不是掷硬币来决定收入,因为大多数人是风险厌恶者。风险爱好者则会选择不确定选项,虽然掷硬币时可能分文不得,但也可能得到 2000 元,风险爱好者们更偏向不确定选项。

　　愿意接受不确定性的管理者们通常拥有更高的自信心,他们对自身能力的评价更高,更能接受市场模糊性,愿意为存在风险的产品项目投资。一项研究显示,95％的创业者相信自己创业成功的概率比其他人高 50％,三分之一的创业者相信自己一定可以成功。[①] 虽然投资有可能失败,但这是每一位媒体管理者都必须面对的风险。大型媒体项目的投资额更大,失败后的损失更大,小型媒体项目的投资额低,失败后的损失也相对较小。

　　小型媒体的管理层应具备开放的心态和灵活的调整能力。由于市场存在较高的不确定性,媒体管理者必须具有开放的心态,愿意根据市场变化修正市场假设,保持灵活的调整能力。管理者既要看到与自己立场一致的信息,也要关注与自己观点相冲突的信息。"他们有对自己想法的坚定承诺,同时也愿意从真实体验中学习。创始人应该是兼具理性和感性的人——他们拥有狂热而坚定的信念,同时愿意听取理性的现实。"[②]管理者既要坚定,也要灵活,还要知道何时坚定,何时灵活。

5.2　大型媒体的决策环境

　　在投资、利润、风险三个维度上,大型媒体不同于小型媒体,大型媒体倾向于高投资、高利润、低风险市场,对小型媒体感兴趣的低投资、低利润、高风险市场缺乏兴趣。大型媒体拥有丰富的资源,它们通常具有充沛的现金储备,良好的信用使它们比小型媒体易于得到信贷资金。大型媒体的投资数额大,但它们有严格的市场计划与调研体系,能够最大程度降低市场不确定性,将市场风险降低到可以控制的范围内。大型媒体追求高利润率的市场机会,在延续性创新中不断为高利润市场服务。

　　首先,在投资方面,大型媒体通常要对项目进行评估后再做出投资决策,这有别于小型媒体机会主义的决策方式。大型媒体中,评估部门的职责是寻找项目的缺陷和漏洞,在评估项目时,评估人员必须遵循评估流程,通过评估的项目获得商业成功,说明评估部门完成了自己的本职工作,但如果通过评估的项目失败,评估人员的能力和责任心会受到质疑,负责评估的员工甚至会遭到处分。大型媒体的项目评估体系更像刹车系统,而非动力系统。

---

① 诺姆·沃瑟曼.创业者的窘境[M].七印部落,译.武汉:华中科技大学出版社,2017:57.
② 伊查克·爱迪思.企业生命周期[M].王玥,译.北京:中国人民大学出版社,2017:35.

小型媒体的成员之间有较频繁的人际互动,项目领导者与评估部门员工的人际关系会影响项目的评估过程,"熟人社会"中项目组成员与评估部门的私人关系会影响评估结果。大型媒体的科层制性质更加明显,评估部门与业务部门只有有限的联系,诸如匿名评估、回避制、集体表决等制度安排也会减少人际因素对项目评估的影响。大型媒体很难完全排除人际因素对项目评估的影响,但它们通常会尽可能降低人情因素在项目评估中的作用。

其次,在利润方面,大型媒体追求能带来较高利润的产品项目,它们的管理系统会将资源分配在市场更大、利润更高的产品项目上。大型媒体要对产品项目进行评估,评估有一套规范的业务流程,任何项目都要按照业务流程完成评估,这意味着每项业务所花费的评估资源大体相似。但评估部门的人力资源有限,在一定时间内能够评估的项目数量有限。大型媒体有很强的增长压力,它们必须保持一定的增长速度,媒体规模越大,保持相应增长率所需要的市场规模就越大,它们越会把资源投放在能带来更大市场回报的产品项目上。假设某家媒体每年收入1亿元,利润率为10%,该媒体每年需要1000万元利润。假设该媒体评估部门每年可以评估10个项目,那么,该媒体既可以通过评估一个利润为1000万元的项目完成盈利目标,也可以通过评估10个利润为100万元的项目完成盈利目标。假设高利润项目和低利润项目的风险相同,为降低评估成本,评估部门更可能选择只评估一个高利润项目。项目评估需要花费大量的时间、人力、物力成本,无论是大型项目还是小型项目,都要按照相同的流程进行评估,每个项目的评估成本大体相似。越是大型的成熟媒体,花费在每个项目上的评估成本越高,为减少评估成本开支,大型媒体愿意在风险相同的情况下将评估资源投放给大型项目。史蒂文·霍夫曼说:"一些大型的跨国公司会枪毙任何无法建立10亿美元以上业务的项目。管理层对于建立较小规模的业务没有任何兴趣,这不是他们的经营模式。如果某一个业务部门的营业收入对于他们的资产负债表不会产生重要的影响,那么这就是在浪费时间和资源。"①

从该案例中还能发现,对利润率的要求会减少大型媒体投资小规模市场的动力。该媒体需要1000万元利润,但评估部门每年只能评估10个项目,每个项目至少要为媒体带来100万元的利润,才能保证媒体完成年度利润目标。这意味着大型媒体对利润率的要求和有限的评估资源共同限制了它们对小规模市场的投资兴趣,如果新产品的市场利润小于100万

---

① 史蒂文·霍夫曼.让大象飞[M].周海云,陈耿宣,译.北京:中信出版社,2017:130.

元,案例中的大型媒体将不会给新产品投资。而且,媒体规模越大,满足其利润需要的市场也越大,它们越难在第一时间进入新市场。比如,年收入10亿元的媒体要实现10％的利润率,需要1亿元利润的市场,评估部门每年只能评估10个项目,那么每个项目的最小利润必须超过1000万元。在成熟的大型媒体中看到新产品未来市场潜力的员工,很难说服他所在的媒体将资源投给新产品。媒体的产品评估系统如同一张渔网,它们需要的利润决定渔网网眼的大小,小于利润标准的产品项目会从网眼中溜走,当新产品成长壮大后,大型媒体的渔网才能捕捞到它们。

最后,在风险方面,大型媒体并不厌恶风险,它们可以接受经过市场评估的可预测风险,但与小型媒体不同,大型媒体很难接受不可预测的模糊性,它们对无法运用市场分析工具加以评估的、充满不确定性的市场敬而远之。市场总会存在不确定性,成熟的大型媒体长期在延续性创新市场中运作,它们掌握的市场分析工具可以对市场风险予以量化,将市场风险限制在可控制的范围内,虽然这并不能保证产品项目会成功,但成熟的大型媒体可以对项目的成功率做出较为准确的估计。比如,某家媒体通过市场分析与调研得出结论,某一新产品的预期市场规模为1000万元左右,市场接受新产品的可能性为75％,影响产品接受的主要原因有价格、转换成本、竞争者反击三方面。成熟的大型媒体通过市场研究将未知的市场模糊性转化为可预测的市场风险,在对市场风险进行评估后媒体可以做出是否投资的决策。将未知的市场模糊性转变为可预测的市场风险是大型媒体创新管理能力的体现,英国管理学者蒂德说:“创新管理和赌博的区别在哪里?共同点在于,二者都涉及投入一定资源而产出未知(除非作弊)。但是创新管理旨在将一开始的不确定性限定在一个可量化的风险范畴内,尽管仍然不能确保成功,但至少在该过程中我们能尝试去重新审视创新选项,这样就增加了最终成功的可能性。”[①]

小型媒体缺乏大型媒体的风险管理能力,这既是不同于媒体管理能力的差异,也与它们所处的市场环境有关。如前文所述,成熟的大型媒体通常在连续性市场进行延续性创新,延续性创新中,媒体的产品、市场、需求、客户等相对稳定,通过分析和研究市场现状,可以较准确地预测市场未来的发展,媒体可以通过市场调查和研究制定合理决策。小型媒体要启动破坏性创新业务,但产品、市场、需求、客户等都具有未知性,适用于连续性市场的调研工具无法分析非连续性市场,小型媒体必须适应市场模糊性,在高度不确定的市场做决策。毕海德在对大型公司和新兴公司的比较研究

---

① 乔·蒂德,约翰·贝赞特.创新管理:技术变革、市场变革和组织变革的整合[M].第4版.陈劲,译.北京:中国人民大学出版社,2012:245.

中提出,"有证据表明,如果按照销售额的百分比来计算研发支出的话,大公司的比例要比小公司的高很多。如果有什么区别的话,那就是对不确定性的厌恶使得大公司偏向于向它们可以控制的技术和知识产权投资,大企业对不确定性的厌恶确实会影响其研发工作,客观的评估标准偏向于那些具有明确的风险和收益的项目"[①]。

另外,风险共担也是影响大型媒体和小型媒体管理者行为方式的重要因素。塔勒布提出,为了保证决策的合理性,决策者需要承担决策后果,只有决策者在承担自身行为后果时,才能避免出现机会主义和道德风险,风险共担原则即"决策者必须亲历风险并承担后果"[②]。风险共担的含义并不复杂,当人们不必对自身行为的后果承担责任时,很可能做出不负责任的行为,经济学将其称为道德风险。

小型媒体多由创业者开办,大型媒体更多由职业经理人管理,他们在风险共担的程度上存在很大差别。创业者自己管理小型媒体,他需要承担自身行为的后果,在做决定时,管理者完全承担行为后果。管理者既要考虑媒体的短期利益,也要考虑媒体的长期利益,既会考虑决策风险,也会考虑投资回报。个人利益与媒体利益的一致性有助于他们制定合理的决策。随着媒体逐渐成长,职业经理人开始负责媒体管理工作,职业经理人的利益与媒体的利益不能始终保持一致,而且职业经理人只需承担有限责任,风险共担的有限性会影响他们决策的合理性。

尽管大型媒体需要经过项目评估才能做出投资决策,但大型媒体仍然会在新技术、新产品方面投入大量资源,一些具有破坏性特征的技术和产品也是由大型媒体率先开发出来的。但新技术和新产品早期市场规模很小,没有清晰的商业模式,未来发展前景不明确,处于大型媒体价值网络之外,大型媒体对其缺乏兴趣。

比如,在电脑图形界面技术出现之前,个人电脑上没有桌面、图标、鼠标等,用户用键盘在电脑屏幕上输入字符,电脑完成相应的指令,这一时期的计算机仍然是程序员和发烧友手中的工具。图形界面技术由施乐公司的帕罗奥图研究中心(PARC)研发,施乐公司的工程师研发出界面更加友好的图形界面系统,包括今天个人电脑的视窗、图标、文件夹,人机互动的界面系统取代命令行,让计算机从程序员和发烧友群体进入到寻常消费者手中。图形界面技术和鼠标技术是个人电脑领域的重大创新,在很大程度上可以说,正是这两项技术让计算机在 20 世纪 80 年代开始进入千家万

---

① 阿玛尔·毕海德.新企业的起源与演进[M].魏如山,马志英,译.北京:中国人民大学出版社,2004:137.

② 纳西姆·塔勒布.非对称风险[M].周洛华,译.北京:中信出版社,2019:19.

户。施乐帕罗奥图中心主管鲍勃·泰勒后来曾说,让互联网成为现实的大多数技术都是施乐帕罗奥图在 20 世纪 70 年代发明的。① 但最早开发出这些技术的施乐公司并没有将资源投入到该领域,施乐公司的主营业务是大型复印机,施乐对新技术的做法是,它们生产出 2000 台电脑,但没有把它们作为消费品推向市场,只是作为公司整体办公系统的一部分而使用,这一系统包括文件服务器、大型打印机和其他工作站。一家施乐研发机构主管认为,计算机对社会的作用永远没有复印机重要。②

在施乐举办的公司会议上,施乐展示了它们的阿尔托电脑,展厅里放置了 30 台电脑,但施乐公司的高管对这些电脑完全没有兴趣,施乐帕罗奥图中心主管鲍勃·泰勒参加完展示后说,施乐公司的"男士们根本不屑于了解如何打字。打字这种事是秘书干的。所以他们并没有把阿尔托当回事,他们认为那是只有女性才喜欢的东西。于是我意识到,施乐永远也做不出个人电脑"③。

乔布斯在 1979 年 12 月参观访问了施乐研究中心,当他看到施乐展示的图形界面技术时,乔布斯兴奋异常,他认为图形界面技术是个人电脑的未来,电脑将从专业人士的技术工具变为普通用户的办公娱乐产品。"图形界面以桌面为隐喻,就像社区运动场一样直观而友好。它用可爱的图标来表示文档、文件夹和其他各种东西,包括一个回收站,另外还有由鼠标控制的光标,可以轻松点击这些图标。乔布斯不仅对这个界面爱不释手,而且还知道如何完善它,使其更简洁、更精致。"④《乔布斯传》的作者艾萨克森对乔布斯第一次看到图形界面技术时的反应做出这样的描述:"乔布斯跳了起来,兴奋地挥舞着胳膊。施乐研究中心的科学家特斯勒说,乔布斯'跳来跳去的,我都不知道他有没有看清楚整个演示,但事实证明他是看到了的,因为他不停问问题。我每展示一部分,他都会发出惊叹'。乔布斯反复说自己不敢相信施乐还没有把这项技术商业化。'你们就坐在一座金矿上啊,'他叫道,'我真不敢相信,施乐竟然没有好好利用这项技术。'乔布斯后来回忆,'仿佛蒙在我眼睛上的纱布被揭去了一样,我看到了计算机产业的未来。他们就是一帮白痴,根本没有意识到电脑的巨大潜力。在这场计

① 沃尔特·艾萨克森.创新者:一群技术狂人和鬼才程序员如何改变世界[M].关嘉伟,牛小婧,译.北京:中信出版社,2017:318.
② 沃尔特·艾萨克森.创新者:一群技术狂人和鬼才程序员如何改变世界[M].关嘉伟,牛小婧,译.北京:中信出版社,2017:319.
③ 沃尔特·艾萨克森.创新者:一群技术狂人和鬼才程序员如何改变世界[M].关嘉伟,牛小婧,译.北京:中信出版社,2017:319.
④ 沃尔特·艾萨克森.创新者:一群技术狂人和鬼才程序员如何改变世界[M].关嘉伟,牛小婧,译.北京:中信出版社,2017:395.

算机产业最伟大的胜利中,他们被打败了。施乐本可以称霸整个计算机产业的'。"①回到苹果公司后,乔布斯对同事说,在苹果即将推出的个人电脑中必须采用图形界面技术。乔布斯对施乐公司管理层评价道:"他们都是复印机脑袋,根本搞不清计算机能做什么。他们本可以稳夺计算机行业最伟大的胜利,但却搞砸了。"②施乐公司忽视图像界面技术的商业价值,但苹果公司运用施乐公司研发的图形界面技术和鼠标技术,成功推出新一代个人电脑,揭开个人电脑时代的大幕。

很多人认为,苹果公司的 iPhone 是最早的智能手机,其实不然。iPhone 可能是最成功的智能手机,但早在 1996 年,诺基亚就推出了能上网、能收发邮件的手机。诺基亚 CEO 回顾时说:"1996 年,诺基亚发布了一款新产品,我们自豪地将其称为'通讯器'。其不仅有普通手机的功能,而且带有网络浏览器、传真功能、电子邮件功能和日历。在'通讯器'最初上市时,产品本身还不完善。软件的运行效果不如预期,且不具备实现所有功能所必备的全部应用程序。这是一款体积宽大的设备,很多人认为它过于笨拙。此外,它对诺基亚的营业额也没有显著贡献。"③这款智能手机产品不完善,运行效果不如预期,对诺基亚的营业额没有多大贡献,诺基亚也就没有继续为其投入资源。在数码相机领域,柯达最早研发出数码相机,但同样没有将其推广应用。

小型媒体采取机会主义的决策方式,它们会根据市场变化做出灵活调整。大型媒体通过严格的计划和市场研究获得足够准确的信息后作出决策,大型媒体通过市场调研得到的信息减少不确定性,增加产品成功的概率。在面对充满不确定性的市场时,小型媒体和大型媒体的态度和行动有较大差别。小型媒体更偏向于采取有限理性的决策方式,大型媒体更偏向于采取完全理性的决策方式。

大型媒体在制定决策时更偏向于经济学中的理性假设,理性假设认为,决策应该以预期回报最大化为目标,理性假设希望实现最优选择。管理学家马奇认为,理性选择需要回答四个问题:④(1)有关备选方案的问题,即哪些方案是可能的? (2)有关期望的问题,即每个备选方案可能的结

① 沃尔特·艾萨克森.乔布斯传[M].第 2 版.官延圻,魏群,余倩,等,译.北京:中信出版社,2014:85.
② 沃尔特·艾萨克森.创新者:一群技术狂人和鬼才程序员如何改变世界[M].关嘉伟,牛小婧,译.北京:中信出版社,2017:396.
③ 约玛·奥利拉,哈利·沙库马.诺基亚总裁自述[M].王雨阳,译.上海:文汇出版社,2017:271.
④ 詹姆斯·马奇.决策是如何产生的[M].王元歌,章爱民,译.北京:机械工业出版社,2013:3.

果是什么？以及每个结果出现的概率是多少？（3）有关偏好的问题，即每个备选方案可能产生的结果对决策者的价值大小。（4）有关决策规则的问题，即就各备选方案结果的价值而言，如何在备选方案中进行选择？

大型媒体在寻找行动方案时，会以制度化的方式建立寻找行动方案的程序，而不像小型媒体主要通过个人努力和偶然的市场机遇确定行动方案，大型媒体会以媒体长期战略目标作为评估行动方案的依据。大型媒体通过广泛的市场研究收集各个行动方案的信息，关于行动方案的信息和数据可以减少市场不确定性，帮助大型媒体更准确地评估备选方案的预期收益，提高媒体决策质量。大型媒体进行市场研究的目的是减少市场不确定性，当市场不确定性降低，媒体可以对备选方案的预期收益和风险进行量化比较，并考察备选方案与媒体现有战略的一致性，最终根据通过评估的方案制定战略决策。

大型媒体在作出战略决策后，会投入大量资源实施决策，它们一般不轻易改变决策。首先，大型媒体可以接受新项目在一段时间内亏损，它们并不要求新项目在短时间内产生回报，大型媒体在决策前的市场研究中会估计到新项目可能遭遇的困难，并将这些因素纳入决策范围。比如，由努哈斯创办的美国全国性报纸《今日美国》，这份报纸 1982 年开始创办，直到 1993 年才开始盈利，连续亏损 11 年时间。1987 年 7 月 2 日，该公司宣布《今日美国》创刊 4 年半累计亏损 2.33 亿美元，该报首期投入到售报机的资金高达 3 亿美元。① 如果是小型媒体创办的报纸，很难在亏损状态中坚持这么长时间。

其次，大型媒体所实施的项目通常涉及较高的固定成本和沉没成本，项目一旦启动后媒体投入大量资源，调整项目会有很高的沉没成本。通常，媒体所从事的创新越复杂，创新所需要的时间和投入就越高。比如，由产品开发与管理协会发起的一项大规模调查研究显示，渐进性创新产品从产生理念到进入市场平均需要 6.5 个月，换代新产品从产生理念到进入市场平均需要 14 个月，而全新产品或技术的研发周期则需要 24 个月，在 3000 个创新思想中只有一个能获得商业成功。② 另外，在大型媒体中，如果管理层对已经开始启动的项目进行方向性调整，会在媒体内外引起恐慌情绪，影响资本市场对媒体的评价，也会让投资者质疑媒体管理层的专业能力。

---

① 朱春阳.现代传媒产品创新理论与策略[M].济南:山东人民出版社,2005:130.
② 梅丽莎·希林.技术创新的战略管理[M].第 4 版.王毅,谢伟,段勇倩,译.北京:清华大学出版社,2015:4.

5.3 创新生命周期

小型媒体和大型媒体在充满不确定性的市场中运作,我们在第三章用技术创新的 S 形曲线表示媒体技术创新周期,在现有价值网络内,S 形技术曲线在开始出现后进入快速进步期,随后进入技术成熟期,最终被新技术取代。在现有价值网络外部,新技术曲线发展成熟后可以入侵现有价值网络,并凭借新技术维度上的优势与现有技术竞争。创新具有周期性,学者厄特巴克和阿伯纳西提出创新的三阶段模型,认为技术创新可以分为流变、过渡和成熟三个阶段,见图 5-1。

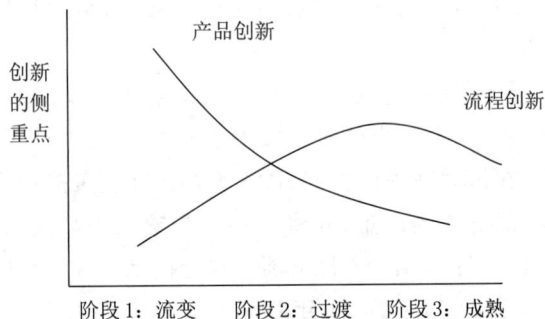

图 5-1 创新生命周期 *

* 图片来源:乔·蒂德,约翰·贝赞特.创新管理:技术变革、市场变革和组织变革的整合[M].第 4 版.陈劲,译.北京:中国人民大学出版社,2012:31.

在流变阶段,市场呈现非连续性,市场和技术充满不确定性,参与市场竞争的媒体对市场、技术、产品等充满未知,媒体需要通过小规模试验的方式获取市场信息,这一阶段的技术和产品都不成熟,媒体只能通过试错的方式收集市场信息,评估市场对各种产品的反应。随后,技术和产品逐渐稳定下来,媒体和消费者对产品的认识达成一致,过渡阶段的市场出现主导设计,主导设计未必是所有方案中的最优方案,而是媒体和消费者共同认可和接受的方案。在过渡阶段,媒体不再需要寻找市场、技术和产品的各种信息,媒体把主要的资源分配给主导设计产品,尽可能提高主导设计产品的性能品质,增强产品品质和差异化竞争优势,媒体进入延续性创新为主的成熟阶段。成熟阶段的媒体更关注产品利润,媒体需要通过业务流程创新提高产品品质。最后,在现有技术生命周期内创新的空间越来越小,现有技术的 S 形曲线已经达到天花板,市场之外的 S 形技术曲线不断进步,当新技术曲线生产的产品达到现有产品品质后,新产品将侵入现有产品市场,打破现有技术下的主导设计,重写竞争规则。

在三阶段模型基础上,安德森和塔什曼提出,技术生命周期分为混乱期和增量变化期。市场和技术的非连续性开启不确定的混乱期,新技术出现后媒体并不知道如何整合及利用新技术,在新技术取代旧技术的过程中,媒体通过大量实验寻找可行的产品及商业模式。与三阶段模型相似,市场在混乱期出现主导设计,主导设计意味着市场从混乱期进入增量变化期,在增量变化期,媒体不再进行广泛的市场试探,它们会把大多数资源用于提高主导设计产品的品质和差异化,通过提供低价高质的差异化产品获利。随着新技术的出现,市场又会开始进入下一轮混乱期。具体见图 5-2。

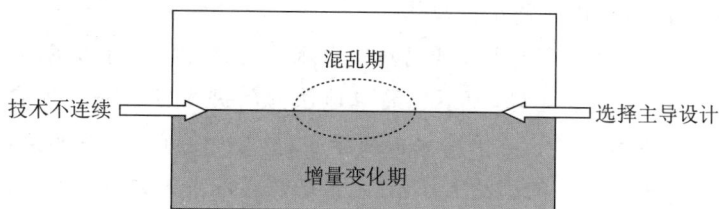

图 5-2　技术生命周期[*]

* 图片来源:梅丽莎·希林.技术创新的战略管理[M].第 4 版.王毅,谢伟,段勇倩,译.北京:清华大学出版社,2015:50.

创新和技术生命周期模型揭示出媒体行业变革的动因,媒体处于主导设计阶段或增量变化期时,市场和技术较为稳定,延续性创新占主导地位。当新技术使媒体进入流变期或混乱期时,媒体市场和技术的连续性被打破,破坏性创新开始重构媒体市场格局。媒体市场不会一直处于增量变化的成熟期,新技术总会冲击现有技术下的媒体市场。

媒体市场处于成熟期的时间越长,现有市场中的媒体越难以适应新技术带来的变化和挑战。在成熟期市场,媒体主要从事延续性创新,媒体会把大部分资源用于开发延续性创新技术,很少将资源投给破坏性创新技术。成熟期市场的技术较稳定,媒体缺乏开发破坏性技术的动力。随着成熟期时间变长,媒体会形成适应于现有环境的业务流程、组织结构、资源分配模式和组织文化。媒体的能力与主导设计结合得越紧密,媒体越难以进入新技术轨迹,媒体的过滤机制会自动将不符合现有技术环境要求的产品和业务排除在外。即便媒体高管看到新技术的价值,要求职能部门和员工加大新技术的开发力度,媒体职能部门的管理者和一线员工也不会将资源投放到他们认为没有市场需求的技术和产品上。

当市场处于新旧技术交替期时,现有媒体和新进入者都面临适应新技术环境的问题。现有市场中的大型媒体和小型媒体都需要从成熟阶段转向流变阶段,从成熟期的舒适中走出,进入到不确定的流变市场。我们在之前的分析中曾指出,小型媒体在现有市场中投入的资源较少,它们的转换成本较低,具有较大的灵活性。大型媒体的转换成本较高,但大型媒体也有优势,新技术存在很高的不确定性,大多数尝试可能失败,在主导设计出现之前,媒体要在市场探索阶段支付很高的学习成本。大型媒体比小型媒体掌握的资源更多,它们可以等小型媒体和新进入者探索出成功的主导产品后再进入市场,资源丰富的大型媒体拥有小型媒体缺乏的等待权,它们可以耐心等待,直到市场不确定性降低到可预测和可评估的水平时再大举投入,凭借其拥有的资源优势和规模效应战胜小型媒体。它们既可以投资小型媒体,也可以收购小型媒体。

在市场交替期,新进入者凭借新技术赋予的能力与现有市场中的媒体竞争,尽管具有技术优势,但不能简单地认为新进入者会战胜现有媒体。新进入者与现有媒体的竞争结果取决于多种因素。新进入者颠覆传统媒体的案例会引起人们的广泛关注,并给传统媒体带来压力。可能是出于竞争策略的考虑,一些新媒体会误读破坏性创新,似乎只要让创新贴上破坏性创新的标签,新媒体就必然战胜传统媒体。其实,不少新媒体所从事的创新不一定是破坏性创新,即便创新具有破坏性,也并不等于创新者一定能战胜对手。从媒体竞争的实际结果看,现有媒体战胜新进入者的案例非常常见。事实上,新进入者在与现有媒体竞争时会遇到很多困难,不能简单地认为新技术优于现有技术,新媒体胜过现有媒体。大型媒体和小型媒体都可以利用破坏性技术,而且大型媒体拥有新进入者缺乏的资源和能力。

媒体创新管理要求媒体具有两种相互冲突的管理能力。一方面,媒体需要在相对稳定的市场中管理延续性创新;另一方面,媒体要在市场变革阶段启动和管理破坏性创新。两种环境下的媒体管理存在极大差异,管理延续性创新的方法不一定适用于管理破坏性创新,反之亦然,在流变阶段或混乱期发展起来的各种能力,很难运用于成熟阶段或增量变化期。而且,正如我们在第三章中指出的,创新不仅来自行业内部,也来自行业外部的其他领域。媒体要及时认识和理解行业内部的技术变化已然不易,要了解和判断行业外其他领域技术变化对自身的影响则更为困难,来自行业内部的"野蛮人"与行业之外的"野蛮人"同时扣响媒体市场的大门,考验媒体管理者的管理能力。

5.4 不确定环境中的决策

无论小型媒体还是大型媒体,它们都要在不确定的市场环境中决策,减少不确定性的方法是获得更多可靠的信息,信息之所以重要是因为它能帮助媒体在不确定性环境中做出合理决策。媒体在决策之前的投资主要是对信息的投资,这就如同在俄罗斯轮盘赌中,大多数人愿意付一笔钱,以确定手枪里是否有子弹。我们分析下面的案例来计算信息的经济价值。

假设有一个人打算购买某传媒公司的股票,该传媒公司正在研发某种新型传媒产品。如果研发成功,该公司股价上涨,这个人得到 20000 元收益;如果研发失败,该公司股价下降,这个人会有 10000 元的损失。研发成功和失败的概率相同,均为 50%。这时,购买该公司股票的期望收益为5000 元。由于这个人并不知道传媒公司是否能成功研发出新产品,因此,传媒公司能否成功研发出新产品这一信息就具有了经济价值。我们把这一价值称为完全信息的期望价值。它表示有关事件结果的准确信息对决策者期望收益的增加值。在这个例子中,完全信息的期望价值就是当此人得知传媒公司是否研发出新产品这一信息后,他的期望收益的增加值。需要注意的是,这一信息并不意味着传媒公司成功研发出新产品,而只是说,传媒公司的研发活动有了结果,研发可能成功,也可能失败,而无论成功还是失败,这一信息本身都有其价值,因为当事人可以根据研发结果做出相应的决策。

研发结果这一信息的价值在于,传媒公司的新产品研发活动从不确定状态转变为有确定的结果。而至于研发的具体结果是成功还是失败,反而成为次要问题。如果研发成功,投资者就买入股票,如果研发失败,投资者就不购买股票。因此,研发结果这一信息通过消除不确定性创造经济价值。可以用冰箱冷藏室的灯来打比方,用户怀疑冷藏室的灯处于长明状态,即便冷藏室关着门,灯也亮着。但用户无法进行检验,打开冷藏室的门,灯肯定是亮的。在这种情况下,灯是否长明具有不确定性,有些用户愿意支付一定费用来消除这种不确定性。

我们可以通过两步计算来确定完全信息的期望收益。第一步,计算获得完全信息后的期望收益。第二步,计算这一期望收益相对于原先期望收益的增加值。首先,如果此人能够获得完全信息,不管该传媒公司是否能成功研发出新产品,此人都能做出合理决策。如果研发成功,则购买股票;如果研发失败,则不购买股票。这时他的期望收益为 10000 元。这是他获取完全信息时的期望收益。需要注意的是,尽管这个人能够获得完全信息,但是他并不知道信息是什么,即他并不知道传媒公司是否成功研发出新产品。如果传媒公司研发成功,他将购买股票,这种情况出现的概率是50%;如果研发失败,他将不购买股票,这种情况出现的概率也是 50%。但他并不知道研发结果到底是成功还是失败,他只知道研发活动有了确定的结果,与研发活动没有确定的结果相比,无论结果是成功还是失败,研发活动都从不确定事件转为有确定结果的事件。这时,他可以根据结果来做出购买还是不购买股票的决定,完全信息条件下的期望收益为 10000 元。

完全信息条件下的期望收益 10000 元与没有获得信息时的期望收益5000 元的差额是完全信息的期望收益,完全信息的期望收益为 5000 元,它表示当此人得知准确信息后增加的期望收益,也可以将其理解为此人为获取这一信息而能够支付的最大成本。研发结果这一信息具有经济价值,对于这位投资者,他愿意支付 5000 元来寻找研发结果的信息。

创新是投入资源以减少不确定性的过程,图 5-3 表示资源投入与不确定性的关系。

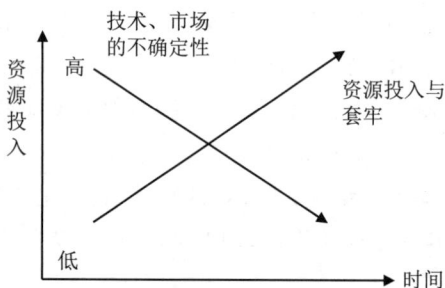

图 5-3　资源投入与不确定性[*]

[*] 图片来源:乔·蒂德,约翰·贝赞特.创新管理:技术变革、市场变革和组织变革的整合[M].第 4 版.陈劲,译.北京:中国人民大学出版社,2012:246.

在图 5-3 中,从左上方向右下方延伸的曲线表示,早期市场有较高的不确定性,随着时间推移,媒体对市场的了解程度加深,市场不确定性逐渐降低。从左下方到右上方延伸的曲线表示,在市场早期,媒体对市场投入的资源相对较少,随着时间推移,媒体投入的资源逐渐增加。媒体创新是增加资源投入、减少市场不确定性的过程,在市场早期阶段,市场不确定性很高,这种情况下媒体不应投入太多资源,媒体需要以较少的投入获取市场信息,尽可能降低市场不确定性,将资源投入视作获取市场信息的过程。

媒体投入在新技术上的资源会产生"套牢问题"。套牢问题与资产专用性有关,资产专用性指在某一特定的背景或关系中资产的价值最高,当该资产用于其他领域时,资产的价值下降。当媒体作出投资决策后,媒体将资源投给某项技术或产品,媒体很难完全回收投资,这时,投资对象可以利用这一点迫使媒体做出让步。当双方在一笔交易中都要投入专用性资产时,双方都担心在将来被迫接受对自己不利的合同条款,哪一方投入的专用性资产数量多,资产专用性程度高,它遇到套牢问题的可能性和严重性也越高。

以人力资本为例,我们可以将人力资本分为通用性人力资本和专用性人力资本。通用性人力资本是指无论在哪里都可以使用的人力资本,比如计算机操作能力、与人交流沟通的能力等,不管从事哪种工作,这些人力资本都具有同样的价值。而媒体专用性人力资本是指,在目前的工作中能增加员工劳动生产率的知识、技能,当员工离开现有媒体后,这些专用性人力资本就没有用处。与通用性人力资本相比,专用性人力资本的范围要狭窄很多,它仅仅是对某个媒体有价值的人力资本,一旦离开这家媒体就丧失价值。当然,完全专用性的人力资本比较少见,更多的情况介于通用性人力资本和专用性人力资本之间。比如一名记者从财经媒体进入时政媒体,财经专业知识的用处不如原先大,但采访、写作等专业技能还可以继续运用。

假设对于媒体来说,拥有专用性人力资本的员工要比没有专用性人力资本的员工更有价值。假如有两位员工,一位在这家媒体工作了 20 年,对这家媒体的定位、特色、组织文化、价值观、工作流程等都非常了解,而另一位是刚刚毕业的大学生,那么老员工的价值肯定比新员工大。

通用性人力资本在哪里都有价值,员工会自己投资来获取这些资本。比如通过就读新闻学院来得到基本的新闻业务技能训练。但是在专用性人力资本方面,媒体员工不会有太大的投资兴趣。因为这些资本的用途非常狭窄,只能在某家媒体使用,一旦离开这家媒体就没有其他单位需要这种资本,如果媒体的雇佣关系是短期的,员工必然缺乏投资专用性人力资本的积极性。因为员工需要自己花费成本获得专用性人力资本,但是,如果在雇佣关系内的收入不足以弥补他的投资,他就没有动力投资专用性人力资本。比如一名记者花费 1 万元进行专用性人力资本的培训,他的生产率提高 100 单位,但是媒体不一定会给他更高的工资,因为这种人力资本是专用性的,只有这家媒体需要这种人力资本,媒体处于买方垄断地位,假设媒体只把员工的工资每年增加 2000 元,在这种情况下,员工只有预期他在媒体工作的时间高于 5 年时,才会投资这种专用性人力资本。而如果工作不满 5 年,员工就不会进行这种投资。同样,只有在员工会长期为媒体工作时,媒体才会对员工进行专用性人力资本投资。除非媒体和员工都认为雇佣关系会长期持续下去,否则谁也没有投资于专用性人力资本的动力,双方被专用性人力资本投资问题套牢。

出于对套牢问题的担忧,媒体需要作出谨慎的投资决策。随着媒体增加对某项技术的投资,媒体从该技术转换到其他技术的成本变大,资产专用性加大媒体的转换成本。对小型媒体来说,它们自身拥有的资源有限,对新项目投入的资源较少,套牢问题不严重。当它们发现新项目没有市场需求时,从新项目撤出时的沉没成本较低,小型媒体的战略灵活性更高。大型媒体对新项目的投资较大,它们经过严格的评估和论证后对新项目进行投资,随着投资额增加,新项目的不确定性下降,媒体逐渐发展出适用于该业务的能力和流程。当产品的市场需求下降、媒体试图撤出现有项目时,会面临较大的沉没成本。大型媒体已经在现有技术上投入大量资源,而这些资源中的很大一部分难以回收。

不确定环境下的媒体决策涉及两种不尽相同的工作,第一类是利用已有知识和信息,协助媒体把工作做得更好,媒体主要通过利用已有的知识和信息,构建一套可以高效完成创新管理活动的业务流程,这一类活动称为利用。第二类工作需要媒体探索未知知识和信息,从已有知识和信息中产生新知识,通过运用全新的方法进行创新管理,使媒体能够做一些不同的工作,这一类活动称为探索。利用是把工作做得更好,探索则是做不同的工作。在环境相对稳定时,媒体更多通过利用现有技能和知识进行创新;当环境出现剧烈变化时,媒体需要通过探索未知技能和知识进行创新。

无论利用还是探索,它们都对媒体至关重要,媒体在创新管理过程中会形成某种相对稳定的创新管理方式,媒体运用这些创新管理方式组合资源、解决各种问题,这些创新管理方式成为媒体的流程,并在日复一日的实践中转化为媒体的组织文化,构成媒体认识和加工各种新信息的心智模式。但它们也面临以下几方面的问题:①(1)当媒体需要转换思维方式、用新认知框架加工和认识事物时,媒体是否能够明确判断出遇到的问题。任何一种心智模式在简化事物时都会忽略一些重要的元素,媒体需要认识到自身心智模式的局限性,并跳出现有心智模式重新认识和理解新事物。(2)仅仅改变个体或集体的思维方式还不足以改变现状。(3)当媒体处于非连续性市场时,需要放弃现有价值网络,建立新价值网络,但媒体前期投入的资源增加了媒体的转换成本,媒体在现有价值网络上投入的专用性资源越多,转换到新价值网络时的阻力和困难就越大,媒体越有可能继续在现有价值网络中运营。(4)在技术或市场出现破坏性创新之外,商业模式创新也会对媒体构成很大挑战。

对破坏性创新的管理通常有别于媒体现有的创新管理方式,媒体需要重构心智模式,构建一套匹配新技术的心智模式,但心智模式的转变通常很困难。在长期创新管理过程中,媒体会生成一些相对稳定的核心能力,核心能力可以给媒体带来差异化竞争优势。但核心能力是双刃剑,核心能力既可以帮助媒体更好地完成某些工作,也会成为媒体从事其他工作的障

---

① 乔·蒂德,约翰·贝赞特.创新管理:技术变革、市场变革和组织变革的整合[M].第4版.陈劲,译.北京:中国人民大学出版社,2012:211.

碍。媒体动态竞争理论认为,媒体竞争不是在某个单一维度上进行竞争,而是在不同维度上进行的动态竞争,动态竞争意味着媒体要拥有动态能力。在环境变化后,媒体核心能力往往转化为核心刚性,旧环境中带领媒体获得成功的能力却成为制约媒体适应新环境的阻力。媒体具有一整套行之有效的能力,但是这些能力只能适用于某种技术和市场环境,当技术和市场环境出现变化后,媒体拥有的核心能力无法运用于新环境。媒体内部的业务流程、资源分配模式、组织文化不断加强媒体的核心能力,具有核心能力的员工和符合核心能力的业务能够得到更多资源,媒体内部的业务流程、资源分配模式和组织文化在不断强化媒体核心能力的同时,也会削弱媒体对新能力的学习和投入。

延续性创新是一把双刃剑,"这些自我强化的行为模式、规范和价值观逐渐形成了组织的发展能力和成就感,久而久之,形成了对组织历史的感知。然而,当战略必须改变时,这种内部发展能力就会变成障碍。一个值得骄傲的历史往往会限制解决问题的灵敏度,并且成为阻碍变革的根源"[①]。

当市场进入非连续性阶段时,核心能力就会成为制约媒体转型的桎梏。非连续性意味着市场或技术的中断,新环境要求媒体发展出与之相适应的新能力,但媒体的核心能力非常稳定,基于核心能力形成的心智模式使媒体沿用现有方式看待变革。媒体的心智模式在处理框架内部的问题时极其有效,但这一心智模式将某些问题纳入框架的同时也将其他一些问题置于框架之外,当环境变革带来的挑战位于现有心智模式框架的外部时,媒体现有的心智模式就无法有效处理新问题。破坏性创新往往发生在主流市场并不关注的新市场,新市场在市场规模、利润和风险等方面不符合媒体对市场的要求,媒体现有的心智模式通常不会将新市场纳入决策范围。即便新产品可能破坏现有产品,但媒体依然难以对此做出有效反应,表5-2是学者们总结的否定破坏性创新的理由。

---

① 亨利·明茨伯格,约瑟夫·兰佩尔,詹姆斯·布莱恩·奎因,等.战略过程:概念、情境、案例[M].第4版.徐二明,译.北京:中国人民大学出版社,2012:187.

表 5-2　不采用破坏性创意的理由*

理由	现行思维模式下的潜在观点
"这不关我们的事"	认可某项有趣的新业务,但是由于其与公司核心能力相去甚远而予以拒绝。
"这算不上业务"	旧的价值观暗示该商业计划在某些关键维度上是有缺陷的,这往往低估了市场发展壮大的潜力。
"对我们来说不够大"	对大公司而言,新兴市场的规模太小,远不能达到公司的增长目标。
"不是公司研发的"	认可某项有趣的新创意却拒绝采用,通常是发现了缺陷或认为其与公司当前的发展方向不符。
"公司研发的"	认可某项有趣的新创意却拒绝采用,因为内部产生的观点会被高估。
"我们没那么残忍"	意识到某个选择有潜力影响到现有市场,但是不愿采纳潜在的竞争理念。
"想法不错但不合适"	认可某个由内部产生的有趣观点,但是其应用范畴在现有业务领域之外,这常常造成提案被搁置或封存。
"还没坏呢修什么"	没有意识到采用新创意的相对优势。
"智者所见略同"	战略决策层面的"群体思维",导致新创意最终被抛弃到了集体参考框架之外。
"又不是顾客想要的"	新创意无法吸引现有顾客,从成本上讲这是个不同的价值主张。
"我们之前又没做过"	认为从市场和技术的角度看,相关风险太高。
"我们做的不错"	成功的陷阱——缺乏动机、组织松散,无法在现有业务之外进行探索。
"我们先建个试点再说"	认可新创意的潜力,但是对其探索开发的投入不足——不温不火的支持。

* 资源来源:乔·蒂德,约翰·贝赞特.创新管理:技术变革、市场变革和组织变革的整合[M].第 4 版.陈劲,译.北京:中国人民大学出版社,2012:255.

　　这些理由都是基于现有心智模式对新市场、新技术做出的判断,在现有心智模式内部,这些看法有其合理性,当媒体内部成员具有群体思维时,这些理由就会有更强的说服力,媒体内部的群体压力会让媒体员工认同这些理由,拒绝对新市场、新技术投入更多资源。

　　在媒体创新管理中,媒体需要反思的不是拒绝新市场、新技术的诸多理由,而是产生这些理由的心智模式。媒体在延续性创新中发展培育的心智模式很难应用于破坏性创新环境,在破坏性创新环境中媒体需要培育不同于延续性创新市场的心智模式。破坏性创新管理中媒体决策时需要的不是对现有知识的利用,而是对未知事物的探索,如果媒体利用现有心智模式管理破坏性创新业务,将会出现上表中拒绝接受创新的诸种理由,媒体可能错失启动新业务的市场机遇。媒体需要把新市场机会当作对未知事物的探索,把市场决策看作学习的过程,通过管理破坏性创新业务,学习如何在不确定性环境中探索未知事物,发展和培养适用于不确定环境的新心智模式。

　　图 5-4 表示媒体的决策空间。横轴表示环境的复杂性,当媒体位于延续性创新阶段时,媒体处在熟悉的环境中,环境的不确定性较低,媒体可以在既有框架内管理创新。当市场开始进入到破坏性创新阶段时,媒体市场环境趋于复杂,媒体需要探索新的框架管理创新。纵轴表示创新可分为延续性创新和破坏性创新。横轴和纵轴将决策空间分为四个区域,分别称为开发利用、有限探索、重构、协同演化。

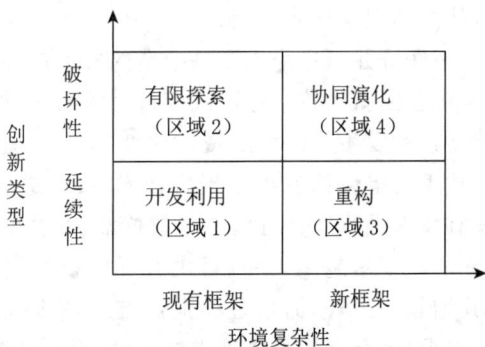

图 5-4　媒体创新决策空间*

　　* 图片来源:乔·蒂德,约翰·贝赞特.创新管理:技术变革、市场变革和组织变革的整合[M].第 4 版.陈劲,译.北京:中国人民大学出版社,2012:212.

　　区域 1 为开发利用,这一阶段媒体处于连续性市场,市场不确定性很低,媒体位于成熟的既有框架内部,通过延续性创新改进产品品质,增强产品优势,这是媒体熟悉的舒适区。

　　区域 2 表示媒体的创新活动仍在既有框架内,但市场不确定性明显增加,仅仅利用现有技术和知识是不够的,媒体需要探索破坏性技术、开发新技术产品,媒体从熟悉的开发利用阶段进入有限探索阶段。尽管媒体探索市场的风险变大,但现有的心智模式依然适用。

　　区域 3 为重构,重构阶段媒体需要构建新的心智模式,现有框架已经不再适用,媒体需要发展出新的商业模式。重构阶段不一定有重要的技术进步,但重构阶段媒体的商业模式开始出现变化。比如,传统媒体熟悉的双重出售模式在门户网站为主的 Web1.0 时代依然适用,从 Web1.0 到 Web2.0,互联网技术元素的变化不大,但媒体商业模式变化很大,双重出售模式基本崩溃,取而代之的是长尾、众包、众筹、原生广告、会员制、付费墙、单篇付费、IP 运作等新型商业模式。对现有元素进行重新组合以产生新兴媒体形式,需要对媒体现有资源进行重构,这是区域 1 和区域 2 中的方法无法实现的。在既有认知框架内部很难利用这些新型商业模式,媒体需要在现有心智模式之外认识新事物和新技术。媒体需要重构出一套不同于现有心智模式的新心智模式,并运用新心智模式重新认识市场。重构过程中,媒体内部会有强烈的反对意见,表 5-2 中所列举的反对意见通常出现在这一阶段。

区域 4 为协同演化,协同演化阶段最具复杂性,这一阶段媒体市场处于流变时期,市场不确定性最高,媒体通过试错逐渐认识市场和技术,在媒体、技术和市场的协同演化中生成新型产品。协同演化阶段类似于技术经济学中的"域定",域是技术的复合体,"它们不是被发明出来的,而是通过类似结晶的过程,从一套现象或者一种新技术的可能性当中浮现,并由此开始建构起来的……经济并不是采用了一个新的技术体,而是遭遇了一个新的技术体……经济会因新的技术体而改变自身的结构,如果改变的结果足够重要,我们就会宣称发生了一场颠覆性改变"①。域是技术的集合体,新域源自母域,新技术的组合体发源于现有技术,技术进步的核心是组合与需求,通过对现有技术进行组合可以产生新技术,可供组合的技术越多,可能协同演化生成的新技术越多,一旦可供选择的技术超出某个阈值,技术组合会呈指数式增长。另外,需求也会促进技术进步,需求需要技术来助其实现,有何种需求,就会有满足该需求的技术,而一整套技术元素又会成为这一阶段经济的代表,如蒸汽机时代、电力时代、计算机时代、网络时代等。

协同演化阶段是新技术孕育产生的时期,从母域中孕育新域,新域是新的技术组合,用来解决现有技术组合难以解决的问题,一旦新域解决了难题,就会产生全新的市场,引发投资热潮,经过市场竞争,少数媒体胜出。协同演化阶段的不确定性最高,因为技术本身也在演化生成中。在既有框架内的不确定性是可以预测和估计的,属于"已知的未知",而协同演化阶段的不确定性无法预测,属于"未知的未知",现有的工具和技术不再适用,媒体需要围绕未知的可能性设计产品和商业模式。目前看,人工智能技术、区块链技术可能处于协同演化阶段。

① 布莱恩·阿瑟.技术的本质:技术是什么,它是如何进化的[M].曹东溟,王健,译.杭州:浙江人民出版社,2014:163.

第六章　媒体创新战略

本章首先研究破坏性创新的两类战略——理性主义战略和渐进主义战略,然后研究创新战略的平衡问题,最后分析战略管理创新的途径。

6.1　两类创新战略

加拿大学者明茨伯格认为,战略不是某个单一的概念,战略具有多重维度,他认为至少有五种主要的维度:①作为计划的战略、作为模式的战略、作为定位的战略、作为展望的战略以及作为策略的战略。明茨伯格将战略研究分为十大学派,分别为设计学派、计划学派、定位学派、企业家学派、认知学派、学习学派、权力学派、文化学派、环境学派、结构学派。前三种学派主要从整体视角研究战略,不太关注战略形成问题,中间六种学派侧重描述战略制定和执行过程,结构学派作为最后一种战略研究学派,将其他学派的研究对象按阶段整合。②

战略管理既是科学也是艺术,各个学派对媒体在制定和执行战略时的理性程度的认知存在差异。有些学派认为媒体能够在事先制定出有效的战略,随后实施战略达到预定目标,它们更偏向于将战略管理视为科学,将战略管理视为科学的学派有设计学派、计划学派、定位学派等。另一些学派认为不应把战略制定和战略执行过程分成两个相互独立的环节,因为媒体无法在事先制定出完备的战略,需要在执行战略的过程中不断完善战略,并根据环境变化调整和修正战略。支持这一思路的主要有学习学派、认知学派等,它们侧重于将战略管理视为技能和艺术,而非科学。

在媒体管理创新战略时,我们将这两类不同的战略研究范式称为"理性主义战略"和"渐进主义战略",这两类研究范式都对管理媒体创新战略提供了极多的真知灼见。我们的研究发现,媒体在管理破坏性创新战略时,需要兼具管理"理性主义战略"和"渐进主义战略"的能力。这两类战略分别有各自适用的环境,媒体需要了解两类战略的核心理念和适用环境,

---

① 亨利·明茨伯格,布鲁斯·阿尔斯特兰德,约瑟夫·兰佩尔.战略历程:穿越战略管理旷野的指南[M].第2版.魏江,译.北京:机械工业出版社,2014:7.

② 亨利·明茨伯格,布鲁斯·阿尔斯特兰德,约瑟夫·兰佩尔.战略历程:穿越战略管理旷野的指南[M].第2版.魏江,译.北京:机械工业出版社,2014:4.

并在具体管理情境中灵活运用两类战略。

6.1.1 理性主义战略

理性主义战略以线性模式为主导逻辑,即战略可以分为评估、决策和执行三个依次进行的环节,媒体首先分析环境,随后根据分析结果制定战略行动方案,最后执行预定方案,实现战略目标。这种思考战略的方式源于军事领域,计划人员(参谋部)制定战略,管理人员(军官和士兵)执行战略,市场竞争被视为你死我活的战争,战略的制定过程是分析基础上的选择和决策,分析人员在战略管理中发挥重要作用。

把军事战争与媒体战略做类比存在明显的问题。军事战争是你死我活的零和博弈,斗争双方没有共同利益,即便付出"杀敌一万、自损八千"的代价,也必须消灭另一方的有生力量。但在媒体市场竞争中,参与竞争的媒体并不需要消灭对方,竞争者之间不一定是零和博弈。媒体之间存在共同利益,它们既可以通过合作为双方带来高收益,也可以通过恶性竞争降低彼此的收益。在很多时候,媒体市场竞争更像是囚徒困境,而不是零和博弈。

另外,即使媒体之间没有共同利益,它们也不需要把消灭竞争对手作为主要目标。媒体的首要目标是发展自身业务,而不是攻击竞争对手,竞争对手不是敌人,把资源用于攻击竞争对手会影响自身业务的发展。

战略管理中的设计学派和计划学派属于理性主义战略,设计学派和计划学派的思想在媒体战略管理中得到普遍认同和广泛运用。首先考察设计学派,设计学派的思想有很大影响力,该学派认为,媒体需要在对内外部环境进行深入分析的基础上制定备选战略,在对备选战略进行评估和选择后执行战略。设计学派的前提条件包括:①(1)战略的形成是有意识的、深思熟虑的思维过程。(2)首席执行官是战略家。这一学派认为,最高层领导制定战略,媒体其他人员不参与战略制定。(4)战略形成的模型要保持简单和非正式。(4)战略应当是个性化设计的成果。(5)当战略形成完整的展望时,设计过程才算结束。设计学派认为,战略是领导者事先建构的宏伟蓝图,战略由最高领导人制定后,将长期指导媒体的经营管理活动,战略制定和战略执行之间存在明显区隔。(6)战略应当是明确的、简单的。战略越明确、越简单,越有利于媒体内部人员认识和理解战略。(7)只有当战略完全制定好之后,才能将其付诸实践。设计学派认为战略思考在先,战略行动在后,媒体的所有资源分配活动都要以战略安排为转移,最高领

---

① 亨利·明茨伯格,布鲁斯·阿尔斯特兰德,约瑟夫·兰佩尔.战略历程:穿越战略管理旷野的指南[M].第2版.魏江,译.北京:机械工业出版社,2014:22.

导人一旦制定出战略,媒体就要全力确保战略的顺利执行。

从以上前提条件可以看出,设计学派对战略管理持有坚定的理性主义假设,设计学派认为媒体最高领导人有足够的能力,能获得充足的信息,可以制定出指引媒体未来发展的战略,媒体的中层管理者和基层员工只需理解并执行战略。在满足以下假设时,设计学派的思想具有可行性:①(1)一个人的大脑可以处理与制定战略有关的所有信息。制定战略是一件非常复杂的工作,当媒体规模较小、环境相对稳定时,最高层领导人可能制定出理想的战略。但当媒体规模变大、环境剧烈变动时,单凭最高领导人个人很难制定出可行的战略。(2)最高领导人可以获得与制定战略相关的所有知识和信息。当最高领导人能够获得所有相关知识和信息,并且可以有效加工整合这些知识时,领导者才可能制定出可行的战略。(3)在执行新的预想战略以前,环境应保持相对稳定或可预测。最高领导人制定战略在前,执行战略在后,要让战略行之有效,就要保证战略执行阶段媒体内外环境与战略制定阶段时基本相同,或者最高领导人在制定战略时能够对未来环境变化做出预测,将其纳入战略。我们在前面的章节中分析过,当媒体市场处于延续性创新阶段时,优秀的媒体管理者可以对市场变化作出相对准确的预测,当媒体市场进入非连续的破坏性创新阶段时,媒体管理者很难对市场变化作出准确预测。(4)媒体必须愿意接受来自高层的战略安排。设计学派将制定战略的权力交给最高领导人,媒体要确保其他管理者和员工愿意接受这种安排,他们愿意执行最高领导人制定的战略,并且有能力执行该战略。

设计学派的这些假设适用于稳定环境中的媒体,这类媒体运作在相对稳定的市场环境,优秀的管理者有能力对市场变化做出预测和应对,媒体的其他员工愿意接受并能够有效执行战略。但是,在复杂多变的市场环境下,设计学派的这些假设暴露出不少缺陷,这些缺陷来自设计学派对媒体、技术和市场的认知。

第一,战略一词具有两种相反的含义。设计学派将战略视为某种计划,战略计划可以指导媒体未来一段时间的行动,但媒体设计的战略来自先前行之有效的模式,媒体通过采用这种模式获得成功,然后将这种模式视为战略。但是,正如明茨伯格所批评的,战略一词由此具有两种相反的含义,一方面,战略是过去行之有效的行动模式,另一方面,战略是未来行为的指南。战略一词同时描述两种不同的活动,行动模式面向过去,未来行为指南面向将来,但过去和将来是否一致?明茨伯格批评说,在谈论战

---

① 亨利·明茨伯格,布鲁斯·阿尔斯特兰德,约瑟夫·兰佩尔.战略历程:穿越战略管理旷野的指南[M].第2版.魏江,译.北京:机械工业出版社,2014:32.

略时,"人们用一种方式定义它,却以另一种方式使用它,并且没有意识到这两者之间的差别"①。

第二,设计学派将思考和行动割裂开来。设计学派认为媒体先思考后行动,制定战略在先,执行战略在后,战略制定与战略执行脱节,思考环节与行动环节出现断裂,媒体失去了学习和调整战略的机会。实际上,媒体的战略思考和战略行动之间没有明确的界限,在思考和行动之间划出界限并不明智,媒体在执行战略中涌现出的新情况、新信息可能成为战略的来源。很多时候,媒体将战略失败归结于执行不力,然而战略失败的原因既可能存在于执行环节,也可能出现在制定环节。采用设计学派的战略思想,战略制定工作应该由媒体最高层领导独自完成,媒体中层管理人员和基层员工无法参与战略制定活动,这样的战略很可能脱离媒体的实际环境与能力范围,而且无法调动中层管理者和基层员工的积极性。当战略失败时将失败归结于执行不利,又让媒体失去了从失败中学习的机会。其实,战略失败恰恰是媒体反思和重构战略的最佳时机,战略失败意味着市场否定了媒体的战略,并要求媒体重新思考和调整战略。

第三,忽视了环境变化对媒体战略的影响。媒体运用设计学派的思想进行战略管理需要满足一定的前提条件,即环境保持相对稳定或可预测,媒体能够认识和预判环境变化,媒体在制定战略时已经将环境可能出现的变化纳入思考范围,媒体在前期制定的战略能够有效涵盖随后的环境变化。但环境的变化可能超出媒体的认知能力,如果环境变化超出媒体认知能力,媒体依据现有认知制定的战略就失去价值。

设计学派无法解决媒体对环境认知的有限性难题。可以将媒体对环境的认知分为四种,已知、未知、已知的未知、未知的未知。已知的未知指某些因素是未知的,但因素会有何种变化、变化的范围大小、变化的一般规律等问题是已知的。比如,抛起一枚硬币后哪一面朝上是未知的,但可能出现的结果是已知的,变化的范围是已知的,变化的一般模式和概率分布也是可以获知的。未知的未知一方面表现为变化因素未知,另一方面,因素会出现何种变化、变化范围大小、变化的一般规律等也是未知的。比如,十年后传媒产业会出现何种新技术?基于该技术可以开发出哪些产品?这些产品如何影响人们的信息接触和消费行为?我们在当前根本无法回答这些问题。

包括设计学派在内的理性主义战略都不能解决环境变化引发的认知问题。规划者能够预见已知的未知,但无法预见未知的未知。设计学派可

---

① 亨利·明茨伯格,约瑟夫·兰佩尔,詹姆斯·布莱恩·奎因,等.战略过程:概念、情境、案例[M].第 4 版.徐二明,译.北京:中国人民大学出版社,2012:149.

以通过战略规划解决已知的未知,但媒体运营的环境中存在未知的未知,设计学派无法通过战略规划解决,这远远超出了规划者的认知边界。

当战略思考与战略行动由同一批人完成时,即战略制定者同时也是战略执行者,他们可以在执行战略的过程中不断修正战略,战略制定与战略执行之间的割裂问题可以得到部分解决。

在快速变化的环境中,人人都是战略家。当环境变化太大以至于战略制定者无法认识和理解环境的复杂性时,需要更多人参与战略制定过程。赋权、赋能归根到底是承认员工有能力在工作中发现涌现机会,并将这些机会转变为媒体战略。媒体需要鼓励负责执行战略的中层管理者和一线员工加入战略制定队伍,让媒体制定战略的过程成为媒体集体学习的过程。战略思考和战略行动相互促进,媒体既有经过深思熟虑形成的战略,也有战略执行过程中临时涌现的战略,战略不再是线性的"制定—执行",而是循环递进的"制定—执行—学习—修订—执行"。在市场或技术出现重大变化的环境中,"学习"战略比"设计"战略更有价值。

第四,媒体过早制定战略,会损害媒体适应环境的能力。在市场竞争中,媒体不能没有战略,但也不能过早制定战略。战略是媒体在今后一段时间的行动指南,战略应当保持对变化的适应性和开放性,与其制定出明确的战略,不如让战略保持一定的灵活性。设计学派要求媒体先制定战略,随后执行战略,但当媒体制定出战略后,媒体适应环境的能力会下降。媒体只关注与战略有关的领域,却忽视战略之外的环境变化,"战略对于组织的作用如同眼罩对马匹的作用,战略既可以使组织前进,也可能使组织失去对周围事物的观察力"①。战略越明确,越会让媒体忽视战略之外的环境变化,媒体各级管理者和员工有可能陷入只见树木不见森林的困境。而且,这些明确表达的战略会逐渐成为媒体的组织文化,沉淀在媒体各级管理者和员工内心,构成他们认知新事物的心智模式,让他们忽视环境变化,拒绝对环境变化做出有效回应。

战略规划使媒体丧失了灵活性。一旦有了正式的战略规划后,媒体的行动空间就只能限定在既定范围内,在战略规划划定的空间中行动的个体不会考虑外部新出现的机会,任何对战略规划的偏离都会引起恐慌和焦虑。战略规划的作用是协同媒体内部各种力量,确保媒体实现目标。一旦确定了战略,媒体便全力执行战略。战略长期实施的结果是员工将其内化,成为心智模式,而这会严重损害媒体适应变革的能力。

第五,战略需要符合媒体核心竞争力,但媒体核心竞争力并不容易识

---

① 亨利·明茨伯格,布鲁斯·阿尔斯特兰德,约瑟夫·兰佩尔.战略历程:穿越战略管理旷野的指南[M].第 2 版.魏江,译.北京:机械工业出版社,2014:14.

别。而且,核心竞争力并不是某种静态能力,而是随竞争维度变化而变化的动态能力。媒体不能脱离自身能力制定战略,媒体的战略要和媒体核心竞争力相吻合,但媒体核心竞争力并不容易识别。当媒体调整战略进入新市场时,如何确保现有市场中的优势能力仍然可以适用于新市场? 不同市场环境需要不同的能力,媒体无法确定现有市场中培育的核心竞争力是否同样适用于新市场。根据媒体动态竞争理论,媒体市场竞争的维度决定媒体核心竞争力,竞争维度的变化会改变媒体核心竞争力的来源。

在探讨了设计学派的核心观点后,我们分析计划学派的理论观点。计划学派与设计学派产生于同一时期,在很多方面具有相似性。计划学派也基于理性主义假设,认为媒体通过对内外部环境分析,生成可行战略,在评估备选战略的可行性之后,实施战略以达到媒体目标。计划学派认为战略由正式的战略规划产生,战略规划有具体的步骤,媒体通过执行战略规划实现战略目标。计划学派制定战略的主要步骤是①(1)确定战略目标。(2)外部环境分析。计划学派认识到环境对媒体的影响,在制定战略前要对影响媒体战略的外部因素进行分析研判。(3)内部环境分析。主要对媒体自身能力、资源等要素进行分析。(4)战略评估。对可行战略进行评估,寻找到最具可行性的战略。(5)实施战略。

计划学派重视战略规划,理解战略规划的关键词是正规化、形式化、流程化。② 规划是正规的组织行为,有一套相对固定的流程,用一整套技术工具分析多种因素,然后得出研究结果。规划通常采用分解法,将一个大问题分解成多个子任务,按照既定步骤完成子任务后解决大问题。

计划学派认为,规划是理性的分析过程,通过将大问题分解成小问题,解决小问题后再汇总就可以解决大问题。隐藏在这种观点背后的是两个假设,一是认为可以通过分解战略来形成战略。但问题在于,将战略分解为一系列步骤、流程后,也就失去了战略。战略不是分解,而是整合,是对分解内容的整合提炼。二是规划者对理性的自负。规划者试图通过理性来控制环境,理性是人类具有的重要能力,但环境既受人类理性活动的影响,也受其他外部因素的影响,规划者的理性并不足以控制环境。

计划学派的理论有以下几个问题。第一,低估了环境变化对战略规划的影响。计划学派认为可以通过分析媒体内外部环境制定备选战略,这要求媒体能够准确预测环境变化,但是要对环境变化作出准确预测并不容易。当市场处于连续性阶段时,优秀的媒体可以对环境变化作出较为可靠

---

① 亨利·明茨伯格,布鲁斯·阿尔斯特兰德,约瑟夫·兰佩尔.战略历程:穿越战略管理旷野的指南[M].第 2 版.魏江,译.北京:机械工业出版社,2014:36.

② 亨利·明茨伯格.战略规划的兴衰[M].张猛,钟含春,译.北京:中国市场出版社,2010:8.

的预测。当市场进入非连续性阶段时,媒体准确预测市场的难度非常大。与设计学派的观点相同,计划学派认为媒体制定战略在先,实施战略在后,这就要求媒体既能在制定战略时准确预测市场环境,在制定战略和执行战略的过程中环境还要保持稳定,这些条件很难同时得到满足。

明茨伯格对此批评道:"战略制定流程周围的环境可能是动态的,但是许多规划文献背后的假设却是:战略制定流程本身不是动态的,是个不紧不慢、从容不迫的过程,将按既定日程展开,有经过认真思考的系统表述,之后是严密控制下的实施。战略形成的过程从根本上看是个动态的过程,与推动战略形成的环境的动态性相对应。"①

环境的变化是媒体必须面对的问题,在环境变化时,媒体需要针对新环境作出战略调整。规划过早结束了战略调整,当环境快速变化时,规划已经确定了媒体的战略,这种战略只能适用于制定战略时的环境,并不适用于执行战略时的环境。规划的致命缺陷在于,一旦制定出战略规划,规划就是成型的、确定的、无法改变的文件。在规划中预料到的因素(已知的未知)可以纳入其中,但没有预料到的因素(未知的未知)则无法纳入其中。过于明确的规划会妨碍媒体适应环境变革的能力,在快速变革的环境中,明确而稳定的战略规划会给媒体带来严重危险。

第二,割裂了战略制定和战略执行之间的联系。计划学派认为战略制定和战略执行由两组人完成,制定者负责制定战略,执行者负责执行战略。媒体基层员工和职能部门为战略制定者提供信息,战略制定者根据这些信息制定战略。但是,战略制定者获取的信息是二手信息,经过基层员工和职能部门过滤后上报给战略制定者的信息是片面的、扭曲的、有限的、滞后的,战略制定者根据这些信息制定的战略有很大的局限性。并不是所有信息都会呈现在制定者面前,这既不可能也不必要。在有意无意之间,信息从基层员工经由媒体各级部门层层传递,难免出现扭曲变形。而且,很多市场机会稍纵即逝,当战略制定者根据汇报来的信息进行决策时,市场机会可能已经溜走。媒体不应割裂战略制定环节和战略执行环节之间的联系和互动。

从组织层面看,战略制定与战略执行是合二为一的,知与行不能割裂。坐而论道的规划人员也应起而行之,成为战略执行者,思考和制定战略的人需要从执行战略中学习,执行战略的人也有必要重新思考既定战略。战略要随环境变化而变化,身处一线的行动者最早感知到环境变化,他们有能力也应有权力将对环境的感知转化为行动,参与制定和更新战略。

① 亨利·明茨伯格.战略规划的兴衰[M].张猛,钟含春,译.北京:中国市场出版社,2010:171.

无论让制定战略的人负责实施战略,还是让实施战略的人有权制定战略,都在避免战略制定与战略实施之间存在的隔离问题。在很长时间里,隔离问题主要表现为实施战略的人无权参与制定战略,这种现象产生了一系列问题,如媒体无法及时调整战略,媒体对环境变化不敏感,反应不及时、不到位等。因而,近些年一些媒体提出要给员工赋权、赋能,鼓励员工参与媒体管理和战略制定活动,解决战略制定与战略执行之间的脱节问题。

第三,忽视了涌现的战略,降低媒体的灵活性。规划有固定的时间、步骤、流程,严格按照规划行动,媒体会严重缺乏灵活性。在面对新市场机会时,很可能受规划制约而无法充分发掘新机会,很多涌现战略就这样溜走。

计划学派将战略视为线性的单向过程,认为先制定战略随后执行战略,它对战略制定者的理性程度作出过高估计,认为制定者能够预测环境变化,并将环境变化纳入战略。但环境变化往往超出规划者的预测,在执行战略的过程中,会涌现出很多先前没有预见到的新情况,媒体应该保持战略的开放性,主动吸收这些预料之外的新变动,将涌现的战略融入现有战略。这可以让媒体在战略制定和战略执行环节之间形成良性互动,让媒体的战略执行过程成为学习过程。当涌现的战略可以替代现有战略时,媒体就要重新制定战略。

1992 年,微软联合创始人保罗·艾伦和施乐新系统发展部负责人戴维·利德尔联手创办了一家公司,该公司宣称要创造具有革命性的新产品,但这家公司最终破产了。他们只关注重大的、能创造数十亿美元的业务,因此,很多涌现出的机会都不受重视。"获取巨大成果的压力葬送了它们培植小创意的能力。一些幼苗可能会成长为他们所寻觅的参天大树,但他们太早就将之连根拔起以至于我们永远也无法知道最后的结果。"[1]

第四,在战略规划和媒体绩效上本末倒置。战略规划是提升媒体绩效的手段,当战略规划成为媒体优先考虑的问题时,对规划的完成情况成为媒体最关注的事项,而媒体绩效却成为次要问题,这无疑是本末倒置。媒体战略应该以结果为导向,绩效是评价战略的关键指标。预先规划的战略是否按计划执行并不重要,实际执行的战略是否提升了媒体绩效才是最重要的问题。检验战略不仅要观察战略是否符合规划,更要关注战略执行的结果是否改善媒体绩效。

6.1.2 渐进主义战略

与注重规划、设计的理性主义战略不同,渐进主义战略认为环境是复

---

① 史蒂文·霍夫曼.让大象飞[M].周海云,陈耿宣,译.北京:中信出版社,2017:131.

杂易变的,媒体很难预测环境变化,并把应对环境变化的具体策略纳入战略规划。渐进主义战略认为,媒体以有限理性的方式制定战略,战略需要具有一定的灵活性,能够随环境变化做出调整。媒体在执行战略时,需要吸收临时涌现的新信息,战略不是线性的"制定—执行",而是媒体与环境互动、学习和适应环境的过程。渐进主义战略认为"商学院的战略案例、咨询报告、战略计划文件及大众媒体的新闻报道等大量阅读文献,普遍忽视了组织尝试、调整和学习的过程……很少有某位领导能提出大胆的战略,无误地引导公司。更常见的情况是,战略创意来自下层。组织有能力以一种持续对话的形式,将信息和创新自下而上传递,然后返回去。一旦进行了这种对话,事后就可以演进成'战略'"①。管理学者加里·哈默也认为:"一旦你开始认为战略是一种涌现的现象,就会意识到我们经常把要研究的问题弄错了。战略家和高级执行官过于频繁地致力于'战略',而不是激发战略形成的前提条件。"②

学习学派遵循渐进主义战略,学习学派的观点认为,战略不是人为设计并执行的,媒体并非被动地接受战略。战略不是管理变化,战略要通过变化来管理。③战略不是一个人或一小群人独自设计而来,战略由媒体所有员工共同参与演化生成。战略制定和战略执行不是一前一后的关系,战略制定和战略执行相互交织。学习学派有如下假设:④(1)环境具有复杂性和难以预测性,这种环境下很难通过有意识的控制来制定战略,媒体通过不断学习来制定战略,战略规划和战略实施很难区分。(2)大多数媒体中,不是领导者个人在制定战略,很多人都会参与战略制定活动,媒体通常是集体学习而不是个人学习。(3)任何有能力和资源去学习的行动者都能够创造战略,涌现战略汇聚成深思熟虑的战略。(4)领导者的作用不是预先构建深思熟虑的战略,而是管理战略学习的过程,推动新战略的产生。(5)战略首先表现为从过去行动中得出的模式,后来才可能成为未来的计划,最终演变成指导总体行为的观念。

理性主义范式中,媒体会通过严格的战略规划制定深思熟虑的战略,计划学派和设计学派的战略主要是深思熟虑的战略,深思熟虑的战略重视

① 亨利·明茨伯格,约瑟夫·兰佩尔,詹姆斯·布莱恩·奎因,等.战略过程:概念、情境、案例[M].第4版.徐二明,译.北京:中国人民大学出版社,2012:167,168.
② 亨利·明茨伯格,约瑟夫·兰佩尔,詹姆斯·布莱恩·奎因,等.战略过程:概念、情境、案例[M].第4版.徐二明,译.北京:中国人民大学出版社,2012:481.
③ 亨利·明茨伯格,约瑟夫·兰佩尔,詹姆斯·布莱恩·奎因,等.战略过程:概念、情境、案例[M].第4版.徐二明,译.北京:中国人民大学出版社,2012:135.
④ 亨利·明茨伯格,布鲁斯·阿尔斯特兰德,约瑟夫·兰佩尔.战略历程:穿越战略管理旷野的指南[M].第2版.魏江,译.北京:机械工业出版社,2014:158.

媒体对环境的控制,战略执行过程只需实施战略,媒体不需要在实施战略的过程中学习和改变。属于渐进主义范式的学习学派认为,理性主义范式对人的理性程度作出不切实际的假设,理性的媒体具有"完备知识",它拥有自己所需要的一切知识,能够在掌握全部所需知识的情况下做出使自身利益最大化的决策。但在现实中,这样的媒体是不存在的,任何媒体都不可能获取关于市场的全部信息。而且获取信息也需要成本,媒体不可能掌握做决定所需要的全部知识和信息。在有限理性环境下,"尽管人们作出了很多努力,但有限知识这一问题依然是人类存在的核心苦恼和稀缺的构造性原因"①。

学习学派认为,媒体无法预测环境变化,不能把制定战略和执行战略分成两个相互隔绝的部分,媒体在现实中很难完全按照深思熟虑的战略采取行动,它们需要在试错中学习。在实施战略时涌现出的新情况至关重要,它们可以检验媒体的战略计划,如果涌现的战略与深思熟虑的战略不符,那么需要修改的是深思熟虑的战略,涌现战略的汇聚指引媒体战略变革的方向。

涌现战略可以用"草根模型"加以比喻:战略不是精心培育的花朵,而是撒落在草地上的种子,那些不适应环境的种子会死亡,而适应环境的种子会扎根成长,开花结果,成为媒体依赖的战略。草根模型认为:②(1)战略最初就像花园里的种子一样生长,不像温室里培养的花朵。(2)战略可能在任何地方扎根,任何地方都可以产生战略。(3)这些战略被集体接受时,就成为组织的战略。(4)繁衍的过程可以是有意的,但并非必须如此。它可以被管理,但并非必须被管理。(5)新的战略可能持续不断地出现,在变化的过程中蔓延到组织的各个角落。(6)要想控制这个过程,不在于预想战略,而是去识别战略的出现,并在适当的时候加以控制。

草根模型认为,战略如同种子一样自然而然地涌现,媒体在规划和制定战略时不用过于严格,媒体需要保持开放和学习的心态,建立一个能够使各种不同战略充分发展的环境,保持基层组织的创新力和活力,管理者和员工不固守已有的认知,愿意随环境变化不断调整战略。涌现的战略与深思熟虑的战略并非不能相容,涌现的战略如同种子,如果种子落地生根并开花结果,那么媒体可以给它投入更多资源,帮助涌现战略尽快成长。如果涌现的战略不断成长壮大,为媒体带来丰厚的回报,那么涌现的战略

---

① 柯武刚,史漫飞.制度经济学:社会秩序与公共政策[M].韩朝华,译.北京:商务印书馆,2000:51.

② 亨利·明茨伯格,布鲁斯·阿尔斯特兰德,约瑟夫·兰佩尔.战略历程:穿越战略管理旷野的指南[M].第2版.魏江,译.北京:机械工业出版社,2014:148.

可以替代深思熟虑的战略,成为媒体的主导战略。如果种子不能落地生根,或发现种子有害,媒体应该当即清除种子。媒体高管需要判断什么时候坚持现有战略,什么时候用涌现战略替换现有战略。战略制定过程是媒体学习的过程,而且,战略制定和战略执行合二为一,无法分开。

深思熟虑战略可以用温室模型来比喻,温室模型认为,战略是精心培育的花朵,而非随意撒落的种子,战略由最高领导人独自制定,战略制定和战略执行是两个相互独立的环节,制定好的战略如同盛放的花朵,由花农采摘下来运往市场,进入战略实践环节。战略管理过程需要媒体悉心照料、精心呵护,不能漫无边际地播撒种子。

学习学派认识到环境的复杂性对战略的影响。在复杂系统中,无法将整体还原为部分,通过对各部分的研究来认识整体,复杂系统中整体大于部分之和,"对复杂系统的研究教导我们,要警惕幼稚地将系统拆分为相互独立的组成部分"[①]。复杂系统中整体会呈现出不同于部分的新特征,"一个典型的复杂系统是由无数个个体成分或因子组成的,它们聚集在一起会呈现出集体特征,这种集体特征通常不会体现在个体的特征中,也无法轻易地从个体的特征中预测"[②]。

媒体在制定战略时,不能忽视环境的复杂性对战略的影响,设计学派和计划学派将环境中的混乱和无序视为制定战略的障碍,试图控制或淡化混乱和无序对战略的影响。这样做会产生两种后果,一方面导致战略扭曲,媒体制定战略时忽视环境变化,战略安排无法有效实现战略目标。另一方面,媒体失去从市场中学习的机会,媒体可以在混乱和无序中发现新的市场机会,但忽视环境复杂性的媒体放弃了这一机会。

复杂性科学将复杂系统定义为具有涌现和自组织行为的系统。[③] 学习学派倾向于认为,复杂性是环境自身固有的特征,在战略制定者试图控制或淡化的混乱和无序中蕴藏着创新的机遇。深思熟虑的战略固然重要,但复杂系统涌现的战略能够帮助媒体突破既有心智模式的限制,让媒体勇于主动变革,在某些情况下甚至要求媒体进行自我颠覆。在复杂性环境中,媒体不能仅仅依靠既定规则进行战略管理,媒体必须学会从混沌无序中发现机会。

当媒体的深思熟虑战略失败时,媒体往往打开了一扇新的机会窗口。媒体的深思熟虑战略与市场不相符,意味着媒体对市场或产品的假设遭到否定,媒体可以据此了解市场的真实信息,并制定出新的战略安排。从精

①　杰弗里·韦斯特.规模:复杂世界的简单法则[M].张培,译.北京:中信出版社,2018:25.
②　杰弗里·韦斯特.规模:复杂世界的简单法则[M].张培,译.北京:中信出版社,2018:22.
③　梅拉尼·米歇尔.复杂[M].唐璐,译.长沙:湖南科学技术出版社,2011:15.

益创业理论看,战略失败意味着市场否定了媒体的战略假设,媒体可以获得关于市场的真实信息,并由此开启随后的战略窗口。

与设计学派和计划学派相同,学习学派的理论也存在一些缺陷。首先,学习学派把学习当作目标。学习不是媒体的目标,媒体的目标是通过学习来发现并把握市场机会,学习有助于媒体发现和把握市场机会,但媒体不应把学习本身视为目标。学习是媒体的重要工作之一,但学习不是唯一重要的工作。在学习之外,媒体还需要完成很多重要工作,如果把学习视为唯一重要的工作,必然会影响媒体的其他工作。媒体的学习不是漫无边际的散步,优秀的媒体需要避免不必要的学习。

其次,学习学派缺乏战略。学习学派注重涌现战略,但涌现战略并不能替代深思熟虑的战略,媒体需要有方向感,深思熟虑的战略能够给媒体提供方向感,涌现战略则无法提供这种方向感。媒体既需要依靠涌现战略发现新市场机会,也需要深思熟虑的战略提供发展方向。缺乏战略方向的媒体也没有学习的方向,它们无法对四面八方涌现而来的信息做出判断和评估。在激烈的市场竞争中,媒体需要高效能的管理者,既能为媒体制定战略方向,也可以根据涌现信息修正媒体方向。

最后,学习学派可能会错误学习。学习并不总能给媒体带来可取的结果,也可能使媒体陷入困境。在学习中会出现路径依赖,随着投入到某一领域资源的增加,媒体会不断强化对该领域的投入。在某些情况下,即使媒体发现投资失败,但为了挽回投资,媒体还是会投入更多资源,但这些追加的投资可能损失殆尽。媒体需要拥有良好的学习能力,学会高效学习,尽可能避免错误学习带来的损失。

6.2 创新战略平衡

理性主义战略和渐进主义战略并不是非此即彼的竞争关系,两种战略都能为我们理解媒体战略提供深刻的洞见,与其说媒体战略管理是在两种战略中做出选择,不如说是在两种战略间达到平衡。媒体需要知道在何种情境中偏向何种战略,以及如何在两种战略间进行切换。媒体战略创新既需要精心设计和计划,也需要在实践中学习和调整,战略管理既是科学,也是技术和艺术。

在实际运作中,媒体采取的既不是理性主义战略,也不是渐进主义战略,媒体在实践中会处于理性主义战略和渐进主义战略这一连续光谱的某一位置,并随市场环境变化调整战略定位。"要求一个战略做到绝对的深思熟虑,也就是要求一个模式绝对地按照事先的意图得以完全实现,近乎苛刻。这需要组织领导者事先准确地陈述清楚自己的意图,组织中所有人都接受这些意图,而且又能在没有市场、科技或政治压力等因素的干扰下实现这些意图。同样,真正的随机应变的战略也是一种苛求。这需要在没有任何主观意图的影响下保持行动的一致性。就是说,没有一致性就意味着没有战略,或者至少是实现不了的战略。"①

战略要与环境相匹配。在延续性创新环境中,优秀的媒体可以较为准确地预测环境,并且基于对环境的预测制定深思熟虑的战略,这时的创新战略主要以设计学派和计划学派的理论为主。在破坏性创新环境中,媒体很难对环境作出准确预测,战略的灵活性至关重要,这时的创新战略更需要将战略视为学习的过程。当媒体通过学习发现可行的涌现战略后,将涌现战略转换为深思熟虑的战略,并积极投入资源实施战略,破坏性创新环境中的媒体战略偏向于涌现战略。在破坏性创新中,媒体面临着高度不确定的环境,很难制定出深思熟虑的战略,媒体需要在行动中发现战略,战略不是由媒体高管制定而来,而是在行动中涌现汇聚而来。

在一定程度上可以认为,媒体在深思熟虑战略和涌现战略之间的平衡能力,是媒体把握稳定与变革的能力。一方面,媒体需要执行既定战略获得竞争优势,另一方面,媒体需要调整战略适应环境变化。在大多数时间,环境保持相对稳定,市场处于连续性阶段,媒体不用进行战略变革,只需把同样的工作做得比对手更好,就足以获得成功。在这种较为稳定的环境下,媒体可以制定出深思熟虑的战略,并通过比对手更好地执行战略来获得竞争优势。当环境开始剧烈变化,市场进入到非连续性阶段时,媒体必须进行战略变革,从深思熟虑战略转向涌现战略。媒体需要关注从一线涌现出的新信息和新事物,判断出哪些可能在今后成为媒体的深思熟虑战略。当涌现战略得到媒体高层管理者的确认后,就转而成为媒体的深思熟虑战略,指导媒体在随后一段时间的行动。

深思熟虑的战略侧重于控制而忽视学习,涌现战略侧重于学习而忽视控制,媒体需要在这两类战略中达到平衡。媒体通过制定深思熟虑的战略达到预期目标,可以更好地实现控制,但过于关注战略目标会让媒体忽视涌现的市场机会。在非连续性市场,这会带来非常严重的后果。涌现战略可以帮助媒体把握新出现的市场机会,但媒体不能一味追求新机会而失去战略,在发现新机会后媒体需要集中资源开发新市场。媒体不能只关注一种战略而忽视另一种战略,只有兼具深思熟虑战略和涌现战略,才能实现战略平衡。见图6-1。

———————
① 亨利·明茨伯格,约瑟夫·兰佩尔,詹姆斯·布莱恩·奎因,等.战略过程:概念、情境、案例[M].第4版.徐二明,译.北京:中国人民大学出版社,2012:6.

学习

	强	弱
强	平衡	深思熟虑
弱	涌现	无战略

控制

图 6-1　媒体战略平衡

　　战略意味着稳定而非变化,但战略既要保持稳定,也要为变化留出余地。深思熟虑战略与涌现战略之间的平衡,实际上是媒体在稳定与变革两种力量之间的协调。战略变革的量子理论认为,不同环境下的组织会采取截然不同的行为模式。在大多数时间,媒体处在相对稳定的市场环境里,它们在现有定位中进行渐进性创新,以便使战略与环境保持一致。当环境出现剧烈变化时,媒体从先前渐进式的调整进入到战略变革阶段,媒体需要作出重大变革来适应新环境,如同量子从一个稳定态跃迁到另一个稳定态,媒体的组织结构、业务流程、战略模式等都会出现剧烈变化。在战略革命中,"长期的演化式的发展突然被一次变革的混乱打断,在这当中,组织迅速改变了它的许多既定模式。事实上,它是试图迅速跳跃至一个新的稳定状态,在一系列新的战略、组织结构和文化中重新建立一个统一的态势"①。

　　大型媒体通常比小型媒体更难实现战略转型。涌现战略常常来自媒体基层的实践,但在大型媒体中,身处一线的员工很难将涌现的新信息反馈给媒体高管。大型媒体中,一线员工与高管之间有多重管理层级,一线员工观察到的新事物和新信息要跨越重重障碍才能到达高管的办公桌前。对 20 世纪 70 年代到 80 年代大型企业的研究发现,大型企业一般要花 6 年时间才能改变战略,需要 10 年到 30 年时间改变企业文化。②

　　明茨伯格提出,可以把战略视为手艺,以便理解战略制定与战略执行之间的关系。③ 手艺人用双手和大脑完成作品,他们一边用大脑构思一边用双手工作,大脑构思战略,双手执行战略,并在执行战略的过程中不断修

---

① 亨利·明茨伯格,约瑟夫·兰佩尔,詹姆斯·布莱恩·奎因,等.战略过程:概念、情境、案例[M].第 4 版.徐二明,译.北京:中国人民大学出版社,2012:153.
② 杰弗里·蒂蒙斯,小斯蒂芬·斯皮内利.创业学[M].第 6 版.周伟民,吕长春,译.北京:人民邮电出版社,2005:24.
③ 亨利·明茨伯格,约瑟夫·兰佩尔,詹姆斯·布莱恩·奎因,等.战略过程:概念、情境、案例[M].第 4 版.徐二明,译.北京:中国人民大学出版社,2012:148.

改战略。将媒体战略视为手艺,作为手艺人的媒体需要协调双手与大脑的活动,才能制定出最佳战略。

然而,大型媒体不但双手与大脑相分离,而且切断了两者之间的联系。媒体高层制定战略,基层员工执行战略,当战略与实际环境不一致时,无法实现战略目标。媒体管理者首先会认为这是战略执行层面的问题,但很可能问题不在执行层面,而是管理者制定的战略本身存在问题。但当战略制定和战略执行之间相互割裂时,媒体无法有效调整和改变战略。明茨伯格对此提出批评:"认为战略和组织日常运作相隔甚远的看法,是传统管理思想中一个彻头彻尾的谬误。正是这种看法,导致了如今企业和国家政策上出现的一些重大失误。"①

在创新战略管理中容易出现两种错误,第一种错误是,在不确定的市场环境中,媒体在尚未探明可行战略时,就制定深思熟虑战略,并投入大量资源实施战略,当媒体发现战略不可行时,已经没有资源去调整战略。这种错误经常出现在破坏性创新的早期,在破坏性创新的早期阶段,还没有可行的战略方案,媒体基于市场假设制定深思熟虑战略,并投入大量资源实施该战略。这样做会使媒体投入的资源成为沉没成本,无法回收,给媒体带来巨大损失。

我们以早期的电子邮箱服务商263作为研究案例。263是国内最早从事电子邮箱服务的网站,1998年,其前身首都在线科技发展有限公司开始提供电子邮箱服务,短短两年后,263邮箱的注册用户就超过600万,②2002年注册用户约为2000万,而当年中国网民总数为5910万,这意味着有1/3的网友注册使用263邮箱。在互联网发展的起步阶段,网络公司并不明确如何通过提供电子邮箱服务获取回报,263作为较早进入电子邮箱市场的服务商,已经积累了相当可观的用户,但如何在庞大的用户群中建立可行的商业模式,仍然需要探索和学习。263应该采用学习战略而非深思熟虑战略,应该在学习战略引导下,通过小规模市场试验的方式寻找可行的商业模式,而不是制定并实施深思熟虑的战略,但263却犯了这一错误。

2002年3月18日,263公司对外宣布,263电子邮箱服务将于5月21日起全面升级为收费服务,停止免费邮箱服务,每位用户每月支付5元(全年订阅价50元)。从免费服务变为收费服务后,263的注册用户骤然下降

---

① 亨利·明茨伯格.明茨伯格论管理[M].闾佳,译.北京:机械工业出版社,2017:22.
② 禹刚.263:"数字农民"的成功之道[J].互联网周刊,2000(50):17.

到 59 万。^① 263 的绝大多数用户选择其他网站提供的邮箱,而曾经赫赫有名的"263 在线——中国人的网上家园"也转型为企业邮箱服务提供商,从此脱离门户网站第一阵营。

分析 263 的案例可以看到,263 在市场环境尚不清晰时过早制定出深思熟虑的战略。263 当时认为,免费提供电子邮箱服务给企业带来巨大成本,将邮箱服务改为收费服务后,每位网民每月支付 5 元费用使用邮箱,是一种可行的商业模式。时任 263 集团市场总监的毛新接受记者采访时说,263 预计会有 20% 的用户转向收费邮箱。^② 如果有 20% 的用户转为付费用户,那么 263 可以通过收费盈利。但是否会有 20% 的用户转为付费用户,需要 263 进行市场检验,而不是把自己对市场的假设当作事实。事实是,当 263 转为付费邮箱后,只有 3% 左右的用户选择付费,用户的实际行为和 263 公司的假设存在巨大差异。

时任 263 公司 CEO 的黄明生说,公司每年维护电子邮箱服务的投入为 1500 万,自提供免费邮箱以来总共投入 1 亿元。^③ 263 设想的战略是,在 2000 万用户中有 500 万活跃用户,如果 20% 的活跃用户愿意选择付费,每位用户每年支付 50 元,那么 100 万付费用户每年可为公司带来 5000 万元收入,去除 1500 万成本,每年可获利 3500 万,用 3 年时间就可以弥补前期 1 亿元的投入。但实际上愿意接收付费邮箱的用户数远低于 263 的设想。

263 的错误在于,当市场环境尚不明朗时,需要将战略看作学习的过程,而不是基于市场假设制定并实施战略。263 应该验证自己的市场假设,通过小规模试验的方式研究到底有多少用户会成为付费用户,检验的目的是确定有多少用户会真正为邮箱付费。如果付费用户不足以让 263 盈利,那么就果断取消该方案,转而验证其他备选方案。263 公布全面取消付费邮箱后,在短期内流失大量用户,这对 263 是一个巨大的打击,此后 263 远离一般消费者市场,转而为企业提供邮箱服务。

创新战略管理中的另一个错误是,在通过市场学习找到可行战略后,媒体进入快速发展阶段,媒体开始以深思熟虑的战略作为指导战略,忽视涌现战略,错过随后的市场机会,最终陷入困境。这种错误通常出现在由破坏性创新阶段进入到延续性创新阶段以后。在早期的破坏性创新阶段,

① 吴为群.263 邮箱全面收费后用户剩 3%[EB/OL].[2002-06-20].http://tech.sina.com.cn/i/c/2002-06-20/121800.shtml.
② 沈谷鸣.263 全面取消免费邮箱[EB/OL].[2002-03-19].http://news.dayoo.com/china/gb/content/2002-03/19/content_407235.htm.
③ 范海涛.263 收费邮箱:午餐还能挺多久[EB/OL].[2002-04-15].http://business.sohu.com/85/39/article200503985.shtml.

媒体通过有效管理涌现战略找到正确的商业模式,进入稳定发展的延续性创新阶段后,媒体可以制定出深思熟虑的战略,久而久之,媒体不再关注涌现战略。但它们却忘记了,正是在早期对涌现战略的把握才使媒体进入快速发展阶段,忽视新的涌现战略的结果是媒体会错过下一轮破坏性创新,这样的媒体很可能在下一轮创新中遭到淘汰。

在第二种错误中,媒体成功地避免了第一种错误,找到可行的商业模式,进入延续性创新阶段,媒体开始将经由涌现战略学习发现的知识转化为深思熟虑的战略,采用设计学派和计划学派的视角制定战略,不再将战略视为学习的过程,忽视环境变化孕育的市场机会。

导致媒体出现第二种错误的主要原因是媒体的资源分配活动。媒体的资源分配活动取决于媒体所处的价值网络,价值网络决定媒体眼中哪些市场和业务具有吸引力。我们在第三章中分析过,价值网络中始终有一股拉动媒体为高端市场服务的力量,高端市场利润率高,媒体获得的回报高。向高端市场转移的过程中,媒体对利润率的要求越来越高,希望通过深思熟虑的战略实现预期利润率,媒体不再关注涌现的市场机会,因为这些市场机会的利润率不一定能达到媒体对利润率的要求。

另外,随着媒体规模扩大,满足其利润所需要的市场规模变大,深思熟虑战略会尽可能考虑媒体对市场规模的要求,为媒体寻找相应的市场,涌现战略的市场机会达不到媒体对市场规模的要求,媒体很可能忽略涌现出的新机会。吊诡的是,当媒体习惯于通过深思熟虑战略进行决策时,却忘记正是先前及时把握的涌现机会才使自己进入延续性创新阶段。

忽视涌现战略会让媒体陷入"成功综合征"。成功综合征是一种普遍存在的管理问题,当媒体把握住市场机会获得成功后,建立起符合业务模式的组织结构和资源分配模式,组织结构和资源分配模式在延续性创新中不断固化,媒体最终建立起与业务相匹配的组织文化和心智模式。当环境相对稳定时,这一体系可以有效运作,为媒体获取市场回报。媒体的这套体系越成功,媒体会愈发信任这一体系,也会愈发依赖这一体系,媒体会逐渐滋生出组织惰性。当环境出现变化后,媒体在组织结构和组织文化层面的惰性会限制媒体变革的动力与能力,这种现象就是成功综合征。"结构上和文化上的惰性是取得短期成功的有利决定因素,然而,它们也能使组织成为其过去的牺牲品。"[1]

① 迈克尔·塔士曼,查尔斯·奥莱利.创新制胜:领导组织的变革与振兴实践指南[M].孙连勇,李东贤,夏建甄,译.北京:清华大学出版社,1998:27.

6.3 战略管理创新

战略管理创新需要媒体具有战略平衡和战略切换能力,当市场出现非连续性造成的中断时,媒体要能识别市场信号,认识市场非连续性对媒体战略的影响,并主动做出调整。

媒体需要建立有助于战略成长和战略变革的环境。媒体既要有深思熟虑的战略指导自己在稳定环境下的行动,也要对涌现汇聚的新事物保持足够的关注,让涌现战略有足够的成长空间,不要轻易忽视涌现的新事物,一旦发现涌现战略的价值和潜力后,能够迅速实现战略切换,将涌现战略设定为新的深思熟虑战略。"管理者如果只看重环境的变化或稳定,最终必然对他们的组织造成伤害。作为一个模式的识别者,管理者必须能够意识到,什么时候应用已建立起来的战略成果,什么时候鼓励推陈出新。"①

媒体要具有在深思熟虑战略和涌现战略之间平衡和切换的能力。当不确定性较高时,使用学习学派的工具试探和了解市场,不要贸然投入大量资源。确定行动方案具有可行性后,迅速切换到深思熟虑战略,用设计学派和计划学派的工具精心制定并执行战略。在深思熟虑战略主导的阶段,媒体仍然需要关注涌现战略,涌现战略往往带来下一轮创新机会,当涌现的新市场可以替代现有市场时,媒体需要果断地将资源从现有市场配置到新市场。创新战略管理能力是媒体适应复杂环境时需要具备的能力,媒体管理者可以采取以下三种途径,即成本控制能力、精益创业方法、探索导向式管理。

6.3.1 成本控制能力

媒体愿意在深思熟虑战略和涌现战略之间切换,是由于这两种战略的业务活动对媒体具有吸引力,媒体能够从这些业务中获利。如果媒体无法从新业务中获利,那么它们就缺乏投入新业务的动力。要增强新业务对媒体的吸引力,媒体需要做好成本控制,尽可能降低业务成本,让各种涌现的市场机会都具有可观的收益,能引起媒体的关注和兴趣。如果媒体的业务成本较高,那么利润较低的业务很难引起媒体的兴趣,媒体可能错过一些涌现的市场机会,战略的灵活性下降。

在延续性创新市场,媒体通常会在某一业务的初始阶段投入大量资源,越是规模较大的成熟媒体,越会在启动某一大型项目时投入大量资源。

---

① 亨利·明茨伯格,约瑟夫·兰佩尔,詹姆斯·布莱恩·奎因,等.战略过程:概念、情境、案例[M].第4版.徐二明,译.北京:中国人民大学出版社,2012:156.

投入大量资源后,媒体耐心等待回报,这是媒体通过深思熟虑战略制定出的理性决策。媒体在早期阶段准备得越充分,投入的资源越有针对性,实现战略目标的可能性就越大。但这也会限制媒体把握涌现的市场机会的能力。媒体在业务早期阶段投入的资源成为产品的固定成本,媒体投入的资源越多,固定成本越高。产品成本包括固定成本和可变成本两大类,产品销量越高,分摊在每一单位产品上的固定成本越低。产品进入市场的早期,销量相对较低,单位产品的固定成本较高,导致产品平均成本较高。产品成本影响媒体对市场机会的判断,决定媒体眼中不同市场机会的吸引力。产品成本越高,实现盈利所需要的市场利润就越高,媒体会自然而然地把低利润的市场机会排除在外。但破坏性创新产品在早期的利润率通常较低,较高的业务成本会让媒体忽视这些新市场机会。

对于业务成本较高的媒体,它们既缺乏进入低利润业务的动力,也缺乏进入低利润业务的能力。低利润业务无法满足高成本媒体对利润的要求,导致媒体不愿进入这些市场。同时,即便媒体意识到新业务的前景,试图进入新业务市场,它们也缺乏开发新市场的能力,新业务所要求的商业模式是高成本媒体难以实现的。

比如,在涌现的市场机会中,低成本媒体可以实现10%的利润率,但高成本的媒体可能很难盈利,这种情况下,即便该媒体想进入新市场,它也无法进入。以奈飞为例,奈飞在与影碟租赁业巨头百事达竞争时,奈飞在企业规模、资源等方面处于劣势,但奈飞在线租赁业务模式的成本远远低于百事达的店面租赁模式,百事达在美国有上万家影碟租赁实体店,这种商业模式的业务成本很高,对市场规模的要求很高。百事达的业务成本高,它必须尽可能通过规模经济来获利,一旦到实体店租赁影碟的消费者数量下降,百事达的收入就会明显下滑。过高的业务成本限制百事达的战略选择空间,奈飞的低成本模式是百事达欠缺的,百事达无法通过价格战与奈飞竞争;百事达也很难转向在线租赁,因为它的绝大部分收入来自门店租赁收入,向在线业务模式转型会严重影响门店收入,也会激起公司内部利益团体的反对;在奈飞向百事达发起挑战之前,百事达并没有注意到涌现出的在线租赁业务,因为在线租赁业务起初的市场规模小、利润低,达不到百事达对业务规模和利润率的要求,百事达的员工即使向管理层提出发展在线业务的报告,也很难得到管理层的批准。

媒体保持战略灵活性的重要手段之一,就是在业务早期控制成本结构,保持在低成本状态下经营业务,这会激励管理层和员工发现更多市场机会。有效的成本控制可以增强媒体对涌现战略的把握能力,与高成本媒体相比,低成本媒体会对更多的新市场机会感兴趣。低成本媒体的管理者和员工可以提出许多具有可行性的业务方案,其中有些方案很可能成为下一轮的创新机会。反之,如果媒体业务成本很高,无论高层管理者如何强调新机会的重要性和紧迫性,媒体各级管理者和员工都很难重视新市场机会,成本过高的媒体也没有能力有效把握这些机会。

6.3.2 精益创业

在保持低成本之外,精益创业作为媒体发现新市场机会的方法,应该受到媒体更多关注。精益创业主要用于创新管理活动,媒体在创新时需要检验各种假设,而不能基于未经证实的假设采取行动。精益创业偏向学习战略,认为学习的价值在于发现经过证实的认知,以此指导媒体的业务实践。精益创业理论的创建人埃里克·莱斯提出:"如果创业的根本目的是在极不确定的情况下建立组织机构,那么它最重要的功能就是学习。为了要实现愿景,我们必须明确我们的哪些策略是可行的,哪些是过激的。成功地执行一项无意义的计划是导致失败的致命原因,而经过证实的认知则是解决这个问题的首要方法。"①

精益创业适用于不确定环境下的战略管理,在不确定环境中,市场、技术、消费者、商业模式等都是未知的,媒体需要应用学习战略把握涌现的市场机会。精益创业方法强调,媒体的学习过程不是无目的地撒网,而是应该围绕"什么为顾客创造利益"为中心,市场学习应该是高效率、有明确针对性的学习,学习的目标是在最短时间内,通过最小化投入得到如何为顾客创造价值的实际知识。这些经过证实的认知是学习的成果,媒体通过学习得到的认知了解市场,减少市场不确定性。

在不确定性环境下,媒体会对市场做出一些假设,假设不是事实,假设可能对也可能错,媒体不能基于假设制定行动计划,媒体需要经由小规模试验来检验假设,获取关于市场的实际知识,用得到证实的实际知识作为设计开发产品的坚实基础。媒体管理者不能根据自己对市场的假设开发产品和服务,假设必须经受市场检验,通过检验得到的认知是采取行动的前提。

精益创业的方法重视从实践中获取知识,莱斯认为"问题不是'这项产品能开发出来吗',在现代经济中,几乎每件想象得到的产品都能被开发制造出来。更贴切的问题是'需要开发这个产品吗'和'围绕这一系列的产品和服务,我们能建立一项可持续的业务吗'。在精益创业的模式中,新创企业要做的每件事,包括每种产品、每项功能、每次营销活动都被视为一次实

---

① 埃里克·莱斯.精益创业:新创企业的成长思维[M].吴彤,译.北京:中信出版社,2012:23.

验,用来获取'经证实的认知'"①。

　　精益创业重视产品试验,在不确定环境中制定决策缺乏相关信息,实验可以帮助媒体获得可靠的市场信息。该理论提出,在开发产品之前需要解决以下问题:②(1)顾客认同你正在解决的问题就是他们面对的问题吗?(2)如果有解决问题的方法,顾客会为之埋单吗?(3)他们会向我们购买吗?(4)我们能够开发出解决问题的方法吗?任何面向客户市场的产品创新,都需要认真回答这四个问题,而不是只回答第四个问题,通过思考和回答这四个问题,媒体可以反思市场假设是否正确。实验性方法有助于媒体发现市场的实际需求,并尽可能基于对市场实际需求的了解开发相应产品。

　　在创新管理过程中,媒体需要尽快完成"开发—测量—认知"三阶段反馈循环。③ 首先,基于假设开发最小化可行产品(minimum viable product,MVP),研究市场对新产品的接受情况,进而检验媒体的假设是否符合实际。这一阶段最重要的问题是找出哪些假设需要证实。随后,通过创新核算(innovation accounting)建立阶段性目标,研究产品能否给媒体创造价值,评估新业务的发展状况。最后,得到经过市场证实的认知,做出继续坚持现有战略抑或改变战略的决定。媒体需要在尽可能短的时间内投入较少资源完成"开发—测量—认知",为修订战略留下足够的时间和资源。

　　在开发最小化可行产品之前,媒体会形成关于产品和市场的假设,这些假设通常会放大新产品的收益,缩小新产品的风险。在群体思维的作用下,管理层会形成较为乐观的共识,并把这些过于乐观的共识当作事实。越是成功的媒体,越会对这些假设的正确性和合理性坚信不疑,这种心理称为"信念飞跃"。④ 信念飞跃是一种普遍存在的思维方式,但在商业活动中,这种思维会误导管理者。信念飞跃让媒体管理者把市场假设看成既定事实。在社会心理学中,信念飞跃称为规划谬误,规划谬误会对项目的成果做出过于乐观的预测,使得项目计划和预期结果不切实际地靠近最理想的状况,但最理想的结果在现实中很少发生。⑤ 比如,一家媒体决定投资建设中央厨房,管理层开会研究认为,建设中央厨房的时间为 1 年,投资约5000 万,中央厨房会增加 20% 的收入,降低 10% 的成本。然而,这些数据

　　① 埃里克·莱斯.精益创业:新创企业的成长思维[M].吴彤,译.北京:中信出版社,2012:36.
　　② 埃里克·莱斯.精益创业:新创企业的成长思维[M].吴彤,译.北京:中信出版社,2012:44.
　　③ 埃里克·莱斯.精益创业:新创企业的成长思维[M].吴彤,译.北京:中信出版社,2012:55.
　　④ 埃里克·莱斯.精益创业:新创企业的成长思维[M].吴彤,译.北京:中信出版社,2012:60.
　　⑤ 丹尼尔·卡尼曼.思考:快与慢[M].胡晓娇,李爱民,何梦莹,译.北京:中信出版社,2012:225.

属于假设,并非事实。而且,这些假设通常会对现实做出更为乐观的估计,很可能建设中央厨房的时间更长,投资更大,回报却低于预期水平。这些年,不少媒体希望通过启动创新实现特定战略目标,它们在制定战略规划时很可能对战略目标做出了过于乐观的预测。

信念飞跃或规划谬误会严重误导媒体决策。信念飞跃或规划谬误是高度内卷化的思维方式,媒体管理层过多关注内部意见,对内部共识的关注高于对外部事实的关注,将媒体内部成员对于某一问题的共识当作客观事实,并期待实现最理想状况下的结果。这样做会让媒体忽视外部意见,陷入群体思维的媒体管理层把愿望等同于事实,把概率等同于确定性,把最佳结果等同于实际结果。正如心理学家卡尼曼所批评的,"在我们预测风险项目的结果时,高管们很容易会掉入规划谬误的陷阱。在规划谬误的支配下,他们根据脱离现实的乐观心态来做决策,而不是根据对利益得失以及概率的理性分析做决策。他们高估了利益,低估了损失。他们设想了成功的场景,却忽视了失败和误算的可能性"①。

媒体要检验信念飞跃中的信念是否真实,对市场和消费者的假设需要得到验证。媒体要和客户交流,了解他们的真实需求,以此为基础设计最小化可行产品,启动"开发—测量—认知"反馈循环。最小化可行产品的目标是检验媒体之前的假设,产品并不成熟,媒体不用关心产品的性能、功能等问题,最小化可行产品的关键是检验媒体对产品的假设能否通过市场验证,暂不考虑除此之外的其他设计和功能。

在成熟市场进行产品测试时,媒体应该推出完善的高质量产品进行测试,观察市场对产品的反应,根据市场反馈进一步改进产品。在成熟市场中,媒体知道市场需要何种产品,也知道产品在哪些维度上竞争,媒体通过比竞争对手更好地设计和开发产品,使产品在各项竞争维度上的性能优于对手,就能获得市场优势地位。因此,成熟市场中测试的产品是设计精良、性能完善的产品。

在破坏性创新中,产品、消费者、市场需求等都是未知的,媒体无法设计出成熟完善的测试产品,也不必投入大量资源设计成熟完善的产品。媒体推出最小化可行产品观察消费者反应,研究消费者是否对产品有需求,如果消费者愿意使用产品,那么媒体的市场假设就得到证实,媒体可以根据消费者使用产品时反馈的意见,不断改善产品。如果消费者对产品没有任何需求,产品无法帮助消费者完成他们的任务,说明媒体对市场做出错误的判断,媒体可以及时叫停项目。新产品项目充满不确定性,用最小化

① 丹尼尔·卡尼曼.思考:快与慢[M].胡晓娇,李爱民,何梦莹,译.北京:中信出版社,2012:228.

可行产品进行市场测试,可以尽可能降低媒体的沉没成本,减少产品开发中的资源浪费,让媒体保留足够的资源进行再次实验。

最小化可行产品要求媒体具有在深思熟虑战略和涌现战略之间切换的能力。最小化可行产品是媒体前期深思熟虑战略的产物,媒体通过前期战略规划开发出最小化可行产品,一旦将其推入市场后,媒体便由深思熟虑战略进入涌现战略主导阶段。当测试产品进入市场,获取市场信息、明确消费者需求成为媒体在这一阶段最重要的任务,媒体需要收集和分析涌现的各种信息,将其与媒体的市场假设进行比较。产品测试结束后,综合分析最小化可行产品获取的信息,媒体能够得到关于市场和消费者的实际知识,以此为基础重新制定深思熟虑战略。

在运用最小化可行产品完成"开发"环节后,媒体进入"测量"环节,测量是媒体通过创新核算评估新业务是否具备持续性。用最小化可行产品得到市场信息后,媒体获得关于产品市场和消费者的基本信息,在后续的产品设计及开发阶段,需要以提高某个维度的数据作为目标。比如,一家媒体开发出客户端产品,早期数据中有下载量、注册人数、登录频率、使用时长等一系列数据,媒体对客户端的改进体现为这些数据的提升。通过调整产品参数研究这些数据的变化情况,使产品更好地满足消费者需求。

"测量"得到的"认知"可以帮助媒体制定战略决策,"开发—测量—认知"能够让媒体节约时间和资源,获得更多转型机会。媒体开发新市场时投入的资源有限,能否在资源消耗完之前实现营收平衡至关重要,"开发—测量—认知"可以提升媒体产品创新的效率,在有限的资源条件下获得更多的转型机会。克里斯坦森认为,"绝大多数成功的新兴企业都在开始实施最初的计划,并在了解到哪些计划行之有效、哪些只是纸上谈兵时,放弃了最初的商业战略。成功企业与失败企业的主要差别通常并不在于它们最初的战略有多么完美。在初始阶段分析什么是正确的战略,其实并不是取得成功的必要条件,更重要的是保留足够的资源(或是与值得信赖的支持者或投资者建立良好的关系),这样,新业务项目便能在第 2 次或第 3 次尝试中找到正确的方向。那些在能够调转航向,转而采用可行的战略之前便用尽了资源或信用度的项目,就是失败的项目"。①

媒体创新的过程就像一个沙漏,如果媒体不能在沙子漏完之前发现可行的商业模式,这一轮创新就宣告失败。精益创业能够提高媒体创新的效率,降低媒体在每一轮创新中投入的资源,采用精益创业的媒体既可以获得更多的创新机会,也能有更高的成功概率。

---

① 克莱顿·克里斯坦森.创新者的窘境[M].胡建桥,译.北京:中信出版社,2014:175.

6.3.3　探索导向式管理

探索导向式管理是一种适用于不确定环境下战略决策的管理方法。由于环境具有未知性，媒体无法运用适应于成熟市场的设计学派或计划学派的战略。在成熟市场中，优秀的媒体能够对环境做出较为准确的预测，并基于预测制定战略方案。在不确定环境下，媒体很难对环境做出准确预测，如果贸然根据预测制定战略方案，很可能遭遇失败。在这种环境下，媒体需要进行反向思维，即首先确定战略目标是什么。接下来分析，要实现战略目标，需要证实哪些假设。随后研究，要证实这些假设，需要满足哪些条件。

探索导向式管理的特征是，向前展望，向后推理。媒体向前展望其战略目标和愿景，但要实现战略目标和愿景，需要媒体向后推理，分析哪些假设得到满足后，媒体才能实现战略目标。盖茨、乔布斯和格鲁夫分别是微软、苹果和英特尔的 CEO，有学者在对他们的战略思维进行研究后总结道："要成为一个伟大的战略家，你需要暂时放下今天的负担和昨天的约束，留出时间向前看到企业的、消费者的、竞争对手的和行业的未来。然后，你需要向回推理出你今天需要采取的行动。首席执行官和其他高管需要定期重复这项练习——在快速变化的技术世界里，至少每 6 个月重复一次。"①

探索导向式管理有四个分析环节，分别是列出反向收益表、设计预期业务计划书、制定假设核对清单、检验重大事件计划。② 首先要列出反向收益表，反向收益表提出媒体需要实现的利润及利润率，计算要实现利润目标需要的销售收入，以及媒体能够承担的成本。我们以试图创办一份期刊的杂志社为例进行说明，假设该杂志社根据对同类期刊市场及自身资源分析提出，新杂志每年预期收入 1000 万元，利润率为 20%，预期利润 200万元，收入减去利润是成本，等于 800 万元。要实现预期利润，杂志要有较高的盈利能力，每份杂志的收入等于发行收入与广告收入之和，为 25 元。那么，实现 1000 万元收入需要发行量达到 40 万份。已知每份杂志收入为25 元，每份杂志的利润为 20%，可以算出每份杂志的成本要控制在 20 元内。见表 6-1。

① 大卫·尤费,迈克尔·库苏马罗.战略思维:盖茨、格鲁夫和乔布斯的 5 条长赢法则[M].王海若,译.北京:中信出版社,2018:39.
② 克莱顿·克里斯坦森.创新与总经理[M].郭武文,译.北京:中国人民大学出版社,2005:178.

表 6-1 杂志反向收益表

	收入	1000 万元
杂志合计数据	利润为收入的 20%	200 万元
	成本	800 万元
	收入	25 元
单位杂志数据	发行量	40 万份
	成本	20 元

第二个环节是设计预期业务计划书,列出与运营杂志相关联的各种业务活动及其成本,根据市场中运营杂志的一般状况及杂志社自身资源,可以列出各项活动的具体成本,这些成本体现出媒体对自身状况和市场环境的假设,各个环节的成本高低表明媒体对自身优劣势的认知。这个环节可以让媒体把隐含的假设公开化和透明化,接受组织内部及外界的批评。媒体根据市场中同类杂志的状况、内部员工的意见、业内专家的建议等多种渠道检验这些假设,最终使预期业务计划涵盖所有相关业务活动,每项假设都要经过检验。见表 6-2。

表 6-2 杂志预期业务计划书

	发行量		40 万份
1.发行	邮局发行		10 万份
	自办发行		30 万份
	邮局发行	5 元/份	50 万元
	自办发行	4 元/份	120 万元
	人力成本	30 人 8 万/人	240 万元
2.成本	纸张成本	4 元/份	160 万元
	印刷成本	2 元/份	80 万元
	设备折旧		100 万元
	管理费用		50 万元
	总成本		800 万元

第三个环节是制定假设核对清单,对各个假设进行编码,在每个阶段讨论和证实该阶段的假设,然后根据这些经过证实的假设修订反向收益表,确保反向收益表中各项活动的数值能够实现,如果媒体发现无法实现反向收益表中的数值,说明这个项目不具有可行性。见表 6-3 和表 6-4。

表 6-3　杂志假设核对清单

假设	数值	
1.利润率		20%
2.收入		1000 万元
3.利润		200 万元
4.成本		800 万元
5.单位收入		25 元
6.发行量		40 万份
7.单位成本		20 元
8.邮局发行		10 万份
9.自办发行		30 万份
10.邮发成本	5 元/份	50 万元
11.自发成本	4 元/份	120 万元
12.人力成本	30 人　8 万/人	240 万元
13.纸张成本	4 元/份	160 万元
14.印刷成本	2 元/份	80 万元
15.设备折旧		100 万元
16.管理费用		50 万元
17.总成本		800 万元

表 6-4　修订杂志反向收益表

收入	1000 万元	利润率	20%
		利润	200 万元
成本	800 万元	邮局发行	50 万元
		自办发行	120 万元
		人力成本	240 万元
		纸张成本	160 万元
		印刷成本	80 万元
		设备折旧	100 万元
		管理费用	50 万元

　　最后一步是重大事件计划,在该杂志社的战略计划中,有几个最重要的假设,它们对整个战略能否成功至关重要,因此有必要对影响媒体战略的重大计划进行检验,证实这些重要的假设,提高战略成功的概率。在该

杂志社的战略计划中,发行和成本方面的假设对于战略的成败有很大影响,竞争对手反应、内容生产与人力资源等都是媒体可能遇到的问题。为了方便对照,需要证实的假设编码与假设核对清单中的编码一致。见表 6-5。

表 6-5　杂志重大事件计划

重大事件	需要证实的假设
1.重要数据收集	1.利润率
	2.收入
	3.利润
	5.单位收入
2.生产成本	4.成本
	7.单位成本
	10.邮发成本
	11.自发成本
	12.人力成本
	13.纸张成本
	14.印刷成本
	15.设备折旧
	16.管理费用
	17.总成本
3.发行	6.发行量
	8.邮局发行
	9.自办发行
4.竞争对手反应	1.利润率
	2.收入
	3.利润
	4.成本
5.人力资源	2.收入
	3.利润
	6.发行量
	12.人力成本

列出影响媒体战略实施结果的重大事件,并对其假设进行证实和检验,可以帮助媒体获取可靠的市场信息,提高战略的针对性和有效性,培育适应不确定性环境的战略管理能力。

第七章 产品市场定位

本章和下一章主要研究破坏性创新的实施过程,本章运用基于情境的市场定位理论——消费者需要完成的任务理论,作为媒体产品市场定位和市场细分的依据。

7.1 奶昔错误

我们运用奶昔案例阐述消费者需要完成的任务理论,克里斯坦森等几位管理学学者最早研究该案例。[①] 一家奶昔店试图提高奶昔销售量,研究者首先通过对消费者和产品做市场细分。他们找到奶昔的消费者,对消费者做分组测试,研究奶昔的浓度、巧克力添加量、水果颗粒、价格等如何影响消费者对奶昔的评价,随后探讨如何改进奶昔以增加销量。消费者给出了反馈意见,但当奶昔店根据反馈意见调整奶昔后,奶昔的实际销售量并未发生明显改变。这说明,基于消费者或产品进行市场细分,并不能有效改进奶昔销量。

然后,研究者从消费者需要完成的任务视角出发研究奶昔问题。研究者观察后发现,40%的奶昔在早间销售,消费者只买奶昔,然后开车离开。当研究者询问他们时,很多消费者说:他们早间有很长的通勤路程,他们希望边开车边吃东西,以便坚持到午饭时间。但他们早上的时间很有限,穿着工作装,在开车时最多用一只手拿东西。奶昔最合适开车时食用,奶昔不会弄脏手,还能吃饱肚子,让自己坚持到中午。[②]

从消费者使用奶昔完成的任务视角出发,奶昔店可以对奶昔作出更有针对性的改进。理解消费者利用奶昔完成的任务之后,奶昔店的产品改进策略显著提高了奶昔的销售量。

在研究奶昔时研究者发现,有些父母会把孩子带进店,给孩子买一份奶昔,但这时的奶昔没能帮助父母完成任务。给孩子的奶昔装在大杯中,吸管比较细,当父母吃完后,孩子们还没有吃完大杯里的奶昔,父母既不想

---

① Christensen C M, Anthony S D, Berstell G, et al. Finding the right job for your product[J]. MIT Sloan Management Review,2007,48(3):38-47.

② Christensen C M, Anthony S D, Berstell G, et al. Finding the right job for your product[J]. MIT Sloan Management Review,2007,48(3):38-47.

让孩子吃太多奶昔,也不想在奶昔店里花费过多时间。①

　　从消费者需要完成的任务视角出发,奶昔店意识到,给孩子购买奶昔的父母们利用奶昔完成的任务与早上上班的工作者面临的任务截然不同,给孩子的奶昔要不同于给工作者的奶昔。在这两种不同情境里,消费者利用奶昔完成的任务截然不同。

　　认识消费者在不同场景中利用奶昔完成的任务,才能使奶昔店对产品做出更有针对性的改进,拓宽对产品竞争范围的认识。奶昔的主要竞争对手不仅是其他奶昔店,还包括在同样情境下可以帮助消费者完成任务的其他产品,这些产品大多处于奶昔市场之外,但是它们都可以帮助消费者完成特定情境中的任务。销售给不同情境中消费者的奶昔也有不同的竞争对手,清晨售出的奶昔,主要与饼干、香蕉、甜甜圈、手机应用程序等竞争,销售给孩子的奶昔主要与冰淇淋等孩子喜欢吃的食品竞争。奶昔面对着来自行业之外的跨界竞争对手,奶昔店需要拓宽对市场竞争范围的理解。

　　克莱·舍基将奶昔店从消费者或产品出发进行市场定位的办法称为奶昔错误,②奶昔错误主要是市场定位方法的失误。对媒体而言,用消费者所处的场景划分市场要比用产品或人口统计学特征划分市场更为有效。基于产品或消费者人口统计学特征进行市场定位,会让媒体忽略消费者所处的实际场景。这些方法脱离消费者所处的场景进行定位,但消费者不会因为产品具有某种特殊的定位而去购买产品,他们在实际生活中面临某一任务,为了完成这个任务,消费者选择相应的产品,哪种产品可以更有效地帮助他们完成任务,他们就会选择使用哪种产品。如果产品只是具有某种独一无二的定位,但这种定位和消费者在某个场景中面临的任务无关,产品不能帮助他们完成任务,那么差异化定位无法为媒体带来竞争优势。

　　我们可以运用奶昔错误来分析人们对新媒体技术的认知。一些研究者在研究新媒体技术时过多关注技术层面的问题,认为互联网技术的进步推动网络从门户网站的 Web1.0 时代转变到社交媒体的 Web2.0 时代。但是,媒介形态的变化并不是技术进步这一单一因素决定的,在某种意义上,人们用技术做什么要比技术能做什么更重要,技术的进步路径和人们需要利用技术完成的任务密切相连。例如,社交是人类的本能,作为社会性动物的人类不能不和其他人交往,社交和合作是人类战胜其他物种、占据生物链顶端位置的关键因素。在不同技术环境下,人们运用不同的技术工具

---

① 克莱顿·克里斯坦森,迈克尔·雷纳.创新者的解答[M].李瑜偲,译.北京:中信出版社,2013:60.

② 克莱·舍基.认知盈余:自由时间的力量[M].胡泳,哈丽丝,译.北京:中国人民大学出版社,2012:17.

展开社交。古罗马人通过莎草纸、蜡板、信使社交,今天的人们运用各种社交媒体进行社交。社交媒体采用的技术工具会随技术进步而改变,从早期的莎草纸、信使、诗歌、蜡板、手抄件、小册子转变到 QQ、邮件、短信、微博、微信、推特、脸书,但社交媒体不是新生事物,社交需求也不是新生需求。考察人类传播的历史可以看到,社交媒体不是"新"媒体,19 世纪 30 年代出现的大众化报刊和 20 世纪前半段出现的各种大众化电子传播工具才是新媒体,大众化商业报刊和广播电视插入社交媒体主导的传播历程,单向的、机构化的、集中的大众传播在相当大的程度上替代了双向的、人际化的、分散的社交传播。

人类社交的历史也是人类演化的历史,而便士报开启的大众传播的历史还不足 200 年,社交媒体更是随互联网技术出现的新事物,但是我们不能因此割裂社交媒体与人类社交活动的联系。正如斯丹迪奇在《从莎草纸到互联网》一书中所说:"在人类历史的大部分时间内,社交关系网是新思想和新信息传播的主要手段,无论是以口头的形式还是书面的形式……使用互联网的现代人对此一定大感惊讶,他们也许以为今天的社交媒体环境在历史上是绝无仅有的。但即使在互联网时代,我们分享、消费、使用信息的许多手法都是建立在几百年前就有的习惯和传统的基础上的。今天社交媒体的用户不自觉地继承了一个有着惊人久远的历史渊源的丰富传统。"①

虽然人们在当下运用的社交媒体是互联网技术的产物,但不能认为基于互联网技术发明的社交媒体让人们产生社交需求。社交需求是人类的本能,人类一直在利用各种工具和产品进行社交,有些工具能够有效帮助人们社交,有些工具在社交维度的表现不够出色。比如,大众化报刊和广播电视等大众传播媒体在满足人们社交需求方面的表现不够好,而互联网特别是社交媒体能够比大众媒体更好地实现人们的社交需求,人们可以利用 QQ、邮件、短信、微博、微信、推特、脸书等各种工具展开社交,互联网技术的这种属性是各种大众化传播媒体欠缺的。正如克莱·舍基所说:"当我们使用网络时,最重要的是我们获得了同他人联系的接口。我们想和别人联系在一起,这是一种电视无法替代的诉求,但实际上我们可以通过使用社会化媒体来满足它。"②因此,并不是互联网技术拥有社交属性,社交需求是人类最古老的本能,社交是人类这一物种生存繁衍的基石,也是人

① 汤姆·斯丹迪奇.从莎草纸到互联网:社交媒体2000年[M].林华,译.北京:中信出版社,2015:6.

② 克莱·舍基.认知盈余:自由时间的力量[M].胡泳,哈丽丝,译.北京:中国人民大学出版社,2012:18.

类生活中最重要的任务。正因为人类具有强烈的社交需求，人们才会研究和探索相应的技术，或是改造现有技术，不断使技术朝着有助于社交的方向发展，用这些技术开发出相应的社交工具，使其更好地满足人类的社交需求。

7.2 消费者需要完成的任务

消费者需要完成的任务是一种开发产品的视角，可以帮助媒体寻找破坏性创新的立足点。破坏性创新理论提供了如何进行创新的行动路线图，但如何找到创新机会，如何识别创新机遇，却不是破坏性创新理论主要关注的问题。因此，消费者需要完成的任务理论填补了破坏性创新理论缺失的环节，对创新者来说，采用消费者需要完成的任务理论发现创新机会，是一种更加科学合理的办法。

克里斯坦森提出消费者需要完成的任务理论，他认为，任务一词有三个维度：进步、情境和属性。① 进步是消费者需要实现的目标，产品或服务用来帮助消费者实现该目标。市场不是真空，情境是消费者所处的背景，理解消费者任务，要将任务放在特定的情境中加以理解。属性指消费者不仅有功能维度的任务，还有社会和情感属性的任务，产品和服务既可以从功能维度满足消费者，也可以从社会和情感维度满足消费者。

消费者需要完成的任务理论关注的是因果关系，而非相关关系。该理论回答为什么消费者选择某一产品，它的解释是，消费者有一些需要完成的任务，于是雇佣产品完成任务。

要理解任务，就要理解消费者所处的情境，情境决定任务。社会心理学认为，情境决定行动。在理解消费者需要完成的任务时，理解消费者所处情境至关重要。在某一情境中，决定消费者任务的既有产品性能、品质等维度，也有产品的社交、情感、关系、记忆等维度。

从消费者需要完成的任务视角出发，可以解释传媒产业的跨界竞争。传统的营销观从产品、消费者角度理解和分析市场，将竞争局限在某一特定产业内部。这种竞争观的问题在于，竞争并不仅仅发生在同一产业内部各个媒体之间，消费者可以运用不同产品完成相同的任务，这表示产品竞争可以跨越产业边界，在不同产业之间展开跨界竞争。例如，当问到奈飞是否在与亚马逊竞争时，奈飞 CEO 里德·哈斯廷斯说："实际上，我们是在与你为了放松而做的所有事情相竞争。我们和电子游戏竞争，和饮酒竞

① 克莱顿·克里斯坦森，泰迪·霍尔，凯伦·迪伦，等.与运气竞争[M].靳婷婷，译.北京：中信出版社，2018:31.

争,也和其他视频网竞争,还有棋牌游戏。"①

在一项研究中,有一家科技公司成立了竞争情报分析小组,列出十家非常重要的竞争对手进行分析,分析小组对这十家公司进行极为细致的分析。三年后这家公司开始衰落,导致公司衰落的不是这十家竞争对手,而是来自其他行业的新技术公司。② 这项研究的主持人就此评论道:"如果我们对于竞争情报有严密的分析过程,就会很容易产生错觉,认为自己对竞争格局的认识是客观的。但是实际上,这只是由对现实的严重曲解造成的障眼法。我们的关注度越高,竞争集合中的公司的关联性和可信度就越高,竞争集合外的公司则相反。我们会认为它们的行为与我们不相关,所以一般不会参考它们的行为。换句话说,我们完全低估了竞争集合外的公司的行为的重要性。"③

发现消费者任务的一个重要方法是,观察他们面临的痛点问题。从产品创新角度看,痛点是消费者尚未得到满足的需求。需求尚未得到满足的原因在于,要么现有产品不够出色,要么媒体没能发现消费者需求。可以把消费者任务分为弱需求任务和强需求任务,如果产品或服务扮演"雪中送炭"的角色,自然属于强需求任务,强需求任务属于刚需。如果产品解决的不是消费者的主要任务,只是扮演"锦上添花"的作用,则属于弱需求任务。强需求任务产品的价格弹性小,市场需求稳定,弱需求任务产品的价格弹性大,市场需求变化大。如果某一任务既是痛点,又是刚需,这一任务就特别重要,媒体需要对其投入更多资源。

在产品功能上,要让产品解决消费者痛点问题,这是影响消费者决策行为的关键。通过将产品功能集中于消费者痛点,可以检验媒体的市场假设,如果产品可以解决痛点问题,产品消费者数量会有大幅提升。这一阶段不要扩充产品功能,不要将产品从解决一个痛点问题转为解决大量问题,这会导致产品臃肿,特色不清晰,降低消费者满意度。市场上最常见的是有众多功能但无法有效帮助消费者完成任务的产品。周鸿祎曾说:"一旦忽略了用户最本质的需求,功能再多都无法打动用户。好的产品在推出之初,功能不宜太多。你不知道市场的未来走向如何,因此应该努力突出最重要的功能,如果能打动用户,就证明你成功了,就可以顺势再加东西,

---

① 克莱顿·克里斯坦森,泰迪·霍尔,凯伦·迪伦,等.与运气竞争[M].靳婷婷,译.北京:中信出版社,2018:43.

② 玛丽恩·德布鲁因.用户创新实战:围绕用户痛点打造创新的十大策略[M].高美,李妍,译.北京:人民邮电出版社,2017:157.

③ 玛丽恩·德布鲁因.用户创新实战:围绕用户痛点打造创新的十大策略[M].高美,李妍,译.北京:人民邮电出版社,2017:158.

给用户提供锦上添花的功能和体验。"①

　　产品开发的核心是用户开发。一些媒体持有从内到外的视角,过多关注产品、组织、战略、技术等问题,但没有意识到最根本的问题是使用产品的消费者,没有考虑消费者到底需要完成哪些任务。媒体的产品、组织、战略、技术都是为消费者服务的,离开消费者,这些都没有价值。媒体需要建立从外到内的视角,从消费者出发,探求消费者的任务,以及如何帮助消费者完成任务,以此作为产品开发的起点。要帮助消费者完成任务,而不是要求他们改变任务。

　　消费者需要完成的任务理论秉持由外而内的视角。传统的产品开发模式大多持有由内而外的视角,媒体根据自身资源和能力设计开发产品,但忽视了消费者使用产品的情境因素,以及消费者使用产品完成的任务。

　　另外,消费者的任务、痛点不是媒体想象出来的,而是媒体在和消费者接触的过程中发现的。产品的设计、功能是否能够满足消费者需求,以及在满足消费者需求时表现得如何,也依赖于消费者的体验,产品开发者不能代替消费者。

　　好的产品是技术与艺术的结合,而技术与艺术结合的目的,是创造消费者价值,让产品帮助消费者完成任务。产品的用户体验只有在这个层面上才有价值,单纯的技术或艺术无法创造用户价值。产品设计和开发部门要和市场部门互动,特别要和实际消费者互动,理解消费者所处的场景和面临的任务,将技术和艺术相结合,制造能够帮助消费者完成相应任务的产品。

　　媒体要认识消费者需要完成的任务,对消费者任务的理解成就了媒体。消费者需要完成的任务帮助媒体将资源聚焦在一点上,认识了重要的事物,也就认识了其他不重要的事物。

7.3　基于消费者任务的产品定位

　　消费者需要完成的任务是一种基于情境的市场细分方法,该方法对传统的市场细分方法做出修正。传统的市场细分方法主要以产品或消费者作为市场细分的出发点,忽视消费者所处的情境,但情境是影响消费者使用媒体产品的重要因素,情境决定消费者需求,媒体忽视情境以及消费者在特定情境中的需求,会犯下克莱·舍基提出的"奶昔错误",要避免"奶昔错误",媒体需要将市场细分的关注点从产品或消费者转向消费者需要完

① 周鸿祎.极致产品[M].北京:中信出版社,2018:42.

成的任务。

菲利普·科特勒提出,有五种营销理念指导组织的营销活动,分别是生产导向、产品导向、销售导向、营销导向、全方位营销导向。[①] 生产导向是最古老的营销观念,该观念认为组织只需要生产价格低廉的产品,消费者自然愿意购买这些物美价廉的产品。1913 年,福特公司开发出全世界第一条流水线,可以每分钟生产一辆 T 型车,1908—1927 年间,福特生产出 1500 万辆 T 型车。公司创始人福特提出:"每个人都负担得起,而且每个人都可以拥有一辆车。"当市场环境发生变化后,人们需要更多型号、配置、款式、颜色的汽车,但福特却没有抓住变化,一味生产黑色 T 型车。在福特晚年,福特公司陷入困境。

第二个阶段是产品导向阶段,企业努力把产品生产好,使产品在质量、性能、外观、包装等方面精益求精,但产品不一定契合消费者需求。第三个阶段是销售导向阶段,认为消费者有惰性,企业的中心任务是推销,通过广告信息轰炸,把产品卖给消费者,这种观念认为产品是卖出去的,而不是被买出去的。

第四个阶段是营销导向阶段,营销导向以消费者为中心,认为企业的一切活动都应以消费者为中心。首先确定产品的目标消费市场,然后努力使自己的产品比竞争对手的产品更好地满足目标市场。营销导向观念认为,生产导向、产品导向、销售导向等观念都是以生产者为主,"销售着眼于卖方需求,营销着眼于买方需求"[②]。

全方位营销导向观念认为,所有活动都和营销有关,全方位营销有四个组成部分,关系营销、整合营销、内部营销和绩效营销,营销活动是整合式、一体化的策略组合。

在市场营销的不同时期,学者们提出了不同的市场细分理论,如以产品(product)、价格(price)、地点(place)、促销(promotion)为核心的 4P 理论;以消费者(consumer)、成本(cost)、便利(convenience)、沟通(communication)为核心的 4C 理论;强调消费者需求的 4S 理论,该理论以满意(satisfaction)、服务(service)、速度(speed)、诚意(sincerity)为核心;以用户关系为核心的 4R 理论,包括关联(relevance)、反应(reaction)、关系(relationship)、回报(reward)四方面;里斯和特劳特提出的定位理论;以及 4V 理论和 4I 理论,4V 理论的核心是产品差异化(variation)、功能化(versatil-

---

① 菲利普·科特勒,凯文·莱恩·凯勒,卢泰宏.营销管理[M].第 13 版.卢泰宏,高辉,译.北京:中国人民大学出版社,2009:10.

② 西奥多·莱维特.营销近视症[M]//迈克尔·波特.大师十论.时青靖,译.北京:中信出版社,2018:177-209.

ity)、附加价值(value)、共鸣(vibration);4I 理论主要针对网络环境中的消费者,认为产品要有趣味(interesting)、利益(interests)、互动(interaction)、个性(individuality)。

这几种市场营销理论可以分为两类,一类以企业和产品为出发点,认为企业生产的产品应该具有某些特征,这些特征有助于产品成功,这一视角的营销理论有 4P、定位、4V、4I 理论。另一类以消费者为出发点,认为产品归根到底要为消费者服务,消费者是营销活动的落脚点,这一视角的理论有 4C、4S、4R 理论。

这些市场营销理念广泛运用于传媒产业,媒体在细分市场时主要从产品或消费者人口统计学角度出发。在很长一段时间内,用产品或消费者作为市场细分的依据,是一种可行的市场细分方法。但是,随着信息传播技术的快速进步以及传媒产业环境的急剧变化,以产品和消费者作为细分依据的营销观开始暴露出缺陷和问题。

首先,以产品和消费者作为市场细分依据的营销观念主要从静态视角考察产品和消费者。这些观念认为,只要产品拥有某方面特性,市场就会接受这些产品,消费者会主动消费这些产品。基于这一假设,各个媒体会想方设法增强产品在这些方面的表现,以便使产品赢得竞争优势。但消费者不会因为产品拥有某些特性而去消费该产品,他们之所以购买产品是因为该产品能比竞争对手的产品更好地帮助他们完成特定场景中的任务。在较为固定的环境中,消费者需要完成的任务也比较稳定,他们所需要的产品也比较稳定,相似的产品通过价格、品质、服务展开竞争。但在移动场景下,消费者在不同场景中面临不同的任务,产品竞争不是某一维度的静态竞争,而是在特定场景中帮助消费者完成相应任务的动态竞争,以产品或消费者作为市场细分依据的的静态营销观无法满足场景传播时代消费者的动态化需求。

另外,以产品和以消费者作为市场细分依据的营销理念,均忽略了消费者购买行为的核心,消费者的付费对象不是产品,而是他们需要完成的任务。比如,消费者购买的不是电钻,他们购买的是墙上的钻孔。消费者不会由于产品拥有某种独特定位而去购买该产品,只有当产品能够帮助消费者完成特定场景中面临的任务,产品才能给消费者创造出价值。正如彭兰教授所说:"移动传播的本质是基于场景的服务,即对场景(情境)的感知及信息(服务)适配。"①决定消费者购买行为的核心元素是消费者所处的具体场景,以及他们在这一场景中需要完成的任务。媒体如果忽略传播场

① 彭兰.场景:移动时代媒体的新要素[J].新闻记者,2015(3):20-27.

景以及场景中消费者需要完成的任务,将很难达到市场营销目标。

作为一种基于场景的市场定位理论,消费者需要完成的任务理论认为,产品要能够帮助消费者完成特定场景中的任务。消费者在不同场景中面临不同任务,他们希望获取相应的产品来完成这些任务,在每个特定场景中,何种产品和服务能够更方便、高效、快捷、低成本地帮助消费者完成相应任务,消费者就会主动选择这一产品或服务。因此,识别消费者所处的具体场景至关重要,媒体的产品和服务要瞄准消费者在具体场景中的特定需求,并能比竞争对手的产品更好地满足该场景中的消费者需求。奶昔案例中,试图通过研究消费者或产品来提升奶昔销量的尝试最终都失败了,消费者所处的场景决定他们面临的任务,研究者关注的对象应该是消费者所处的场景,而不是消费者本身。

如果新产品从消费者需要完成的任务出发进行定位,可以有效帮助媒体开启破坏性创新业务。在低端市场和零消费市场中,现有产品无法帮助消费者完成特定场景中的任务,新产品通过将自己定位在低端市场或零消费市场上消费者面临的任务,可以以较小成本进入该市场。

以消费者需要完成的任务作为产品开发的起点,需要媒体改变产品开发时的视角,从主要关注产品变为更多关注消费者所处的具体场景。可以图 7-1 表明如何实现视角转换。

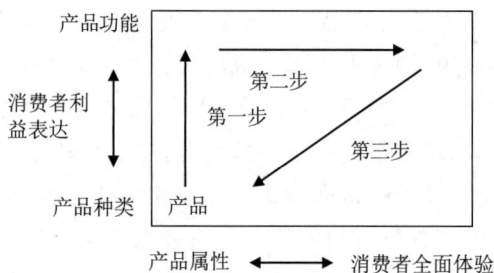

图 7-1　产品开发区域[*]

[*] 图片来源:克莱顿·克里斯坦森.创新与总经理[M].郭武文,译.北京:中国人民大学出版社,2005:158.

图 7-1 中的纵轴代表两种表述消费者利益的方式,底部用产品的种类表述消费者利益,这是一种从媒体出发的视角。顶部用产品功能表述消费者利益,这一视角主要从消费者出发。横轴代表消费者使用产品的体验,左侧表示消费者围绕产品属性给出的评价,右侧表示消费者使用产品得到的全面体验,体验既能来自产品本身,也包括产品带来的社会联系、情感体验、智能化等。横轴和纵轴共同构成的四边形是产品的定位区域。

很多时候,媒体产品定位停留在四边形的左下角,媒体重视产品的种类和属性,但没能从消费者视角出发观察和思考产品,忽略消费者的任务和使用产品的体验。媒体从内到外出发思考问题,没有关注产品在消费者工作生活中的角色,以及消费者在使用媒体产品时得到的全面体验。这导致媒体相互模仿,产品同质化问题严重,市场竞争虽然很激烈,但是消费者对产品并不满意。

产品定位要从左下角移到右上角,整个过程分为三步:第一步,先从左下角移动到左上角。媒体需要理解消费者使用产品的场景,以及在这些场景中产品能否帮助消费者完成任务。这个过程的目的是让媒体认识和理解消费者,媒体不能只从自身出发认识和理解消费者,而应该从消费者的角度思考消费者赋予产品哪些功能。

第二步,从左上角移动到右上角。媒体要理解消费者在使用产品时得到的全面体验,消费者需要完成哪些任务?媒体产品在帮助消费者完成这些任务时表现得如何?消费者愿不愿意使用竞争对手的产品?与自己的产品相比,对手的产品在帮助消费者完成特定场景任务上的表现如何?消费者是否在使用产品时得到了良好的情感体验和社会联系?这一过程可以帮助媒体理解消费者的全面体验,也为随后的调整和改进提供了准确的认知。

第三步,从右上角移动到左下角。在完成调研后,媒体通过调研获取的认知重新优化设计开发,使产品比对手更好地满足消费者需要完成的任务,最终实现消费者产品体验的提升。

第八章　媒体组织创新

　　技术革命正在改变媒体环境,在快速变革且变革无法预测的环境中,媒体既要对环境变革做出快速反应,也要具备高效的战略执行能力。在组织结构层面,传统的机械化组织和有机组织暴露出各自的问题:机械化组织难以对环境变化作出快速反应,有机组织无法高效执行战略。媒体需要通过组织创新来适应环境变革。本章主要从创新型媒体的组织设计入手,研究创新型媒体的组织设计和管理问题。

8.1　媒体组织设计

　　媒体组织设计的维度有两类,一类是结构维度,主要有正规化、专业化、职权层级、集权化、职业化、人员比率等变量。另一类是情境维度,包括组织规模、技术、环境、目标与战略、组织文化等变量。[①] 结构维度变量主要描述媒体的内部特征,情境维度变量属于影响媒体组织结构的背景因素。正规化是指媒体运用规则、制度、书面材料规定媒体员工行为和活动的程度,正规化程度高的媒体,行为的可预期性较高。但正规化程度越高,组织越僵化,媒体的灵活性和适应性越低。专业化指媒体内部分工程度的高低,专业化程度越高,内部员工的分工越细化,每位员工只聚焦于特定工作,媒体的效率会提高,但不同部门员工之间合作交流的成本也随之增加。职权层级指媒体从最高层到最底层的层级数,层级越多,媒体的科层制越突出,媒体内部不同层级之间的交流越困难。集权化指能够制定决策的员工的层级,如果只有高层有权决策,媒体就是集权化组织,如果普通员工也可以作出决策,媒体就是充分授权型组织。职业化指员工接受培训或教育的时间长短。人员比率指在各个部门配置的员工数量,一般来说,对某一部门配置的员工多,说明对该部门更重视。

　　结构维度和情境维度的各变量共同设计媒体的组织结构,具有较高的正规化、专业化、集权化、职业化,职权层级明确的媒体,称为机械化媒体。具有较低的正规化、专业化、集权化、职业化,职权层级相对模糊的媒体,称为有机媒体。我们首先分别研究两种媒体组织形式在创新管理方面的优

[①]　理查德·达夫特.组织理论与设计[M].第 10 版.王凤斌,译.北京:清华大学出版社,2011:16.

势和缺点,然后提出有利于创新的媒体组织结构。

8.1.1　两种媒体组织结构

机械化媒体的官僚化程度较高,组织规模很大,运用书面文件管理,部门之间分工明确,一般由最高层制定决策。机械化媒体的执行力很强,在较为稳定的环境中,机械化媒体可以凭借高效的执行力获得优异表现。

但机械化媒体对环境做出及时反应的能力较低,媒体内部有众多管理层级,决策权集中于高层,媒体对市场变化和技术变化不敏感。但也有研究发现,机械化媒体在推动激进变革时有较好的表现,一旦最高层决定作出重大调整,机械化媒体高效严密的管理系统会立刻启动,将新战略决策层层下达,在媒体内部全面推行新战略。[①] 机械化媒体的变革不是渐进式变革,而是激进式变革。媒体会从一种结构跃迁到另一种结构,机械化媒体经由剧烈而短暂的过程实现组织的整体变革。有学者认为这种激进式变革有其优势,"对组织来说,坚持固定的形态,一直等到它落后于时代,再进行一次大的转换,调整出更适合的新形态,这样做或许更为有效。通过这样的方式,组织得以维持内在的结构,而把组织性质变革带来的巨大代价和破坏性,浓缩到短暂的'战略改革'期"[②]。

有机媒体的灵活性和适应性较高,能够及时对环境变化作出反应,有机媒体的所有员工都有权决策,媒体能够自下而上开启变革。但有机媒体推行大规模变革时,需要最高层协调各个业务单元和职能部门,有机媒体的职能部门和业务部门都有权进行决策,高层管理者需要做很多沟通协调工作,才能在媒体内部推动大规模变革。

机械化媒体如同一台严密高效的机器,专业化、正规化、标准化、职业化、集权化、明确的职权层级等都属于工业化社会的组织特征,机械化媒体适宜稳定、成熟的连续性市场,媒体运用设计学派和计划学派的理论范式制定战略。机械化媒体组织规模庞大,职能部门分工明确,媒体内部层级界限分明,各级部门和员工之间以正式的书面文件沟通,媒体有明确而系统的规章制度,并严格按照制度办事,最高层领导负责制定战略,职能部门及中层管理者负责执行战略。

有机媒体接近于生物体。有机媒体更适应非连续性市场,有机媒体对环境的感知能力较强,可以很快对环境变化作出反应,有机媒体并不由最高层管理者独自承担这些职能,通过分权和赋能,有机媒体希望激活组织

---

① 梅丽莎·希林.技术创新的战略管理[M].第 4 版.王毅,谢伟,段勇倩,译.北京:清华大学出版社,2015:195.

② 亨利·明茨伯格.明茨伯格论管理[M].闾佳,译.北京:机械工业出版社,2017:76.

中的每一个个体,让全部管理者和员工共同承担这些职能,所有成员的智慧汇聚成为媒体的大脑,共同思索和应对变革。有机媒体的所有成员都可以思考战略问题,他们认为集体合作和集体智慧能更有效地应对变革。比较机械化媒体和有机媒体可以发现,机械化媒体追求效率最大化,希望媒体可以高效完成既定目标。有机媒体追求提升适应性,让媒体能够根据环境变化作出相应调整。可以从结构、任务、系统、文化、战略几方面考察机械化媒体和有机媒体的差别。见表 8-1。

表 8-1　两种组织设计模式*

	机械化媒体	有机媒体
结构	纵向型结构	横向型结构
任务	常规的职务	充分授权的角色
系统	正式控制系统	信息共享系统
文化	僵硬型文化	适应型文化
战略	竞争性战略	合作性战略

* 资料来源:理查德·达夫特.组织理论与设计[M].第 10 版.王凤斌,译.北京:清华大学出版社,2011:33.

在组织结构方面,机械化媒体的管理链条较长,从最高层管理者到基层员工之间存在多个纵向管理层级,决策权集中于高层管理者,一般员工无法参与管理,媒体根据业务活动划分职能部门,员工的工作高度标准化、流程化,工作的专业化程度很高。媒体设计这些结构的主要目的是通过集中管理和专业化分工提高媒体的效率。理解机械化媒体的关键词是控制,设计纵向型结构的目的是便于控制。

从管理思想史的角度看,机械化媒体是科学管理思想在组织结构设计中的实践。美国管理学者泰勒在 20 世纪初提出科学管理思想,认为每一种工作都有合理的工作量,一个合格的工人可以实现而且应该实现该工作量。泰勒通过实验来确定工厂中每一种工作的合理工作量,并将这一工作量进行推广,以提高企业的生产效率。比如,泰勒在美国伯利恒公司发现,搬运铁块的工人每天工资 1.15 美元,每天搬运约 12～13 吨铁块。泰勒挑选出一位工人,研究以下问题:把生铁搬起来需要多少时间;带着铁块在地上走一英尺需要花费多少时间;扔下铁块需要几秒钟;空手走一英尺需要多少时间。泰勒发现,通过科学的方法,工人每天的工作量可以增加到 47 吨,并且搬运的负重时间为 42%,资方把工人的工资提高到 1.85 美元。在研究铲掘工人时泰勒发现,工人的平均负荷在每铲 21 磅时,工作量最大化。于是,泰勒建立工具房,准备了用于不同物料的各种铲子,每铲的重量都在 21 磅,仅此一项为公司每年节约 8 万美元。[1] 泰勒的追随者吉尔布雷斯研究工人砌砖的动作,把砌砖动作由 18 个减为 5 个,某些情况下甚至是 2 个,一批经挑选并掌握新方法的工人,每人每小时砌砖 350 块,而农村来的工人用原来的方法每人每小时砌砖 120 块。[2]

科学管理的基本出发点是效率至上,企业通过科学管理使生产效率最大化。科学管理思想对 20 世纪的组织结构设计和人力资源管理产生非常深远的影响,很多组织依照科学管理的理念和原则设计组织结构,并按照科学管理的方式管理员工。比如福特公司创始人亨利·福特通过大规模生产极大降低汽车制造成本,使大多数人都可以购买一辆汽车。1913 年福特公司开发出全世界第一条流水线,可以每分钟生产一辆 T 型车。1908 年到 1927 年间,福特生产出 1500 万辆 T 型车,在 1908 年到 1916 年间,福特把 T 型车价格降低了 58%,仅 1923 年,福特公司就销售 212 万辆汽车,市场份额超过 57%。[3]

华为公司的任正非很推崇科学管理原则,他认为科学管理是我国企业需要尽快学习的管理理念。任正非说:"西方公司自科学管理运动以来,历经百年锤炼出的现代企业管理体系,凝聚了无数企业盛衰的经验教训,是人类智慧的结晶,是人类的宝贵财富。我们应当用谦虚的态度下大力气把它系统地学过来。中国企业没有经过科学管理运动,习惯于靠直觉和经验进行判断,决策的随意性很大,总愿意创新和尝试新事物、新概念,缺少踏踏实实、'板凳宁坐十年冷'的持续改进精神,因此面对不确定的未来,我们在管理上不是要超越,而是要补课,补上科学管理这一课。"[4]

福特公司在亨利·福特管理时期属于典型的机械化组织。福特公司的战略由福特本人制定,工程师设计汽车生产流水线上的作业,其他管理者和工人只需要做好自己分内的工作,福特不但不鼓励管理者和员工参与管理,反而极力排斥他们参与管理。管理学家彼得·德鲁克评论道:"亨利·福特的暴政中最为根本的就是他系统地、有意识地试图排除管理层,从而独自掌握着几十亿美元的商业王国。只要他的助手试图做出决定,都必定会被密探报告给他。"[5]在福特公司的车间内部,汽车生产流水线上的工人相互隔离,福特要求员工只关注自己手上的工作,他有一句话广为人们诟病:"我只想要一双手,但是却得到整个一个人。"在机械化组织中,组

---

[1]　郭咸纲.西方管理思想史[M].第 4 版.北京:北京联合出版社,2013:78.

[2]　弗雷德里克·泰勒.科学管理原理[M].马风才,译.北京:机械工业出版社,2013:65.

[3]　郭咸纲.西方管理思想史[M].第 4 版.北京:北京联合出版社,2013:98.

[4]　任正非.创新的基础是科学合理的管理[EB/OL].[2017-03-09].http://www.sohu.com/a/128290955_205354.

[5]　郭咸纲.西方管理思想史[M].第 4 版.北京:北京联合出版社,2013:100.

织结构高度纵向化,基层员工只需要有"一双手",决策权完全掌握在最高领导人手中。20世纪40年代,IBM公司把总裁托马斯·沃森的画像分发给公司员工,在画像的上半部分印着"THINK"。在IBM公司,只有总裁沃森负责思考和决策,其他员工只需执行最高领导人制定的决策。

在任务方面,机械化媒体给每位员工分配一个特定的工作,每位员工有各自的职务,机械化媒体不鼓励员工从事职务之外的其他工作。在一定程度上,每位员工如同媒体这个大机器上的零件,在各自的位置上完成分内的工作,共同推动媒体机器的正常运转。有机媒体给员工赋予更大的自由裁量权,员工可以根据自己对环境的判断采取相应行动,有机媒体认为基层员工比办公室中的高层管理者接近市场,一线员工能更好地感知市场环境变化,需要给他们充分授权,让他们有权独立采取行动。

在控制系统方面,机械化媒体有正式的信息沟通系统,上下级之间、各部门之间主要通过正式渠道传递信息,书面文件是主要的沟通方式。机械化媒体的信息来自基层一线,而决策却由最高层管理者制定,高层管理者缺乏来自基层一线的信息。而且,机械化媒体的科层制结构缺乏信息传递效率,信息经过多级管理层的过滤后出现失真,一些时效性信息的价值下降。一些软性信息很难通过正式的信息系统传递,而这些软性信息对管理者来说至关重要。明茨伯格在研究管理者后发现,传统观点认为管理者会通过正式的信息系统获取信息,是一种未经证实的神话。事实是,管理者更喜欢非正式的交流渠道,如口头交流,管理者60%～90%的管理工作通过口头交流完成。最重要的是,管理者非常看重软信息,"管理者获得的日常信息中大部分是流言蜚语、道听途说以及胡乱猜测"[①]。这些信息之所以重要,是因为它们有更强的时效性,内容远比正式信息丰富,管理者需要利用这些信息制定决策。

有机媒体更愿意以非正式的、人际传播为主的方式进行交流。当媒体规模较小时,面对面的人际交流较为常见,随着媒体规模变大,组织沟通会从非正式的人际交流转向正式的书面沟通。但规模较大的公司仍然愿意促进成员之间的非正式信息沟通。比如,谷歌公司有数万名员工,组织规模庞大,但谷歌公司总部仍然希望促进员工的非正式交流。时任谷歌公司CEO的埃里克·施密特说:"办公室的设计应本着激发活力、鼓励交流的理念,而不要一味制造阻隔、强调地位。方便的交流可以为创意精英们提供灵感,把创意精英聚集在一起,你就能引爆他们的思想。因此,我们必须为他们提供一个拥挤的环境。如果你轻松伸手指就能拍到同事的肩膀,那

① 亨利·明茨伯格.明茨伯格管理进行时[M].何骏,吴进操,译.北京:机械工业出版社,2010:30.

么你们之间的交流和创意的互动就是畅通无阻的。传统的办公室空间设有独立的办公隔间和办公室,让员工在办公时享受到安静的环境。员工之间的互动要么需要提前计划,要么纯属偶然。而我们的理念则完全相反,我们认为,办公状态应鼓励大家多多交流,让大家在喧闹拥挤的办公室里畅所欲言、激情碰撞。"①

在组织文化方面,机械化媒体有成熟稳固的组织文化。机械化媒体长期在稳定的环境中运作,媒体在长期实践中形成相应的组织文化,组织文化充分制度化之后,员工会把这套文化视为理所当然的理念而全盘接受,具有生命力的组织文化开始在媒体内不断延续。组织文化越有效,变革组织文化的难度就越大,当组织所处的环境出现变化时,曾经帮助组织赢得竞争优势的组织文化会成为制约组织变革的障碍。

有机媒体的文化是开放的,而非僵化的教条,有机媒体希望成为学习型组织,能够适应持续变革的环境。当媒体的组织文化与现实环境不一致时,有机媒体愿意改变它们的组织文化。从组织学习的角度看,机械化媒体的学习是单环学习(single-loop learning),单环学习不质疑和改变组织基本价值观的前提下,对错误做出检测和纠正。② 当媒体出现错误时,单环学习会依靠媒体现有政策和常规化方法加以纠正,但单环学习并不质疑和反思媒体规范。双环学习(double-loop learning)在纠正媒体错误时,会质疑和反思媒体的组织文化、制度和观念,通过改变媒体的规范、制度、程序、文化来解决问题。单环学习强化组织文化,双环学习改变组织文化。组织学习领域的权威学者阿吉里斯认为,"单环学习适合于惯例、重复性问题,有助于完成日常工作;而双环学习更多地与复杂、非程序性的问题相关,并确保组织在今后会有更大的变化。尽管单环行动数量最大,但它们不一定是最有力的。而双环行动是主控程序,控制着长期的效率,因此决定着系统的命运……如果社会学家仅仅注意单环变革,他们就会在无意中变成现状的仆人"③。

从战略层面看,机械化媒体主要以竞争性战略为主,它们将军事领域的战略思想引入商业领域。军事领域的战略思维对商业竞争有借鉴意义,但商业在本质上不同于军事,商业领域不一定是你死我活的零和博弈,不同组织之间既存在竞争关系,也存在合作的空间,商业领域的战略既要考

---

① 埃里克·施密特,乔纳森·罗森伯格,艾伦·伊格尔.重新定义公司:谷歌是如何运营的[M].靳婷婷,译.北京:中信出版社,2015:12.

② 克里斯·阿吉里斯.组织学习[M].第2版.张莉,李萍,译.北京:中国人民大学出版社,2004:88.

③ 克里斯·阿吉里斯.组织学习[M].第2版.张莉,李萍,译.北京:中国人民大学出版社,2004:89.

虑竞争也要给合作留出余地。比如,在建立某一新产品市场时,媒体之间更多是合作关系,当新产品市场发展起来后,媒体之间开始为市场占有率的高下而竞争。参与市场竞争的媒体在更多情况下处于囚徒困境状态,它们既可以相互竞争,也可以相互合作,在一次性博弈中它们更有可能竞争,而在重复博弈中它们更有可能合作。

8.1.2 影响媒体组织结构的因素

影响媒体选择组织结构的因素主要分三类。第一是战略,媒体的组织结构服务于媒体战略,在设计组织结构时,首先要考察媒体战略。有三种基本的战略维度,创新战略、成本最小化战略和模仿战略。[①] 创新战略倾向于有机媒体的组织结构,有机媒体能够对市场信号做出快速反应,这种能力对于开展破坏性创新业务至关重要。以零消费市场或低端市场为目标市场的破坏性创新产品,在发展早期很难引起现有媒体的关注,有机媒体的组织结构可以比机械化媒体的组织结构对新市场机会做出更敏锐的反应。

成本最小化战略通过低成本获取竞争优势,这种战略适合机械化媒体组织结构。模仿战略通过模仿成功产品获取优势,这在一方面要求媒体具备较好的成本控制能力,另一方面要求媒体能够及时感知和发现新产品、新设计。通过模仿战略获取竞争优势的媒体要兼具机械化和有机媒体两种组织结构的特征。

影响媒体组织结构的第二个因素是组织规模。通常,媒体的组织规模越大,媒体的专业化、正规化、集权化程度会越高,从小型媒体成长到大型媒体的过程中,媒体逐渐从有机媒体发展为机械化媒体,但转变的程度会随媒体规模增加而下降。随着媒体从小到大的发展,组织的机械化程度会很快增加,当媒体发展到较大规模之后,媒体组织的机械化程度很高,继续扩大媒体规模对增加媒体机械化程度的影响下降。尽管规模影响组织结构,但大型组织也可以提高灵活性,比如前面提到的谷歌公司,虽然公司规模非常庞大,但它们仍然追求扁平的、横向沟通的组织结构。

最后,影响媒体组织结构的还有环境,环境包括影响媒体运作的各种因素,媒体的组织结构要适应媒体环境。在较为稳定的环境中,媒体不需要太多关注环境对媒体运营的影响,媒体主要考虑运营效率层面的问题。在相对稳定的环境下,机械化媒体有较大的优势。当非连续性主导市场时,市场环境会出现剧烈变化,媒体不止要关注运营层面的问题,还需要思

---

① 斯蒂芬·罗宾斯,蒂莫西·贾奇.组织行为学[M].第 14 版.孙健敏,李原,黄小勇,译.北京:中国人民大学出版社,2012:431.

考市场环境变化对媒体带来的影响,这时,拥有灵活性的有机媒体更具有优势。

组织环境有三个主要维度,容量、易变性和复杂性。① 容量指市场环境可以容纳的媒体数量及规模,市场容量越大,市场所能容纳的媒体数量越多,媒体发展的空间越大。易变性指环境的变化程度,静态环境的易变性较低,环境可预测性较高;动态环境的易变性较高,环境可预测性较低。复杂性指环境的异质化程度,复杂性越高,环境的异质化程度越高。见图 8-1。

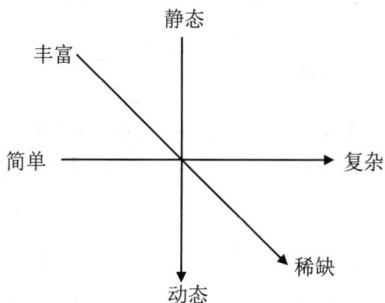

图 8-1 环境的三维模型*

* 图片来源:斯蒂芬·罗宾斯,蒂莫西·贾奇.组织行为学[M].第 14 版.孙健敏,李原,黄小勇,译.北京:中国人民大学出版社,2012:433.

从图 8-1 可以看到,在静态、丰富、简单的环境中,媒体面临的不确定性较低,市场有一套较为清晰的游戏规则,制定深思熟虑的战略,提高战略执行能力,能够为媒体带来竞争优势,机械化媒体的组织结构适宜这种环境。在动态、稀缺、复杂的环境中,没有明确的游戏规则,媒体环境有较高的不确定性,媒体需要保持战略灵活性,具有对涌现战略的敏感性,采用精益创业的方法得到经过证实的认知,用探索和学习的态度了解市场,有机媒体的组织结构更有优势。

因而机械化媒体和有机媒体之间并不存在优劣之分,并不存在某种最优的组织结构,组织结构与媒体所处的环境有关,组织结构要与媒体所面临的环境相匹配。环境越不确定、越复杂,非程序化的工作越多,媒体越应该保持灵活的有机结构。在稳定、简单的环境中执行程序化工作的媒体,可以采用机械化媒体的组织结构,更多关注执行能力和效率的提升。

比较机械化媒体和有机媒体的组织结构可以看到,机械化媒体追求效率最大化,在制定战略后,媒体会高效执行战略。有机媒体追求增强组织

① 斯蒂芬·罗宾斯,蒂莫西·贾奇.组织行为学[M].第 14 版.孙健敏,李原,黄小勇,译.北京:中国人民大学出版社,2012:433.

适应性,希望媒体能够及时响应环境变革。在持续变革的新市场环境下,最佳媒体组织结构既不是机械化媒体也不是有机媒体,而是同时具有两种组织结构长处的混合型结构。混合型结构既拥有强大的执行力,可以高效执行战略,达到战略目标,还可以通过灵活性和适应性对环境变革做出敏锐反应,并在组织内部不断激发创新,可以把混合型媒体组织称为灵活型媒体。正如艾森哈特所言:"事实上,有机式的结构和机械式的结构都不是答案。相反,这些企业的管理者通过将清晰的责任和优先权与大量沟通联系起来,以在机械的和有机的结构之间取得平衡。"①

8.1.3 灵活型媒体

灵活型组织(ambidextrous organization)将机械化媒体的效率和有机媒体的灵活性结合在同一媒体内部,一方面通过机械化媒体的执行能力实现战略目标,另一方面通过有机媒体的适应性和灵活性激发创新,在媒体内部同时实现效率与创新两大目标。在设计灵活型媒体时,要关注媒体的战略目标,如果媒体的战略目标是启动创新,则偏向有机媒体的组织结构;如果媒体的战略目标是执行战略,则偏向机械化媒体的组织结构。

在快速变革的新环境中,媒体一方面要开发新产品和新业务,另一方面要有效执行组织战略,媒体可以将一些部门设计为有机媒体,将另一些部门设计为机械化媒体。例如,媒体可以把研发部门设计为有机媒体,把财务、法务、生产部门设计成机械化媒体。决定各个部门组织结构的核心因素,是其负责的业务在"效率—创新"轴线中所处的位置,偏向效率的部门需要更高程度的正规化和集权化,机械化媒体可以更好地提高媒体运营效率,这些部门需要以机械化媒体的原则设计组织结构。偏向创新的部门需要更高程度的灵活性和自主性,只有在宽松、自主的环境中才能孕育创新,这类部门需要偏向有机媒体的组织结构。

例如,谷歌的组织设计在很大程度上具有灵活型组织的特点。谷歌创始人拉里·佩奇和谢尔盖·布林希望给工程师和程序员们提供大学研究生院风格的办公环境,工程师和程序员非常熟悉那种环境,办公室宽松开放,不同专业领域的专家可以自由交流,相互激发创意和想法。时任谷歌公司 CEO 的埃里克·施密特说:"我们决定要保持办公楼里的人气,有一定程度的嘈杂的声音,这样大家才有冲劲去工作,并保持激情。这实际上取决于计算机科学研究生院的工作模式。如果我们去一家研究生院,我们就会看见每个办公室都有两三个人,甚至四个人。我们和程序员们都非常

---

① 李平,曹仰峰.案例研究方法:理论与范例:凯瑟琳·艾森哈特论文集[M].北京:北京大学出版社,2012:186.

熟悉这个模式,因为我们自己也曾在那样的办公室里工作,并且我们知道,这是非常高产的工作环境。"①

谷歌公司的工程师和程序员的办公环境具备有机媒体的组织结构特征,这也使一些观察者认为谷歌公司采用有机媒体式的组织结构。比如英特尔公司前总裁安迪·格鲁夫认为"从外表来看,对谷歌公司组织结构最恰当的描述是,它就像放大了的布朗运动"②。但是,格鲁夫没有真正理解谷歌的组织结构,谷歌没有完全依照有机媒体的形式设计公司组织结构,谷歌公司的销售、财务、法律等部门仍然是典型的机械化组织结构。谷歌不是有机组织,谷歌是灵活型组织。谷歌公司内部承担创新职责的部门采纳有机组织的结构,而销售、财务、法律等部门依然采用机械式组织结构。正像施密特所说:"有一个秘密要告诉大家,那就是谷歌也存在一些运行很规矩的部门。我们的法律部门、财务部门,我们的销售力量都是正规的配置,我们的战略计划活动、投资活动、兼并重组活动也都是按照非常传统的方式进行的。因此谷歌公司最能吸引大家注意力的地方就在于它的创造力,也就是创造和设计新产品的地方,这个地方一定是与众不同的。对我们来说,这种模式将会在相当长的一段时间内起作用,而且我们可以复制公司的这种模式。"③

灵活型媒体拥有半结构化的特点,媒体的某些活动相对有序,另一些活动相对无序,媒体要在有序和无序之间达到动态平衡。从战略角度看,灵活型媒体能够在深思熟虑战略与涌现战略之间达到平衡。机械化媒体很难对环境变革做出有效反应,有机媒体内部沟通协调成本过高,很难在短期达成共识、作出决策、执行战略。与这两种媒体组织结构相比,灵活型媒体的组织结构既能敏锐地察觉变革,也能迅速对变革做出有效回应。

在机械化媒体和有机媒体间实现动态平衡后进入的状态,称为"无序边缘平衡"。要实现无序边缘平衡,需要确定媒体的哪些部门实行机械化结构,哪些部分实行有机结构。"无序边缘组织结构的关键管理问题,便是确定出公司中哪些部分应采用较为固定的结构形式,以及更为重要的,哪些部分应采用不固定的结构形式。"④灵活型媒体兼具机械化组织结构和有机组织结构的特征,这种混合结构非常适合快速变革和不确定环境下的

---

①　弗雷德·沃格尔斯坦.移动风暴:苹果与谷歌的科技之战[M].朱邦芊,译.北京:中信出版社,2014:31.

②　梅丽莎·希林.技术创新的战略管理[M].第 4 版.王毅,谢伟,段勇倩,译.北京:清华大学出版社,2015:190.

③　梅丽莎·希林.技术创新的战略管理[M].第 4 版.王毅,谢伟,段勇倩,译.北京:清华大学出版社,2015:190.

④　肖纳·布朗,凯瑟琳·艾森哈特.边缘竞争[M].吴溪,译.北京:机械工业出版社,2001:17.

媒体管理。

灵活型媒体拥有多种管理理念、制度规范、业务流程和组织文化,媒体对不同类型的业务活动开发相应的制度规范、业务流程和组织文化。灵活型媒体既拥有高效的执行能力,也具备活跃的创新能力。灵活型媒体的组织结构拥有很高的弹性,能够根据不同的工作任务改变组织结构。需要职能部门完成的工作,交给职能部门完成。需要跨职能部门合作才能完成的工作,根据工作性质组建相应团队,媒体依据工作的重要性和难度授予团队相应的职权。对于战略项目或破坏性创新,则由高管亲自领导,媒体可以组建重量级团队,重量级团队具有充分的自由处置权,成员不受所属职能部门管理,人事关系转入团队,团队负责人直接向高管汇报工作。

有五种构建灵活型组织的方式,分别为设立可变换结构、开办创造性部门、设立创业团队、开展公司创业和建立合作团队。[①] 可变换结构指如果媒体需要用有机媒体组织结构激发创新,则组建相应的有机媒体。比如,当一家传统媒体打算开办新业务时,可以成立适合新业务要求的有机媒体,新组织在管理制度、人事选拔、组织文化、业务流程等方面不同于现有媒体。

开办创造性部门是指,媒体可以把研发、设计等部门打造成有机媒体的组织结构,让从事创新的部门全力从事创新,持续为媒体输出创新。同时,按照机械化媒体的组织结构设计财务、销售、生产、法律事务等部门,在这些部门实现效率最大化。

设立创业团队是指,媒体可以为重要的创新项目成立专门的团队。创业团队具有较强的独立性,能够摆脱来自媒体内部的各种影响,专门从事重要产品的研发工作。重要产品的研发需要媒体内部多个职能部门精英员工的全力合作,如果为创业团队工作的员工还要接受所属部门的管理和考核,让他们将无法全力投入到创业团队。成立创业团队后,需要把参与团队的员工划拨给团队,员工只接受创业团队的管理和考核,让他们可以集中精力从事新产品研发工作。

另外,我们在前面的章节曾提到,媒体内部围绕拳头产品形成的既得利益集团会影响媒体对创新产品的投入,为降低新产品面临的障碍,媒体可以成立开发创新产品的小型团队,让小型团队在组织外部开发新产品。例如,腾讯公司总部位于深圳,在开发微信时,腾讯有数个团队同时启动,有的团队位于公司内部,张小龙带领的开发团队在腾讯总部之外的广州设立办公室。最终,在公司总部开发微信的团队都未能成功,而在广州的张

---

① 理查德·达夫特.组织理论与设计[M].第 10 版.王凤斌,译.北京:清华大学出版社,2011:442.

小龙团队成功开发出微信。

公司创业是在媒体组织内部孕育创新的文化和环境,把媒体变成学习型组织、创新型组织,在组织内部培育全员创新的环境和氛围,把创新变成常态化工作。例如,美国 3M 公司是公司创业的典范,3M 公司要求三分之一的收入来自近五年研发的创新产品。为了实现这一目标,3M 公司会给员工留出 15％ 的自由时间,这些时间由员工自由支配,员工可以从事自己愿意研究的各种工作,而且员工不会由于创新失败遭受惩罚。在很多场所广泛使用的便利贴就是 3M 的工程师在自由时间中研发出来的,3M 的这一制度也被谷歌等公司广泛采用。

8.2　创新团队

创新型媒体需要持续创新能力,特别是持续启动破坏性创新的能力,灵活型媒体通过组建不同类型的团队管理创新,使媒体具备的能力与创新需要的能力相一致。我们先分析创新团队的一般结构,然后重点探讨自主度最高的臭鼬工厂模式。

8.2.1　团队结构

希林认为,有四种主要的团队结构,它们分别适用于不同类型的创新。[①] 第一种创新团队是职能型团队,职能型团队将执行相同工作的员工聚集在一起,团队成员仍然隶属于各个职能部门,他们的直接领导是职能部门的管理者,员工虽然参与创新项目的工作,但投入到创新项目的时间和精力并不多。职能型团队没有负责人,原有组织结构的变动很小,员工的考评奖惩仍然由所属部门掌握,因而员工对创新项目的投入很有限。职能型团队适用于符合媒体流程和组织文化的常规性创新。

第二种创新团队是轻量级团队,轻量级团队由项目经理负责项目管理和沟通工作,团队成员仍然隶属于各个职能部门,成员向各自职能部门的领导汇报工作,团队成员对项目的投入不多。轻量级团队的组织化程度高于职能型团队,团队的项目经理对成员有一定的支配权。项目经理需要和媒体各个职能部门沟通。通常,项目经理来自媒体的中层管理者。轻量级团队适用于符合媒体流程的创新业务。

第三种创新团队是重量级团队,重量级团队的负责人一般是媒体的高层领导,有时甚至是媒体的最高领导者。团队成员从原有职能部门划归到

---

① 梅丽莎·希林.技术创新的战略管理[M].第 4 版.王毅,谢伟,段勇倩,译.北京:清华大学出版社,2015:244.

重量级团队,由团队管理者负责对员工进行考评奖惩,员工的主要精力和时间投入在创新项目中。重量级团队由高层领导者负责,能得到媒体各个职能部门的配合和支持,并能打破媒体现有流程和既得利益集团对创新项目的阻碍。重量级团队适用于不符合媒体流程的创新业务。

第四种创新团队是自主团队,也称臭鼬工厂(skunk work),自主团队的自由度最高,为避免现有组织的影响,自主团队通常脱离媒体,在媒体外部建立独立的新组织。自主团队一般由媒体高层管理者负责,从各个部门抽调具有相关能力的员工,使其完全脱离所属部门,将全部时间和精力投入给团队。自主团队在组织结构、资源分配模式、业务流程、组织文化等方面不同于媒体,自主团队适用于开发不符合媒体流程和组织文化的破坏性创新业务,团队开发的新产品具有极强的颠覆性,在一些案例中,新产品会颠覆市场的主流产品。表 8-2 表示四种职能团队的结构及特点。

表 8-2 四种创新团队的结构特点*

特点	职能型团队	轻量级团队	重量级团队	自主团队
项目经理	没有	中、低级经理	高级经理	高级经理
项目经理的权力	没有	低	高	非常高
用于项目的时间	不超过 10%	不超过 25%	100%	100%
团队成员	隶属于职能部门	隶属于职能部门	由项目经理安排工作	由项目经理安排工作
对项目的投入程度	临时	临时	长期但非终身	终身
成员绩效评价	由职能部门领导负责	由职能部门领导负责	由项目经理和职能部门领导负责	项目经理
团队和职能部门的矛盾	小	小	中	大
跨职能部门的整合	低	中	高	高
同现有组织运作的一致性	高	高	中	低
适用的项目类型	派生项目	派生项目	平台型项目或具有突破意义的项目	平台型项目或具有突破意义的项目

* 资料来源:梅丽莎·希林.技术创新的战略管理[M].第 4 版.王毅,谢伟,段勇倩,译.北京:清华大学出版社,2015:246.

8.2.2　臭鼬工厂

在四种创新团队中，自主团队最适合开发破坏性创新产品，破坏性创新产品通常会冲击现有产品，在媒体内部启动破坏性创新产品的难度很大，障碍很多。在媒体外部成立自主团队，使其摆脱媒体的影响，独立开发破坏性创新产品，可以在很大程度上降低新产品的开发成本，提高项目的成功概率。这也符合灵活型媒体的设计原则，一方面保持现有业务部门的稳定性，另一方面成立独立团队开发新业务。

臭鼬工厂发源于美国军工企业洛克希德·马丁公司，臭鼬工厂的官方名称是优先发展项目部。美国军方在 1943 年委托洛克希德·马丁公司在 150 天之内开发新型喷气式战斗机，该公司首席工程师凯利·约翰逊立即召集一批最出色的工程技术人员，在母公司外部组建开发团队。为了保密，凯利·约翰逊领导的团队没有正式名称，团队的办公地点临近气味扑鼻的塑料厂，在这种环境下，团队成员将项目团队称为臭鼬工厂。凯利·约翰逊领导的臭鼬工厂效率极高，只用了 143 天就成功开发出新型喷气式战斗机。这种产品开发模式非常有效，该公司随后又相继运用臭鼬工厂开发出一系列性能优越的战斗机，如 U-2 侦察机、F-22、F-35 战斗机。作为产品开发的新型组织结构，臭鼬工厂成为开发新产品的有效模式，IBM、苹果、谷歌、腾讯等很多公司都通过臭鼬工厂模式成功开发出新产品。

该模式的创始人凯利·约翰逊将臭鼬工厂定义为"集中一些优秀的人，以最少的开支，尽可能用最简单、最直接的方法来研发和生产新产品，比其他团队提前解决问题"[①]。臭鼬工厂有很强的独立性，通常位于公司外部，由项目经理领导，臭鼬工厂会从母公司借用资源但不受母公司职能部门和业务部门管理，项目经理直接向公司负责人汇报工作。臭鼬工厂主要从事重要的破坏性创新业务，"这种创新加速器针对的是那些经营着非同寻常业务的公司。创办臭鼬工厂的目的是为了处理特别艰巨的任务，它们始终围绕着心理学家所说的'宏伟远大、极其艰难的目标'。这些目标的'极其艰难'的本质就是臭鼬工厂成功的第一条秘诀"[②]。

凯利·约翰逊提出 14 条管理原则，其中有几条专门针对军事装备管理，除此之外有以下主要原则：[③]项目经理全权负责；消除官僚主义；成员

---

① 人民网.臭鼬工厂：让创新简单一点[EB/OL].[2019-05-10].http://military.people.cn/big5/n1/2019/0510/c1011-31077831.html.

② 彼得·戴曼迪斯，史蒂芬·科特勒.创业无畏：指数级成长路线图[M].贾拥民，译.杭州：浙江人民出版社，2015：95.

③ 佚名.臭鼬工厂的 14 条规定[J].军工文化，2015(6)：84-85.

数量少质量高;随时进行试验;母公司提供充足资金;控制成本;做好保密措施。从这些原则中可以提炼出臭鼬工厂模式的主要特征:团队有高度自主性、产品快速迭代、团队成员与外界隔离。

第一,臭鼬工厂具备很高的自主性。臭鼬工厂是独立的项目团队,由项目经理全权负责团队工作。臭鼬工厂通常负责开发破坏性创新业务,团队要尽可能减少母公司业务流程和组织文化的影响,围绕新业务构建业务流程和组织文化。破坏性创新产品起初以零消费市场或低端市场为目标市场,媒体管理者和职能部门不太关注新产品,也不会给新产品投入太多资源。我们在阐述破坏性创新理论时指出,媒体必须关注破坏性创新产品,而不是等新产品开始侵占现有产品市场时再做出反应。但新产品初期市场规模很小,利润很低,发展前景不明,媒体很难在早期关注和投入新产品,在媒体内部开发破坏性创新产品的困难非常大。因此,在媒体外部建立专门负责某一破坏性创新业务的臭鼬工厂,给予它们充分的独立性和自主权,根据新产品的实际需求分配资源、构建业务流程、塑造组织文化,可以降低媒体内部各种既得利益对新产品的影响,减少新业务需要克服的困难。

比如,腾讯在开发微信时,由腾讯公司高级副总裁张小龙带领团队,在腾讯公司总部之外的广州设立臭鼬工厂。张小龙的团队最早负责开发电子邮箱,但邮箱业务没有找到可行的商业模式,整个团队在腾讯内部较为边缘。2010 年 10 月,张小龙给马化腾发送邮件,提出由腾讯公司开发基于移动设备的即时通讯工具的设想。当时市面上已经有基于手机通讯录的移动通讯工具 kik,kik 在 2010 年 10 月 19 日登录苹果和安卓商店,并在短短半个月时间内发展了 100 万用户。马化腾立即给张小龙回复邮件,同意开发类似 kik 的移动通信产品。在 2010 年 11 月 20 日,腾讯公司将微信作为产品立项,两个月后的 2011 年 1 月 21 日,张小龙的团队成功开发出微信。

值得一提的是,腾讯公司总部的两个团队也在开发移动通讯产品,但是这两个团队未获成功。2013 年 1 月,负责领导该业务的腾讯公司高级副总裁、MIG(移动互联网事业群)总裁刘成敏辞职,在接受财经作家吴晓波采访时说,自己必须要为这件事负责。

可以运用破坏性创新理论解释这一现象。腾讯公司最核心的产品是QQ,QQ 衍生了众多子产品,形成庞大的 QQ 产品群,QQ 产品群每年给腾讯公司创造极高的流量和现金流。但 QQ 是 20 世纪 90 年代末期开发的产品,腾讯当时基于 PC 端开发 QQ 的整体架构,尽管可以改造出移动版的 QQ,但是 QQ 的产品架构限制了产品改造的空间。腾讯公司较早意识到开发移动通讯工具的重要性和紧迫性(小米公司在 2010 年 12 月 10 日发布第一款模仿 kik 的移动通讯工具"米聊",上市时间比微信早一个月)。但如果要求负责 QQ 的部门开发微信,必然会遇到很多困难。腾讯公司总裁马化腾也指出,腾讯公司总部的 QQ 部门没能成功开发出移动通讯产品,他说:"就像我们当时微信推出来的时候,手机 QQ 部门反对,虽然他也看到方向了,他甚至也有一个团队已经在做一个类似的产品,其实两个团队都在做,只是最后谁跑出来受欢迎了,谁用这个软件,最后是我们手机 QQ 的那个团队失败了,他做出来的不好用,微信出来了。"①

吴晓波在《腾讯传》里记载了他在腾讯公司总部的感受和发现,"在深圳的 MIG 移动互联网事业群走访时,我随时都能感受到那里的人对微信的复杂心态,至少有两支团队在投入类 kik 产品的研发,可是,由于它在功能上与 QQ 有太多的相似性,始终缩手缩脚而不敢决然投入,最终眼睁睁看着微信异军突起"②。马化腾在另一次讲话中也指出:"很多人看到微信的成功,但大家不知道,其实在腾讯内部,先后有几个团队都在同时研发基于手机的通讯软件,每个团队的设计理念和实现方式都不一样,最后微信受到了更多用户的青睐。你能说这是资源的浪费吗?我认为不是,没有竞争就意味着创新的死亡。即使最后有的团队在竞争中失败,但它依然是激发成功者灵感的源泉,可以把它理解为内部试错。"③

臭鼬工厂的第二个特征是产品的快速迭代。产品快速迭代指媒体先开发出不成熟的产品,将其推向市场,接受市场检验,随后根据市场反馈来完善产品,反复重复这个过程,使产品逐渐趋于完善。硅谷的创业者对快速迭代的通俗解释是"早失败,常失败,在失败中前行"。快速迭代采用了精益创业的理念。传统的产品开发过程中,企业先要投入大量资源设计和开发产品,在不断测试和检验产品,确保产品没有任何问题后,再把产品销售给消费者。例如,微软公司会集中公司优势资源,花费数年时间,投入几十亿美元,最终推出新一代电脑操作系统。在新媒体产品行业,快速迭代法开始取代传统的产品开发模式。媒体不需要在推出产品之前付出高额的前期成本,媒体可以采用精益创业模式,先投入较少的资源开发最小化可行产品,用它测试市场对产品的反应。如果产品对市场做出误判,媒体可以及时做出改变。媒体始终和市场保持密切联系,并随时根据市场反馈

① 马化腾.微信拯救了腾讯[EB/OL].[2013-11-16].http://mi.techweb.com.cn/news/2013-11-16/1358105_3.shtml.

② 吴晓波.腾讯传:1998—2016:中国互联网公司进化论[M].杭州:浙江大学出版社,2017:28.

③ 马化腾.马化腾致信合作伙伴:灰度法则的七个维度[EB/OL].[2012-07-09].https://tech.qq.com/a/20120709/000099.htm.

修正产品,最终通过多次迭代推出能够帮助消费者完成任务的产品。

凯文·凯利在《必然》一书中用"形成"(becoming)描述产品的快速迭代。他提出,以后的科技产品会不断地更新升级,而且更新升级的速度会越来越快,次数也会越来越多。持续的更新升级让使用者从熟练的操作者变成"菜鸟",消费者需要不断学习如何操作和使用更新后的产品。凯文·凯利说:"未来的科技生命将会是一系列无尽的升级,而迭代正在加速。在这个'形成'的时代里,所有人都会成为菜鸟。"①

产品快速迭代可以降低创新风险、提高创新成功的概率。采用大规模作战的方式开发新产品会面临较高的风险,媒体集中大量资源于某一产品团队,对产品团队投入的资源越多,产品一旦失败后的损失也就越大。把资源分散给数个项目团队,并利用快速迭代法更新产品,能够分散创新风险,降低项目失败造成的损失。腾讯在开发微信时设立了三个团队,张小龙负责的团队只有不到十名工程师,谷歌公司大约一半的工程师都为小型项目团队工作,平均每个团队只有三名工程师。谷歌全球销售与运营副总裁菲利普·辛德勒将这些小团队称为小细胞,他认为:"在生气勃勃、瞬息万变的环境中,小团队的优势强于大团队。放弃小而灵活的结构带来的一个副作用就是,你会失去有才能的员工。"②在谷歌公司,不少小团队负责的产品会失败,少数项目会成功。谷歌会利用快速迭代法主动筛除失败项目,而非在项目团队开发出不受认可的产品后被动终止项目。

负责谷歌的X实验室专门从事创新业务,X实验室的埃里克·泰勒曾说:"我们会尝试非常多的项目,但是我们不会让它们中的大多数继续下去。绝大多数项目都会在不同的阶段被中止,只有极少数项目可以升级到下一阶段。到最后,从最终成果看,似乎我们所做的一切都是正确的,好像我们真的是天才一样;但是,事实并非如此。"③谷歌公司会在项目的各个阶段审查其进展,只有能够通过审查的项目方可获准进入下一阶段,谷歌会及时叫停未能通过审查的项目,通过这种方式尽力减少失败项目带来的损失。谷歌有一个"快速评估团队"专门负责否决创意项目,快速评估团队的任务不是评估哪些项目可以进入下一阶段,恰恰相反,快速评估团队的任务是筛除无法进入下一阶段的项目,并快速终止这些项目。泰勒说:"如

---

① 凯文·凯利.必然[M].周峰,董理,金阳,译.北京:电子工业出版社,2016:5.

② 托马斯·舒尔茨.Google:未来之境[M].严孟然,陈琴,译.北京:当代中国出版社,2016:214.

③ 彼得·戴曼迪斯,史蒂芬·科特勒.创业无畏:指数级成长路线图[M].贾拥民,译.杭州:浙江人民出版社,2015:105.

果今天就知道项目可能会落空，为什么还要等到明天或下周才结束它。"①

　　快速迭代法的第三个特征是做好保密工作，将团队与外界相隔离。凯利·约翰逊建议，团队务必要做好保密措施，这主要和当时的战争环境有关。媒体组织在设立臭鼬工厂时，仍然有必要加强保密工作，将团队成员与外界相隔离，这样做有两个优点：一方面，臭鼬工厂负责开发具有重要战略价值的破坏性创新产品，为了避免竞争对手的注意，媒体需要对新产品业务保密。以微信的开发为例，张小龙的团队在紧锣密鼓地开发微信时，小米公司并不知情，在推出米聊第一版后举行的聚餐会上，小米公司的雷军说："如果腾讯介入这个领域，那米聊成功的可能性就会被大大降低，介入得越早，我们成功的难度越大。据内部消息，腾讯给了我们三个月的时间。"②雷军此时还不知道，张小龙领导的团队正在广州开发微信，如果雷军知道腾讯公司也在开发移动通讯产品，很可能会作出相应的战略调整。

　　乔布斯在开发产品时也非常注重保密工作。iPhone 的研发团队规模非常大，集中了苹果公司上百名顶尖工程师，乔布斯规定，研发团队的所有成员都不能向任何人提及项目，即使对自己的家人提及项目，也会被开除。iPhone 的项目经理在邀请苹果公司的工程师加入团队之前，获邀的工程师需要先签一份保密协议，然后项目经理才会告知工程师关于项目的基本信息。这时，获邀的工程师要再签一份保密协议，宣布自己已经签署过保密协议，绝不会泄露消息。负责招聘的主管会对受邀人说："你是苹果公司的超级明星，但我有另外一个项目，希望你考虑一下。我不能告诉你项目的内容，我只能说你必须放弃数不清的夜晚和周末，这会比你这辈子干过的活都辛苦。"③

　　苹果公司在开发团队内部也非常重视保密工作。在 iPhone 的开发团队内部，项目组不允许其他工程师浏览软件代码。乔布斯还在苹果公司内部设置了非 iPhone 项目组成员禁止出入的空间，甚至对 iPhone 小组内部的成员之间也采取保密措施，设计电子设备的工程师不能查看项目组的软件，在测试设备时，工程师得到的不是真正的代码，而是代理代码。④ 给 iPhone 提供芯片及其他重要元件的公司并不知道它们在为苹果公司的手

　　① 托马斯·舒尔茨.Google：未来之境[M].严孟然，陈琴，译.北京：当代中国出版社，2016：119.

　　② 吴晓波.腾讯传：1998—2016：中国互联网公司进化论[M].杭州：浙江大学出版社，2017：279.

　　③ 弗雷德·沃格尔斯坦.移动风暴：苹果与谷歌的科技之战[M].朱邦芊，译.北京：中信出版社，2014：26.

　　④ 弗雷德·沃格尔斯坦.移动风暴：苹果与谷歌的科技之战[M].朱邦芊，译.北京：中信出版社，2014：27.

机提供元件,它们一直认为在为 iPod 提供元件。苹果的工程师说:"我们实际上搞了假图纸和假的工业设计。"iPhone 项目团队成员在出差时会假扮成其他公司的员工。

早在研发 iTunes 时,乔布斯就已经制定了详尽的保密措施。据《成为乔布斯》一书记载:"2000 年 3 月,苹果公司收购了 SoundJam,并签订了比较特别的条款:SoundJam 的开发者为苹果公司工作,但软件经销商可以继续销售 SoundJam 的产品,直到苹果将 SoundJam 改造成 iTunes 为止。整个交易的保密期为两年,外界对 SoundJam 发生的事情毫不知情,SoundJam 的经销商和程序员继续正常工作,苹果则在这段时间秘密改造这个软件。在 2001 年 1 月 9 日举办的麦金塔展会上,史蒂夫推出了 iTunes,距离买下 SoundJam 只有 9 个月时间。"[①]

保密和隔离的另一个好处是,项目团队成员能够摆脱外界的各种干扰,集中精力从事创新业务,在专注的状态下激发创造性。项目团队围绕创新任务展开工作,成员不受项目以外的其他事务影响,可以高度专注于工作,并拥有充足的时间,这些条件对激发创新至关重要。进入臭鼬工厂的员工多是媒体最富有创造力的精英,他们在自己的职位上承担着繁重的日常工作,大量的常规工作和行政事务使他们的时间碎片化,他们忙于处理各种程序化的各类日常工作,没有时间和精力专门思索非程序化的破坏性创新业务。

行为经济学的研究发现,无论是时间稀缺还是金钱稀缺,稀缺本身都会影响人们的判断和决策,稀缺到达一定程度后会改变人的思维方式,产生"稀缺俘获大脑"的现象。穆来纳森和沙菲尔合作研究发现,当人们处在稀缺状态下,人们会高度关注眼前紧急的事物,忽视并不紧急但非常重要的事物。两位学者提出:"稀缺不仅仅是实质上的约束,也是一种心态。当它俘获我们的注意力时,就会影响我们所关注的事物,影响我们对选择的权衡,影响我们的思维方式,并最终影响我们的决策和行为。"[②]他们认为:"稀缺的核心在于余闲的缺乏,任何一点小小的不稳定都会威胁到生存于稀缺陷阱边缘的人,因为他们没有足够的余闲去吸收这些不稳定因素,只能任由其影响自己的生活。"[③]

---

① 布伦特·施兰德,里克·特策利.成为乔布斯[M].陶亮,译.北京:中信出版社,2016:226.

② 塞德希尔·穆来纳森,埃尔德·沙菲尔.稀缺:我们是如何陷入贫穷与忙碌的[M].魏薇,龙志勇,译.杭州:浙江人民出版社,2014:14.

③ 塞德希尔·穆来纳森,埃尔德·沙菲尔.稀缺:我们是如何陷入贫穷与忙碌的[M].魏薇,龙志勇,译.杭州:浙江人民出版社,2014:152.

在这个意义上,稀缺对媒体成员最大的影响在于,成员将注意力集中在那些迫切需要解决的紧急问题上,减少了对重要但不紧急的问题的关注,如果成员长期处在稀缺状态,就会引发稀缺俘获大脑的恶性循环。例如,媒体的管理者疲于应对各项常规性事务,这些事务具有紧迫性,如果不立刻解决就会影响媒体的短期利益。在稀缺状态中,管理者可能会意识到破坏性创新对媒体未来可持续发展的重要价值,但破坏性创新业务不具有紧迫性,在短期内不会对媒体产生太大影响,尽管他们知道这些业务对媒体的未来至关重要,但处于稀缺状态的媒体管理者不会将时间和精力分配给重要但不紧急的新业务。稀缺状态下的媒体管理者作出了有限理性的决策。

对媒体员工来说,稀缺使他们从事多任务同时处理,但这往往会降低工作效率。稀缺使人们把眼前问题放大,忽视与眼前问题无关的重要问题,没有将看得见的和看不见的进行比较,由此失去改变稀缺状态的机会,人们将处于稀缺的恶性循环。稀缺使人们只关注眼前即刻面临的问题,忽略决定媒体未来发展的长远问题,但媒体需要未雨绸缪,提前为未来做准备。在稀缺状态下,眼前的紧急问题占据了员工的注意力,他们不得不以高度紧张的状态应对这些紧急问题。在稀缺状态下,他们很可能因为做出不明智的决策而引发更多紧急问题。稀缺陷阱如同黑洞,一旦陷入很难逃脱。稀缺状态下每件事都是紧急事件,人们的思维带宽完全被这些紧急事件占据,无暇考虑不紧急但重要的事件。要摆脱稀缺陷阱,人们需要留出余闲,为重要但不紧急的事件留出足够的时间和预算,但处于稀缺陷阱中,人们无法给重要事务留出足够的时间和预算,媒体的管理层和普通员工都会面临稀缺陷阱,过多关注紧迫的延续性创新业务,忽视重要但不紧迫的破坏性创新业务。

解决稀缺陷阱的办法是拥有足够的余闲,余闲能够带来自由裁定能力,自由裁定能力可以缓解稀缺带来的思维带宽问题。自由裁定能力越高,稀缺对人的影响越小。在媒体创新管理过程中,要解决稀缺陷阱、激发员工创新,媒体需要给员工创造足够的余闲。稀缺会让员工只关注紧急事务,余闲可以让员工关注重要事务。缺乏余闲时,员工只能关注紧急事务,忽视长远看更加重要但在眼前并不紧急的事务。然而,成功的媒体既要处理好眼前的紧急事务,也要预先规划影响媒体未来发展的重要事务。在构建灵活型媒体的过程中,媒体需要有意识地为员工创造余闲。

管理学家加里·哈默指出:"当人们的注意力被各种必须负责的琐碎事务切割成零散的碎片时,就没有了思考的时间……如果你把公司中所有的懒散都排挤出去了,创新也会被排挤出公司……最有价值的人类能力——创造力,几乎不可能被管理。虽然很多管理工具可以让员工更服从、更勤奋,但却不能让员工更创新、更忠诚。"①

创办臭鼬工厂,让一些富有创造力的精英摆脱日常性事务,有足够的时间和精力专门思考和研究破坏性创新业务,让他们在高度独立的团队中开发新产品,给新产品构建新型商业模式,为新机构建立相应的组织结构和组织文化,这些工作能够帮助媒体获取持续创新的能力,为媒体安装持续创新的引擎。通过创办臭鼬工厂,媒体可以解决"利用—探索"之间的张力,平衡"利用—探索"两大工作。一方面,实现现有业务的效率最大化,另一方面,利用臭鼬工厂孵化孕育新业务。当现有业务逐渐衰落时,羽翼渐丰的新业务逐步取代现有业务,媒体可以平稳渡过新旧产品的更迭期。

国外不少公司开始意识到这一问题,并在制度层面为员工创造余闲、激发创新。例如谷歌公司的"20%时间"工作制度,该制度允许工程师留出20%的时间探索自己热爱的项目。谷歌的语音服务、谷歌新闻、谷歌地图都是工程师在余闲时间创造出来的。时任谷歌CEO的埃里克·施密特强调,20%时间工作制度的核心在于自由,而不是时间长短。② 他说:"创新通常都是由那些有闲暇时间思考新想法并实施它的人或团队推动的,这是永恒的真理,100年前是这样,100年以后也是这样。靠强迫是无法创新的。因此,即使你的生活已经一团糟了,你也要有放松的时间,对创新来说这一点是非常重要的。这样你才可以说,'可能我没有做正确的事情'。或者'也许我应该想到那个新方法'。人类思维的创造性是没有时间表的。"③谷歌人力运营部副总裁拉兹洛·博克也说:"唯一永不失效的方法是给员工自由,或具体而言,允许团队自行安排自己的工作,自主确定自己的目标和应完成的业绩。"④

① 加里·哈默,比尔·布林.管理的未来[M].陈劲,译.北京:中信出版社,2012:55.
② 埃里克·施密特,乔纳森·罗森伯格,艾伦·伊格尔.重新定义公司:谷歌是如何运营的[M].靳婷婷,译.北京:中信出版社,2015:221.
③ 梅丽莎·希林.技术创新的战略管理[M].第4版.王毅,谢伟,段勇倩,译.北京:清华大学出版社,2015:189.
④ 托马斯·舒尔茨.Google:未来之境[M].严孟然,陈琴,译.北京:当代中国出版社,2016:200.

第九章　市场竞争与合作

　　本章和下一章主要研究媒体如何从破坏性创新中获益,媒体创新的目的是获取创新回报,从创新中可以获取多种回报,如收入、利润、市场份额、技术优势、现金流、知识、声誉等。有两种重要力量影响媒体收益,一是媒体的市场竞争与合作,二是媒体是否成功启动创新。

　　本章集中研究媒体市场竞争与合作对媒体收益的影响,我们先用边缘竞争理论评估媒体从事破坏性创新业务时的竞争力,再用"动机—能力"理论分析不同媒体之间的市场竞争。最后,媒体在市场分配阶段是竞争关系,但在创造新产品市场时更多是合作关系,媒体之间不仅存在竞争,也存在合作。从博弈论视角看,媒体竞争与合作是正和博弈,而非零和博弈。因此,我们将运用"合作竞争"理论考察如何通过合作竞争为媒体获取更大回报。

9.1　边缘竞争

　　边缘竞争理论由斯坦福大学的艾森哈特教授和麦肯锡公司的肖纳·布朗提出,边缘竞争理论适用于高速变革且变革不可预测的环境。[①] 在高度不确定性的市场环境中,媒体需要提高灵活性来增强适应性,灵活性的实质是持续创新。她们认为,在高度不确定的持续变革环境下,边缘竞争是一种有效的竞争方式。[②]

　　在快速变革的市场环境下,媒体需要解决好两个问题:一是制定战略目标,二是实现战略目标。边缘竞争理论认为,在制定战略目标时,媒体需要采用半固定式战略;在实现战略目标时,媒体可以采用半结构化组织。[③]

　　半固定式战略属于过程式战略,在半固定式战略中,媒体将战略制定过程和战略执行过程融为一体。媒体需要在执行战略时根据市场涌现的信息修订战略,涌现信息汇聚到一定程度后可以替换现有战略。在半固定式战略中,作为思考的战略制定过程和作为行动的战略执行过程合二为一,战略思考过程也是战略行动过程,战略行动过程也是战略思考过程。

①　肖纳·布朗,凯瑟琳·艾森哈特.边缘竞争[M].吴溪,译.北京:机械工业出版社,2001:9.
②　肖纳·布朗,凯瑟琳·艾森哈特.边缘竞争[M].吴溪,译.北京:机械工业出版社,2001:28.
③　肖纳·布朗,凯瑟琳·艾森哈特.边缘竞争[M].吴溪,译.北京:机械工业出版社,2001:15.

半固定式战略符合我们在第六章中提出的战略切换与战略平衡的理念,在快速变革的新环境中,媒体需要提升平衡深思熟虑战略和涌现战略的能力,半固定式战略通过融合战略制定和战略执行过程,实现媒体战略切换和战略平衡的目标。

半固定式战略要求媒体保持开放性和灵活性,拓宽关注范围,接纳涌现信息,根据环境变化修正战略。霍夫曼指出:"过早地缩小关注范围将会是有害的。创新实际上是在探索,但是一旦你提交了一份详细的提案,那么你就对这一计划做出了承诺,而在现实中,你所了解的东西还不足以让你制定一份正确的计划,更不用说你还要坚定地去执行这一计划了。这样的话,与其说你打开了新的可能性,还不如说你最终关上了创新的大门。"①

我们以共享单车行业的 ofo 为研究案例,研究半固定式战略的主要特点。ofo 作为共享单车公司,由几位大学生在 2014 年创立,ofo 早期从事骑游服务,在 2015 年开始转型成共享单车。在 ofo 的鼎盛期,ofo 在全世界连接超过 1000 万辆单车,单日订单超过 3200 万单,一度位居全球最大的共享出行平台。② 2018 年 ofo 开始在运营上出现严峻问题。

研究 ofo 的战略历程可以看到,在几次失败的尝试后,ofo 运用半固定式战略获得成功。ofo 的几位创办人是北京大学的学生,他们在 2014 年公司创办 ofo,创始人戴威、张巳丁和薛鼎起初以网络出租山地车为业务,但运营两个多月时间后,公司只得到一笔订单,这个战略宣告失败。然后他们试图利用微信销售单车,这一战略同样没能成功。接下来公司转向长途骑游服务,如骑行海南、青海、台湾等,新战略同样失败。几次不成功的深思熟虑战略耗尽了公司资本,2015 年 5 月,ofo 的账面上只剩 400 元,公司面临巨大的生存危机。从 2014 年创办后的一年时间里,ofo 启动了数次战略转型,这几个战略都是公司创始人深思熟虑后制定的战略,但是,租车、卖车、骑游等战略在实际执行中都遭遇严重挫折。

共享单车战略给 ofo 带来成功,但共享单车这一战略并不是深思熟虑的结果,而是来自涌现战略。ofo 的创始人不经意间观察到,北大的校园里有很多自行车,大学生在毕业之际会丢弃自己的自行车。几位创始人开始思考,能否运用共享经济的模式将这些废弃的自行车收集起来,低价出租给需要自行车的同学? 他们思考后认为可以先进行初步尝试。ofo 创始人之一张巳丁后来回忆说:"我们选一个新的方向,以及在后续的发展中尝试

---

① 史蒂文·霍夫曼.让大象飞[M].周海云、陈耿宣,译.北京:中信出版社,2017:94.

② ofo 官网.ofo 小黄车宣布日订单破 3200 万 再次刷新共享单车行业纪录[EB/OL].[2017-10-20].http://www.ofo.so/#/news/detail? titleId=9.

很多的方向,比如说把自行车和健身做到一起,做自行车租赁,都没有成功。直到偶然间想到一个点子:学校里面闲置的自行车很多,北大校园里有一个地方,每年都好多车烂在那里,新生入校买一辆,毕业又留在那里,我们能不能让闲置资源发挥优势,给更多的用户提供便利。我们快速抓住这个机会,在校园里进行了一次尝试,这就是我们做共享单车所有的来源和所有的想法。"①

半固定式战略的特征是,融合战略思考和战略行动,将战略思考和战略行动融为一体。共享单车来自涌现战略,当这一战略在北大校园内得到实践检验后,他们开始把共享单车战略从北大扩张到全国各地 50 多所大学。ofo 共享单车战略的成功也使许多竞争对手进入这一领域,从 2016 年开始,酷骑单车、摩拜单车、优拜单车等大量同类企业开始进入出行市场。这时的 ofo 面临一个新问题:是否要将 ofo 的覆盖范围从大学校园延伸到整个城市?半固定式战略的特征是战略行动与战略思考融为一体,ofo 的战略思考来自战略行动,战略行动来自战略思考。当共享单车战略在大学校园获得成功后,ofo 才可以回答能否将覆盖范围从大学校园扩大到整个城市这一问题。在这个过程中,战略思考和战略行动是组织学习的过程,可行的战略不是来自领导者的深思熟虑,领导者的战略很可能不符合实际。ofo 早期的租车、售车、骑游等战略都是深思熟虑的战略,但这些战略都宣告失败,这些战略的价值更多是帮助 ofo 学习关于市场的知识。在半固定式战略中,战略行动引发战略思考,战略思考引发战略行动。在快速变化且变化无法预测的新环境里,组织需要通过灵活性实现适应性。

半结构化组织需要实现无序边缘平衡。无序边缘平衡指媒体具有灵活型组织结构,兼具机械化媒体和有机媒体组织结构的优点,在需要利用现有知识执行战略的部门采用机械化组织的结构,在需要探索未知知识实现创新的部门采用有机媒体组织的结构。

在实现无需边缘平衡时需要避免两个问题:一是过于机械化,二是过于有机化。② 过于机械化的媒体井然有序,拥有效率优势,但缺乏适应性和灵活性,"管理层更重视运作系统的高效性和可控性,认为它们比运作系统的灵活适应性更为重要"③。过于机械化的媒体有非常成熟稳定的组织结构和组织文化,但是这类媒体很难适应环境变化,它们对环境的感知能力和反应速度较为迟缓。过于有机化的媒体可能会陷入混乱无序中,它们

① 张巳丁.ofo:始于共享,行向将来[EB/OL].[2017-12-28].http://feng.ifeng.com/c/7gUiaGok3HC.
② 肖纳·布朗,凯瑟琳·艾森哈特.边缘竞争[M].吴溪,译.北京:机械工业出版社,2001:40.
③ 肖纳·布朗,凯瑟琳·艾森哈特.边缘竞争[M].吴溪,译.北京:机械工业出版社,2001:61.

拥有创新能力,但缺乏把握创新机会,获取创新回报的能力。创新既需要拥有自由的环境,但创新同样需要合理的限制和管理。过于有机化的媒体拥有创新所需要的自由,但它们缺乏对创新的管理和约束,当创新成功后,媒体需要把握创新机会,获取创新创造的价值。过于有机化的媒体不停创新、不停变化,但它们不知道什么时候应该停止创新和变化。

无序边缘平衡要求媒体增强灵活性以在机械化和有机化之间实现动态平衡。机械化和有机化在两个相反的方向上拉扯媒体,媒体如果不主动施加力量保持平衡,就很容易在外力作用下偏向机械化或有机化状态。边缘竞争理论认为,实现动态平衡的途径是通过采用半结构化的组织结构来提高灵活性,让管理者和员工有机会即兴发挥。即兴发挥是一种"边走边做的组织战略,在产品创新中,它意味着要在同时适应变化的市场和技术的过程中创造产品"①。

腾讯公司开发的微信红包属于即兴发挥之举。腾讯在 2013 年 8 月推出微信支付功能,当时,淘宝的支付宝已经占据了网络支付市场的绝大多数份额。作为先行者的阿里巴巴早在 2003 年就推出支付宝,在 2013 年年底,支付宝已经积累了 3 亿用户,占有移动支付市场将近 80% 的市场份额。与支付宝相比,微信支付缺乏竞争力。但是在 2014 年春节期间,微信推出的红包这一爆款产品,在很短时间内以指数级速度提升了腾讯在移动支付领域的市场份额,马云用"珍珠港事件"形容微信红包对支付宝的冲击。马云说:"几乎一夜之间,各界都认为支付宝体系会被微信红包全面超越。体验和产品是如何如何地好,确实厉害。此次'珍珠港偷袭'计划和执行完美。幸好春节很快过去,后面的日子还很长,但确实让我们教训深刻。"②微信用户在收到红包后,需要绑定银行卡才能提现红包,于是,大量用户将银行卡绑定在微信上。微信红包以四两拨千斤的方式帮助腾讯实现移动支付市场的弯道超车,支付宝的首席用户体验规划师感叹说,支付宝修路,微信在上面开火车。

给员工发红包是腾讯公司的传统,每年春节,腾讯公司都会给员工发放红包。2014 年春节前,腾讯公司指派一个小团队研发红包小程序,这个团队中有从事过游戏业务的年轻员工,他们在红包中加入了抢红包的游戏元素。在内测红包时,测试组内极其活跃,马化腾也在第一时间使用了微信红包。腾讯公司开始意识到微信红包可能是一个有前景的产品,于是,

① 李平,曹仰峰.案例研究方法:理论与范例:凯瑟琳·艾森哈特论文集[M].北京:北京大学出版社,2012:193.
② 成都商报."红包之争"微信一枝独秀背后——被马云指"偷袭珍珠港"马化腾新年抢得最大红包[EB/OL].[2014-02-20].https://e.chengdu.cn/html/2014/02/07/content_453041.htm.

腾讯公司给团队调配了十倍于预先计划数量的服务器,并在短短的一个月内开发出微信红包。先锋支付的 CEO 刘刚参与开发了微信红包,他在回顾时说:"我们那年也还是要做红包,其实这已经变成每年例行的活动。一到过春节的时候我们就要做,所以那年春节我们又要做这个活动。我们把这个派给了一个小朋友,刚毕业一两年的一个学生来做这块东西。他原来是在游戏那边,后来转过来的,这个是非常重要的,有做游戏的经历,然后做这个。小朋友就在想,做这个东西要加新的东西,所以他就加了游戏元素在里头。内测的时候就发现内测组老是闹哄哄的,大家玩得非常开心,就玩起来了,然后我们拿过来整个再分析,发现有可能成为爆款。所以加班研发,从设计到开发完成只有不到 1 个月时间。这也是马云口中的'珍珠港事件'。"①

马化腾曾说,微信让腾讯拿到进入移动互联网的站台票。而微信抢红包这一即兴发挥之举不仅让腾讯公司进入移动支付市场,还以极小的成本实现了对支付宝的追赶超越。但在启动红包业务时,腾讯并未把微信红包设想为进入移动支付市场的战略性产品,微信红包在腾讯公司的优先级并不高。当拥有游戏工作经历背景的员工加入抢红包的游戏元素后,红包立刻成为杀手级应用,腾讯公司的高管开始意识到,微信红包可以帮助腾讯进入移动支付领域。

在红包中加入抢红包这一游戏元素,属于员工的即兴发挥,但事实证明,这一即兴发挥成就了微信红包。从 2014 年除夕到大年初一下午四点,参与抢红包的微信用户数超过 500 万,共抢红包 7500 万次,领取红包超过 2000 万个。② 更重要的是,人们积极主动地将银行卡绑定在微信上,这为腾讯开发移动支付业务提供了坚实的用户条件。支付宝用十年时间努力推动消费者绑定银行卡,培育消费者网络支付的消费习惯,微信用春节期间发布的红包拉动消费者自愿绑定银行卡,然后用微信支付进行各种消费,难怪马云要说微信红包是对支付宝的"珍珠港事件"。

同时,在开发微信红包时,腾讯公司作为大型公司不但没有"大公司病",反而具有灵活型组织的特点。在意识到微信红包可能成为杀手级应用后,腾讯公司迅速为微信红包团队拨付十倍于计划数量的服务器,并集中公司资源在 1 个月内顺利开发出微信红包,腾讯公司的灵活性和适应性极大提升了产品开发的成功率。

---

① 刘刚.微信支付如何弯道超车[EB/OL].[2017-10-20].https://mp.weixin.qq.com/s/e-7x1OheNiiTy4zLUIXtS3g.

② 饶文怡.春节红包大战仍在继续 但背后的意义已经不一样了[EB/OL].[2018-02-18].ht-tps://www.jiemian.com/article/1946921.html.

马化腾在《灰度法则的七个维度》中说:"在维护根基、保持和增强核心竞争力的同时,企业本身各个方面的灵活性非常关键,主动变化在一个生态型企业里应该成为常态。互联网企业及其产品服务,如果不保持敏感的触角、灵活的身段,一样会得大企业病。"①马化腾认为,组织的灵活性对培育创新至关重要,"在传统机械型组织里,一个'异端'的创新,很难获得足够的资源和支持,甚至会因为与组织过去的战略、优势相冲突而被排斥,因为企业追求精准、控制和可预期,很多创新难以找到生存空间。这种状况,很像生物学所讲的'绿色沙漠'……要想改变它,唯有构建一个新的组织型态……那些真正有活力的生态系统,外界看起来似乎是混乱和失控,其实是组织在自然生长进化,在寻找创新。那些所谓的失败和浪费,也是复杂系统进化过程中必须的生物多样性"②。

9.2 不对称动机和能力

可以从动机和能力两个角度分析媒体竞争,动机表示媒体有从事某一活动的动力,能力表示媒体具有完成该工作所需要的技能。当一家媒体具有从事某项业务的动机或能力,而竞争对手缺乏从事该业务的动机或能力时,两家媒体之间存在着动机或能力不对称。③ 动机不对称意味着一家媒体希望进入的市场或打算开发的产品是竞争对手不感兴趣的市场或产品,能力不对称意味着一家媒体在进入另一家媒体的市场时存在较大困难,即便它希望进入对手的市场,但它缺乏相应的技能。不对称动机和能力可以分析市场竞争的走向和结果。

可以从沉没成本效应和替换效应角度分析创新动机不对称。④ 沉没成本是已经投入而无法回收的成本,由于这些成本无法回收,经济学理论认为,决策时无需考虑沉没成本。然而,很多人仍然会将沉没成本作为决策的重要考量。媒体的专用性资产构成了沉没成本,专用性资产只能在某一领域使用,在其他领域无法使用,决策时不用考虑在这些专用性资产上的投入。例如,一家报社打算购买一台新印刷机,新印刷机比现有印刷机

---

① 吴晓波.腾讯传:1998—2016:中国互联网公司进化论[M].杭州:浙江大学出版社,2017:318.

② 马化腾.马化腾致信合作伙伴:灰度法则的七个维度[EB/OL].[2012-07-09].https://tech.qq.com/a/20120709/000099.htm.

③ 克莱顿·克里斯坦森,斯科特·安东尼,埃里克·罗恩.远见——用变革理论预测产业未来[M].王强,译.北京:商务印书馆,2012:71.

④ 贝赞可,德雷诺夫,尚利,等.战略经济学[M].第4版.徐志浩,译.北京:中国人民大学出版社,2012:465.

的效率高 10%，新机器的价格为 200 万，旧机器如果花费 50 万改造，也可以提高 10% 的效率，旧机器价格 180 万。假设旧机器不能用作其他用途，那么，这家报社应该选择改造旧印刷机，而不是购买新印刷机。

媒体在决策中考虑沉没成本会造成创新动机不对称。沉没成本无法回收，媒体在进行决策时，无需考虑沉没成本。然而，不少媒体将沉没成本纳入决策范围，并将其作为推迟创新的依据，从而降低了它们的创新动机。破坏性创新技术往往会降低现有技术的价值，媒体在现有技术上投入得越多，越不愿意用新技术替换现有技术，这会影响它们的创新动力。

替换效应也可以解释创新中的动机不对称。替换效应指，在垄断市场中，垄断者比进入者更缺乏创新动机。产生替换效应的原因在于，假设垄断者和进入者拥有相同的创新能力，进入者通过成功创新成为垄断者，垄断者在创新后仍然是垄断者。相比之下，进入者比垄断者拥有更强的创新动机，"通过创新，一个进入者能够取代垄断者，但是垄断者却只能替换自己"[①]。

克里斯坦森认为，当市场存在不对称动机时，会有三种表现：市场规模相对于公司规模的大小、目标顾客和商业模式。[②] 首先，市场规模引发不对称动机。小规模市场对大型媒体没有吸引力，大型媒体要维持增长率，需要更大规模的市场，它们对小型媒体进入的小规模市场缺乏兴趣。其次，如果针对零消费市场和低端市场推广产品，避免针对现有媒体的主流消费者市场，现有媒体也不会展开激烈反击。另外，如果能够找到不同于现有媒体的新商业模式，用不同于现有媒体的方式获取利润，也会在媒体之间形成不对称动机。

存在不对称动机的环境中，会有市场进入者挑战现有媒体。由于新产品市场并非现有媒体的主流市场，现有媒体通常不会对进入者展开反击。即使反击，也不愿投入太多资源。在现有媒体眼中，进入者并非主要竞争对手。现有媒体也会关注新技术，但通常它们并不会围绕新技术开发新产品，它们更可能把新技术纳入现有产品体系，使之服务于主流产品市场。前面几章的分析已经证明，现有媒体通常会把破坏性创新改造成延续性创新，削弱创新的破坏性，降低创新的市场价值和潜力。

进入者进入市场后，开始从低端市场向高端市场发展，在不对称动机作用下，现有媒体选择向高端市场发展。低端市场利润率低，高端市场利

① 贝赞可,德雷诺夫,尚利,等.战略经济学[M].第 4 版.徐志浩,译.北京:中国人民大学出版社,2012:467.
② 克莱顿·克里斯坦森,斯科特·安东尼,埃里克·罗恩.远见——用变革理论预测产业未来[M].王强,译.北京:商务印书馆,2012:79.

润率丰厚,低端市场的利润对进入者有吸引力,新产品通常价格低、成本低,低端市场的利润可以满足进入者的利润需求。现有媒体也愿意将低端市场让给进入者,自己向利润更高的市场发展。进入者不断蚕食现有媒体市场,现有媒体的消费者流失,高端市场规模变小,现有媒体要与进入者展开交锋,但这时的竞争优势不在现有媒体一方。现有媒体长期以高端市场为对象,形成与之相匹配的价值网络,运营成本较高,业务流程和组织文化以高端市场为对象。进入者从低端市场开始发展,形成与低价格、低利润相匹配的成本结构和组织文化,竞争优势将会偏向进入者这一端。它们可以更有效地运用价格优势和对市场的快速反应能力攻击现有媒体。同时,进入者也形成了技术优势,它们对新技术的运用能力更强,解决技术问题的技能更高,这些因素都会使现有媒体处于不利的竞争地位。

当现有媒体和进入者之间不存在不对称动机或能力时,现有媒体可以向进入者发起有效反击。进入者必须创建新型商业模式,才能避免现有媒体的反击。否则,进入者只不过是在给现有媒体探路。如果创新失败,现有媒体没有任何损失。如果创新成功,现有媒体会开发出相同产品。现有媒体拥有更丰厚的资源,它们可以凭借其实力打败进入者,占据新产品市场。"等待权"使现有媒体拥有"子弹时间",现有媒体有时间观察子弹的飞行路线,然后做出有针对性的反应。同时,现有媒体也可以开发出低端产品,主动填补低端市场空白,防止进入者从市场底部蚕食市场。

9.3 合作竞争

媒体之间既存在竞争关系,也存在合作的空间。如同我们在前面章节中分析的,媒体市场竞争不是你死我活的战争,媒体不需要以消灭对手作为自己的主要目标,用军事战争术语形容媒体竞争会造成误区。媒体之间的关系是合作竞争。"你在竞争时没有必要消灭你的竞争者。如果你和对手死战到底就会破坏市场,这样你也不会得到任何东西,此谓双输。同样道理,你也不必为了合作而不考虑自身的利益,创造一个你不能把握的市场并不是明智之举。"①合作竞争的实质是平衡合作和竞争的关系,通过合作竞争为媒体带来最大化回报。

从博弈论视角出发,合作竞争是正和博弈的囚徒困境,而非零和博弈。在囚徒困境中,双方既可以通过合作带来高收益,也可以相互背叛获得低收益。如果缺乏合作竞争的思维模式,媒体之间将陷入低收益的背叛循环

---

① 拜瑞·内勒巴夫,亚当·布兰登伯格.合作竞争[M].王煜昆,王煜全,译.合肥:安徽人民出版社,2000:4.

中。例如,在 20 世纪 90 年代末到 21 世纪初,国内一些城市的都市报市场上爆发过价格战,各报将同行视为竞争对手,通过压低价格的方式进行竞争。这种竞争的结果是所有参与者的收益都出现下降,它们进行了一场代价高昂的竞争。在囚徒困境中,参与者可以通过合作获取高收益,而且,双方博弈的次数越多,相互交往的时间越久,双方从长期合作中获取的收益会远远高于一次背叛得到的回报。在正和博弈中,成功的前提并非是自己做得比对方好,而是通过引发对方的合作,让自己和对方同时获得高收益。他人的成功并不意味着自己的失败,恰恰相反,他人的成功是自己成功的前提。

　　合作竞争的前提是界定竞争者和互补者。从合作竞争理论视角看,如果消费者同时拥有两种商品时得到的价值高于只拥有一种商品时得到的价值,那么这两种商品就是互补者。反之,如果消费者同时拥有两种商品时得到的价值低于只拥有一种商品时的价值,那么这两种商品就是竞争者。

　　竞争者和互补者的概念是相对的,在不同市场条件下,媒体之间有不同的关系。一个参与者既可以是竞争者,也可以是互补者。例如,在创造市场时,媒体之间更多是互补者,在争夺市场份额时,媒体之间更多是竞争者。在推出新产品时,媒体需要寻找和培育市场,在这一阶段,媒体之间拥有很多共同利益,它们可以通过合作来发现和培育市场,让消费者在尽可能短的时间内接受新产品。当市场逐渐变大后,媒体开始瓜分市场份额,媒体在这一时期要尽可能获得更大的市场份额,它们之间会有更激烈的竞争。

　　另外,在某些条件下,参与者既是竞争者,也是互补者。例如,一本图书的纸质版和电子版之间既存在竞争关系,也存在互补关系。对一些读者来说,同时拥有纸质版和电子版的价值,要高于只拥有一种版本时的价值,但对另一些读者而言,他们只希望拥有纸质版或电子版的图书。

　　再比如,某一区域会有好几家书店或音像店,它们非常紧密地集中在一个区域。这些书店或音像店销售相似的产品,毫无疑问,它们是竞争者。但它们同时也是互补者,对消费者来说,数家书店或音像店集中在一个区域,会比只有一家书店或音像店产生更大的吸引力,在这里买到心仪的图书或唱片的可能性更高。这些集中的书店或音像店通过扩大市场规模增强了它们对消费者的吸引力。

第十章　启动创新

在持续变革且变革难以预测的环境中,媒体需要主动启动破坏性创新获取竞争优势,本章以媒体如何启动破坏性创新为主题,研究媒体开启破坏性创新的核心元素——高管领导、尽快发现商业模式、第二曲线思维、创新组织文化。

10.1　高管领导

人力资源是媒体启动破坏性创新时最重要的资源。在人力资源中,高层管理人员对于破坏性创新业务的成败有重要影响,高管通过资源配置决定对延续性创新业务和破坏性创新业务的投入程度。高管还负责组建和管理重量级团队与自主团队,这些项目团队的表现会影响媒体创新绩效。

高层梯队理论认为,高层管理人员通过环境评估、战略决策、对创新的支持等方式,对组织绩效发挥积极或消极的影响,领导直接影响大约15%的企业绩效差异,并通过战略选择影响了另外35%的企业绩效差异,直接和间接的领导能力差异造成50%的组织绩效差异。[①] 在媒体启动破坏性创新的过程中,高管扮演着不容忽视的重要角色。

高管在启动新业务时扮演着协调者和仲裁者的角色。破坏性创新业务往往会冲击现有业务,在媒体内面临较大阻力,在媒体内部,只有高管能够在新旧业务之间做出协调和仲裁。一方面,高管有足够的权力协调新旧业务之间的矛盾,另一方面,高管可以超越部门利益,从媒体发展的战略高度审视新旧业务,制定有利于媒体未来发展的战略决策。

美国学者戈文达拉扬认为,在启动新业务时高管需要具体完成六种工作:[②](1)保持新业务独特的个性。高管需要避免让现有业务的组织结构、流程和组织文化影响新业务。(2)新业务和核心业务的双重教练员。高管需要给现有业务和新业务的管理者设置不同的目标,并协调新旧业务管理者之间的冲突。(3)对抗有害冲突。当新旧业务之间的冲突升级时,高管

① 乔·蒂德,约翰·贝赞特.创新管理:技术变革、市场变革和组织变革的整合[M].第4版.陈劲,译.北京:中国人民大学出版社,2012:83.

② 维贾伊·戈文达拉扬,克里斯·特林布尔.战略创新者的十大法则——从创新到执行[M].马一德,罗春华,译.北京:商务印书馆,2008:98.

需要凭借自己的经验和管理能力做出有效协调和仲裁,避免内部冲突损害媒体利益。(4)授权新业务。新业务在早期阶段需要得到更多投入,帮助其成长,高管需要对新业务充分授权,加快新业务发展。(5)调整预期目标。新业务在发展过程中面临较多的不确定性,高管需要根据新业务发展状况调整新业务的目标。(6)时刻准备着作出裁决。

克里斯坦森研究发现,决定高管是否亲自负责某一业务的主要标准是该业务的类型,即该业务属于延续性创新业务抑或破坏性创新业务,与业务所涉及的投资金额、市场规模等因素关系不大。[①]

一些学者认为,决定高管是否亲自负责某一业务的主要因素是该业务需要的投资额或产品市场规模,需要高额投资的项目或产品市场规模较大的项目,需要由高管亲自负责,重大决策、大笔投资项目要由高管拍板决定,高管丰富的管理经验能提高项目的成功概率。这种观点有一定的合理性,但问题在于,如果这些项目属于程序化的延续性创新,成熟的媒体有相应的职能部门和业务流程处理这些活动,高管亲自参与决策并不能显著提高决策的质量。

我们对灵活型媒体的研究发现,优秀的高管人员需要在媒体内部同时建立机械化媒体和有机媒体的组织结构。机械化媒体以效率为主要目标,主要从事程序化的延续性创新业务,有机媒体以创新为目标,主要负责非程序化的破坏性创新业务。程序化的延续性创新业务可以由媒体现有业务流程完成,非程序化的破坏性创新业务则需要媒体高管亲自领导。

高管需要将时间和精力投入到非程序化的破坏性创新业务上。破坏性创新产品的目标市场、盈利模式等不同于现有产品,媒体无法运用现有业务流程管理破坏性创新项目。在这种情况下,需要高管亲自负责领导新项目,高管对破坏性创新产品的认识和理解会直接影响新项目的成败。破坏性创新需要建立新的业务流程和资源分配模式,媒体内部只有高管有权打破现有流程,重新分配资源,建立适合新产品的组织结构和业务流程,为新项目挑选合适的管理者,并为新业务部门建立独特的组织文化。因此,业务类型而非业务规模是决定媒体高管是否亲自负责新项目的主要标准,高管需要将时间和精力分配给非程序化的破坏性创新业务。

10.2 尽快发现商业模式

媒体在启动破坏性创新业务时,要尽快发现新业务的商业模式。商业

① 克莱顿·克里斯坦森,迈克尔·雷纳.创新者的解答[M].李瑜偲,译.北京:中信出版社,2013:214.

模式"描述企业如何创造价值、传递价值和获取价值的基本原理"①。发现商业模式,意味着新业务不仅可以创造价值,还可以将价值传递给消费者来获取创新价值,实现盈利。发现商业模式是启动新业务时最重要的工作。

发现商业模式表明新业务可以盈利,实现盈利是判断新业务可行性的标准。破坏性创新是一种探索,探索可能成功,也可能失败。而检验探索成败的标准只有一个,就是找到商业模式,实现盈利。低端市场破坏性创新主要通过商业模式创新实现盈利,新市场破坏性创新更多经由技术创新实现盈利。实现盈利说明新业务从初创期进入发展期,从前景不明的创新成长为可持续增长的业务。

发现商业模式比提升市场规模、市场占有率、增长速度等指标更为重要。市场规模、市场占有率、增长速度等指标测量的是业务发展状况,但在判断业务发展状况之前,先要判断业务的可行性。判断业务可行性的标准是找到商业模式,实现盈利。如果业务不能通过盈利来证明其可行性,那么关于业务发展状况的指标能够传递的信息就缺乏价值。无法带来盈利的市场规模、市场占有率、增长速度无法证明新业务的可行性,而新业务的可行性是启动创新时应该首先考虑的问题。

近几年,在互联网创新中出现了关注市场规模、增长速度却忽视业务盈利的现象。一些互联网创新项目在多轮融资中获得了巨额资金,它们通过在短期内扩大市场规模的方式实现增长,这种现象在共享出行和团购业表现得非常突出。投资方看好这些业务的前景,给这些创业公司投入巨额资金。互联网行业具有网络效应,产品的价值一方面体现为产品自身的价值,另一方面受使用产品的网络规模的影响。产品的使用者越多,产品的价值越大。因此,在具有网络效应的共享出行、团购等行业中,参与竞争的企业大多通过短期扩张的方式实现增长。这种模式固然可以在短期内提升企业的市场规模和占有率,提升产品价值。但必须看到这种模式固有的缺陷——它们没能通过盈利来检验自身商业模式。

具有网络效应的市场存在赢家通吃的特征,竞争的结果是规模最大的企业占据市场绝大多数的份额,参与竞争的企业都希望成为获胜者,但获胜者只有寥寥几家。扩张市场规模需要不断投资,业界将其称为"烧钱",这使得这些行业的竞争像是一场军备竞赛,融资,扩张,再融资,继续扩张是这些企业的行为模式。每家企业都希望比对手坚持更长时间,成为最后的获胜者,于是军备竞赛不断升级,竞争者陷入囚徒困境。

---

① 亚历山大·奥斯特瓦德,伊夫·皮尼厄.商业模式新生代[M].王帅,毛心宇,严威,译.北京:机械工业出版社,2014:4.

在激烈的竞争中,市场规模、市场占有率等指标逐渐成为竞赛的目标,而发现商业模式、实现盈利这一真正的目标却逐渐成为竞赛的背景。竞争逐渐白热化的结果是,竞争者对市场规模、市场占有率的关心超过对盈利的关心,它们希望在战胜对手后成为市场主宰,随后凭借市场地位盈利。于是,与市场规模、市场占有率、增长速度有关的指标成为企业考核员工的KPI,管理层和员工围绕KPI开展业务活动,忽视发现商业模式、获取利润这一核心任务。

企业设想的商业模式是通过提升市场规模实现盈利,但这一模式必须满足一个重要条件,即投资方愿意一直"烧钱",直到盈利。然而,投资方如果迟迟看不到盈利前景,并且发现企业把追求市场份额置于盈利之前,可能促使投资方决定终止投资。一旦资金链断裂,这些需要不断"烧钱"才能维持的公司就会面临生存危机。未能发现商业模式,未能获取可观利润,使得这些庞大的企业缺乏抵抗风险的能力。

吊诡之处在于,这种模式可能成为一个恶性循环。企业越是以市场规模等指标为目标,产品就越难实现盈利,产品越是迟迟不能盈利,越需要投资方加大投资,而投资方越是看不到盈利前景,就越可能终止投资。公司不断追求市场规模、增长速度等指标,却为自己埋下了自我毁灭的种子。团购业一度出现"千团大战"的场景,但短短几年时间,参与"千团大战"的公司大多烟消云散。

从另一个角度看,追求市场规模也不利于新产品早期的发展。破坏性创新产品以低端市场或零消费市场为目标,产品价格较低,早期市场规模小、利润低,产品品质低于主流市场产品,如果要求新产品在短期内迅速扩大市场规模,就会使新产品与主流市场产品直接对抗,这对新产品极为不利,羽翼未丰的新产品很难战胜成熟的主流产品。当新产品在当前竞争维度上的表现尚未达到主流市场消费者需求时,主流市场消费者不会选择新产品,只有新产品在当前竞争维度上的表现超过消费者需求时,消费者才会选择新产品。因而要求新产品在早期迅速扩大市场规模,会使新产品面临与主流产品正面对抗的危险,而根据我们先前几章的分析可以判断,现有产品很可能会对新产品做出激烈反击。

另外,新产品以破坏者的形象出现,既会让自己过于关注主流市场中的竞争对手,忽视产品开发和商业模式构建等更加重要的工作,也会引起现有媒体的警惕和戒备,现有媒体会加强对新产品的防范和反击,这种紧张和敌对的环境对新产品非常不利。

硅谷著名风险投资家彼得·蒂尔认为,创新者要集中精力关注产品和市场,不应把主要的精力用于对付竞争对手,他提出,"'破坏'最近已经被曲解成了形容因所谓新事物、新趋势而沾沾自喜的流行词。这个看上去无关紧要的流行词其实很有影响,它以内在的竞争性扭曲了企业家的自我认识。这个概念被用来描述现存公司所受的威胁,而初创公司痴迷于这种'破坏',这意味着它们是透过旧企业的眼光看待自身的。如果你认为自己是对抗黑暗势力的起义者,就很容易过分专注于道路上的阻碍。但如果你真想创造新事物,那就去创造,创新的行为远比旧产业不喜欢你的创新来得重要。'破坏'还会吸引注意力,破坏者到处找麻烦,最终会惹上麻烦,如果你准备扩张到相邻市场,不要'破坏',要尽可能地躲开竞争。"①

奇虎360(北京奇虎科技有限公司)的周鸿祎也提出:"在商业历史上,颠覆的革命从来不是敲锣打鼓实现的。如果报纸、杂志、电视台连篇累牍地报道,连大街上的老太太都能说出两句,那么对不起,行业的老大哥们早就写了厚厚的分析报告,早就做了战略部署,重兵把守,就等着你来,这个时候想要颠覆,根本不可能了。所以,颠覆的力量一定来自那些老大哥们看了不屑一顾的事情,或者根本看不清、看不懂的事情,甚至是巨头们嘲笑的事情。"②

周鸿祎认为,创新者在早期要尽可能避开现有企业的关注。"如果你心里想着要颠覆巨头,第一一定不要大声说出来,第二一定要打侧翼战。最忌讳的,就是看到巨头在那里大快朵颐,你冲进去要跟巨头分一杯羹。创业早期的时候,最好不要让巨头看见,要适度地参加行业会议。但是,更多的时间应该跟普通用户泡在一起,琢磨他们有什么感性的需求,有什么问题没有得到解决,然后把你有限的力量聚焦在侧翼的单点上。3年之后,等你再亮相的时候,你会发现巨头就看不明白了。等他终于看明白了,就已经望尘莫及了,这样你才能真正获得颠覆的可能。"③

以市场规模和市场占有率为目标会让创新团队对产品制定错误的价格。要求新产品快速成长、获取更大的市场份额,会使创新团队降低产品价格,甚至以低于成本的价格销售产品。但团队不能把追求市场份额看作商业目标,产品的商业目标是利润,市场份额服务于产品利润,"定价的目标应该是找到实现长期盈利最大化的利润率和市场份额的组合"④。只有当市场份额能为媒体带来利润的条件下,追求市场份额才是合理的市场策略。在绝大多数情况下,即使市场份额低一些,也要优先考虑利润。比如,

① 彼得·蒂尔,布莱克·马斯特斯.从0到1:开启商业与未来的秘密[M].高玉芳,译.北京:中信出版社,2015:155.
② 周鸿祎.我的互联网方法论[M].北京:中信出版社,2014:96.
③ 周鸿祎.我的互联网方法论[M].北京:中信出版社,2014:97.
④ 汤姆·纳格,约瑟夫·查莱,陈兆丰.定价战略与战术:通向利润增长之路[M].第5版.龚强,陈兆丰,译.北京:华夏出版社,2012:5.

在智能手机市场上,三星手机全球市场份额第一,苹果手机市场份额第三,但苹果手机的利润远高于三星。2019年,三星占有21.8％的手机市场份额,苹果手机的市场份额为14.5％,但苹果手机获取手机市场66％的利润,三星手机只得到手机市场17％的利润。①

有效的定价应该以利润为驱动,而非由市场份额驱动。追求市场份额常常导致媒体降价出售产品,这既可能引发价格战,使相互竞争的媒体陷入激烈但利润菲薄的红海市场。同时,降价并非总能提高产品收入。影响产品收入的重要因素是价格弹性,只有富有价格弹性的产品,才能通过降低价格增加收入,缺乏价格弹性的产品要提高价格才能增加收入。

从这个角度看,创新团队获得的投资并非多多益善,充足的资金并不必然保证创新的成功。创新团队需要获得投资来创建新产品,但过多的投资也会引发一系列问题,阻碍创新团队的业务发展。

首先,过多的资金会让创新团队从精益创业回到传统的产品开发。创新团队的产品开发过程是探索和发现的过程,创新团队需要采用精益创业的方法寻找市场,不断通过小规模、低成本实验的方法检验自己的假设,修正和调整产品定位,这种产品开发方法不同于在成熟、稳定环境下传统的产品开发方法。传统的产品开发方法起源于制造业和大众消费品行业,先提出创意,然后开发产品,再进行产品测试,最后正式发布产品。② 在成熟、稳定的市场中,传统的产品开发方法可以在最大程度上保证产品的成功。但创新团队面临的是未知的市场,团队需要通过学习来发现市场需求。如果团队有充裕的资金,团队更可能回到熟悉的传统产品开发的道路上,开发出没有市场需求的产品,然后投入大量资金进行营销推广,最终导致巨额损失。如果团队资金有限,他们更可能用精益创业的方法探索市场,在短时间内用低成本的最小化可行产品检验市场假设。"那些典型的初创企业,绝大多数最重要的创新都是在公司根本没有任何预算的时候做出的。一旦资金开始涌入这些初创企业,它们通常会停止创新并开始关注如何扩大它们的企业规模。如果这些初创企业已经找到了一个可行的商业模式,那么这样做还不会有什么问题。但是如果商业模式还未定型,那么这种做法就会阻碍商业模式走向成熟。"③

另外,过多的资金会减少创新团队的灵活性。充裕的资金刺激创新团

---

① 新京报网,2019手机江湖:被看衰的苹果最赚钱,华为研发首登顶[EB/OL].[2020-04-01]. http://www. bjnews. com. cn/finance/2020/04/01/711897. html? from = singlemessage&isappinstalled=0.

② 斯蒂芬·布兰克.四步创业法[M].七印部落,译.武汉:华中科技大学出版社,2012:15.

③ 史蒂文·霍夫曼.让大象飞[M].周海云,陈耿宣,译.北京:中信出版社,2017:95.

队在短时间内快速扩张,通常,规模与灵活性之间存在反比例关系,规模扩张会降低团队的灵活性。创新团队从事新市场的寻找和探索活动,他们需要有足够的灵活性,能够随时根据新涌现的信息作出相应调整。随着团队人员增加,官僚化程度提高,团队沟通和协调的成本变大,团队进行调整的时间和难度随之增加。试图通过提高灵活性来启动创新的团队,最终也产生了"大企业病"。谷歌搜索和用户体验副总裁梅丽莎·迈耶认为,资金受限的项目反而能够产生出更理想的、更有创造性的结果。[①]

一家初创企业的创始人说:"过多的资金是一剂毒药。在一家公司生命的早期,资金太多的话会让公司跛脚并且使公司缺乏选择的余地。当你提出想融很多钱的时候,你实际上是在大声说你已经找到了你的商业模式,现在是将公司规模做大的时候了。如果你在真正找到可行的商业模式前就已经这样做了,那么你肯定会遇到很多的麻烦,因为你的董事会在期待着你能扩大业务的规模,而你却还在思考什么才是你真正的业务。"[②]

要求新产品快速盈利,会推动创新团队降低产品成本,尽快为新产品找到目标市场,发现有效的商业模式。要求创新团队尽快实现盈利,促使创新团队以精益创业的方法启动新产品,精益创业的方法要求创新团队在短时间内推出"最小化可行产品"进行产品测试,通过产品测试得到经证实的认知。资本要求创新团队尽快盈利,迫使团队尽可能以低成本的方式测试自己的市场假设,并根据测试结果及时调整产品设计和市场定位。对盈利性的要求促使团队寻找可行的目标市场,并在此过程中建立相应的商业模式,尽快让新产品业务进入正轨。

同时,新产品能在低成本状态下快速盈利,可以增强新产品的竞争优势,提高新产品部门在媒体内部的地位。低价是破坏性创新产品的重要优势,低价产品具有的成本优势让竞争对手很难通过降低价格的方式与之竞争。而且,低成本、低价格可以使新产品的消费者范围更加广泛,低价产品拥有比高价产品更广泛的市场范围,这可以增强新产品的竞争力。

相反,一味注重新产品的成长却迟迟不能盈利,需要媒体不断给新业务注入资本,新产品成为"烧钱"的无底洞,一旦停止投资,新产品就难以为继。为了避免先前的投资成为沉没成本,媒体需要持续不断地给新产品注资。当媒体的主营业务发展较好时,媒体可以承受新业务的亏损,一旦媒体的主营业务开始下滑时,媒体很可能会关停无法盈利的新业务。迟迟不能盈利让新产品业务缺乏安全感,当媒体主营业务下滑时,新产品业务会

① 弗·阿尔斯特伦.有的放矢:NISI 创业指南[M].七印部落,译.武汉:华中科技大学出版社,2014:15.

② 史蒂文·霍夫曼.让大象飞[M].周海云、陈耿宣,译.北京:中信出版社,2017:99.

首当其冲成为牺牲品。

一位企业家说："一旦你启动一个新的成长业务，就有一个时钟在你身后滴答作响。问题是，这个时钟的运转速度不是一成不变的，是由企业的健康底线决定的，而不是由你的小型业务是否在计划内正常运转决定的。当底线处于正常状态，时钟便会不急不慢地滴答作响。但如果底线受到困扰，时钟就会真正开始快速滴答起来。当它突然走到 12 点钟，你的新业务最好非常有利可图，以至于企业的底线缺了它会显得更糟。你必须帮助企业解决当前面临的利润问题，否则会被送上断头台。"①

新产品能够在短时间内盈利，可以提高新产品在媒体内部的生存机会。新产品的盈利能力越强，为媒体做出的贡献越大，新产品在媒体内部的生存空间就越大，新产品团队在媒体资源分配中的重要性越高，以后的发展机会越好。短时间内实现盈利的能力会成为新产品不断自我强化的正反馈，帮助新产品获得更好的发展机会。

10.3　第二曲线思维

延续性创新具有路径依赖性，媒体开始启动延续性创新后，价值网络中会有拉动媒体不断沿着既定轨迹向上发展的力量，我们在前面的叙述中将其称为单向度流动。媒体在管理延续性创新的过程中建立起相应的业务流程和组织文化，这会进一步增强媒体管理延续性创新的能力。媒体管理延续性创新的能力越强，媒体管理者和员工越难关注破坏性创新，他们或是忽视破坏性创新业务，或是将破坏性创新业务改造成延续性创新业务。

优秀的媒体通过启动破坏性创新业务获得成功，当新产品开始成为主流产品后，媒体进入延续性创新阶段。主流产品为媒体带来丰厚回报，媒体通过有效管理延续性创新获得成功，直到出现下一轮破坏性创新，游戏又会重新开始。在快速、持续变革的新环境中，仅仅启动一次成功的破坏性创新是不够的，创新是连续不断的浪潮，只有建立起发现和启动创新的动力机制才能让媒体持续创新。优秀的媒体不仅需要及时启动并有效管理破坏性创新业务，更需要在媒体中建立发现和启动破坏性创新业务的组织结构和组织文化，让媒体可以持续启动破坏性创新业务，这是快速变革环境下媒体面临的巨大挑战。

这种挑战的困难之处在于，媒体需要不断地自我颠覆、自我破坏。当

① 克莱顿·克里斯坦森,迈克尔·雷纳.创新者的解答[M].李瑜偲,译.北京:中信出版社,2013:203.

现有产品还在为媒体带来丰厚回报时，就要及时启动破坏性创新项目，开发能够颠覆现有产品的新产品。如果由于现有产品仍为媒体带来丰厚回报而犹豫不决，竞争对手可能会推出新产品，媒体将陷入非常被动的局面。在技术和市场持续变化的环境中，媒体不仅要具备持续启动破坏性创新业务的能力，主动推出破坏性创新产品，还要愿意通过自我颠覆、自我破坏的方式实现重生与蜕变。媒体既要在尽可能短的时间内启动新产品，还要继续开发下一代破坏性创新产品，并准备用新产品取代现有产品。

目前看，腾讯公司在推出微信时做到了自我颠覆，但尚未有足够的证据表明腾讯已经建立起这种机制。作为一种社交媒体，微信不仅与微博竞争，还会影响腾讯的 QQ 业务，如果腾讯出于担心 QQ 业务受到微信冲击而不愿及时推出微信，小米的米聊可能就有更大的发展机会，其他互联网公司也很可能推出同类产品，腾讯将陷入极为不利的局面。采用灵活型组织结构的腾讯主动推出微信，占据社交媒体市场的主要份额。

腾讯公司首席执行官马化腾在回顾时总结说："所谓的颠覆，是让你之前的产品和服务受到很大的挑战，我自己的感受是，怎么样能够给自己多一个准备，比如开一个另外的部门、另外一个分支，调一些团队，做一些可能跟现在已经拥有的业务有矛盾的新业务，不妨尝试，因为你不做的话你的对手或者是想抢你市场的对手一定会做，还不如自己先试一下。从这个产品案例，我们可以看得出，即使是像 QQ 已经有每个月超过六亿多的活跃用户，两三年前已经达到这个水平了，但是在这个领域里面依然有创新或甚至差点被颠覆的可能性。坦白讲，微信这个产品出来，如果说不在腾讯，不是自己打自己的话，是在另外一个公司，我们可能现在根本就挡不住。"①

在快速变革的环境中，媒体需要居安思危，在现有产品仍然健康发展时就着手开发下一代产品，并主动用下一代产品颠覆现有产品，这种思维方式称为第二曲线思维。第二曲线思维可以帮助媒体在持续变革的环境下从被动应对变革转为主动开启变革，媒体需要确立第二曲线思维，理解快速变革环境下的创新逻辑。

第二曲线由英国管理学家查尔斯·汉迪提出，汉迪告诫组织应当提前为下一轮变革做好准备。从技术上看，第二曲线是技术发展的 S 曲线，我们主要从技术层面探讨 S 曲线，将新技术对现有技术的颠覆界定为新 S 曲线对旧 S 曲线的替代。汉迪将 S 曲线推广到更广阔的社会系统层面，认为它们和技术一样，有兴起、发展、衰落的不同阶段。汉迪说："我们人类的一

---

① 马化腾.如果别人先搞出微信，腾讯根本"挡不住"[EB/OL].[2014-02-20].https://e.chengdu.cn/html/2014/02/20/content_454998.htm.

切包括生命、组织和企业，政府、帝国和联盟，各种各样的民主体系甚至民主本身，都适用于S形曲线：最开始是投入期，包括金钱方面的、教育方面的，或者各种尝试和实验；在接下来的阶段中，当投入高于产出时，曲线向下；当产出比投入多时，随着产出的增长，曲线会向上，如果一切运转正常，曲线会持续向上，但到某个时刻，曲线将不可避免地达到巅峰并开始下降，这种下降通常可以被延迟，但不可逆转。"[1]

汉迪提出，在第一曲线达到极限之前就应该提早启动第二条S曲线，组织不应该在第一曲线衰退时才布局第二曲线，那时就太晚了。第二曲线的成长和发展需要足够的时间和资源，只有第二曲线足够强大时，才能代替第一曲线。在两条曲线的并存期，第一曲线需要培育第二曲线，当第一曲线仍然健康时，才有足够的资源投入给第二曲线。"第二曲线必须在第一曲线到达巅峰之前就开始增长，只有这样才能有足够的资源承受在第二曲线投入期最初的下降，如果在第一曲线到达巅峰并已经掉头向下后才开始第二曲线，那无论是在纸上还是在现实中就都行不通了。"[2]

从经济学角度看，媒体要在作为第一曲线的现有技术的边际收益仍在增加时就提早布局第二曲线。通常，边际收益先增加，到达顶点后开始下降。当第一曲线的边际收益下降时，再考虑启动第二曲线就为时已晚。在第一曲线技术的边际收益仍然增长时，媒体就应考虑寻找和启动作为第二曲线的新技术。作为破坏性创新的第二曲线技术需要探索和培育市场，开发和迭代产品，探索可行的商业模式，媒体需要给从零到一的第二曲线以时间和耐心。然而，只有当第一曲线仍然健康发展时媒体才会有足够的时间和耐心。英特尔公司的安迪·格鲁夫说："如果在旧产业中沉迷太久，必将丧失抓住新产业、开发新领域和熟悉新秩序的好时机。其中有一段黄金时间，你在旧产业上的投资恰好能推动你走过转型期，接洽上为新领域部署资源的那一时刻。"[3]格鲁夫所说的黄金时间正是第一曲线仍然上升、现有业务还能带来丰厚回报的阶段，黄金时刻是"现有战略仍然有效，企业业绩仍在上升，客户与互补企业仍然交口称赞，然而雷达屏幕上却出现了值得警惕的重要光点的那一时刻"[4]。

---

① 查尔斯·汉迪.第二曲线：跨越"S型曲线"的二次增长[M].苗青，译.北京：机械工业出版社，2017:4.
② 查尔斯·汉迪.第二曲线：跨越"S型曲线"的二次增长[M].苗青，译.北京：机械工业出版社，2017:5.
③ 安迪·格鲁夫.只有偏执狂才能生存：特种经理人培训手册[M].第3版.安然，张万伟，译.北京：中信出版社，2014:146.
④ 安迪·格鲁夫.只有偏执狂才能生存：特种经理人培训手册[M].第3版.安然，张万伟，译.北京：中信出版社，2014:147.

从技术层面看,之所以要在第一曲线仍然上升时就启动第二曲线,是因为技术曲线存在断层期。S曲线的技术起初进步速度较慢,随后进入快速发展期,最终达到技术极限,这是技术进步的基本逻辑。任何一种技术都有极限,技术极限是技术所能达到的天花板,技术无法突破自身极限。当现有技术接近极限时,继续改进现有技术的难度越来越大,成本也越来越高,人们会转向新技术,用新技术代替现有技术,新技术的极限高于现有技术。在新旧技术的交替期,技术进入断层期。

有两种技术断层期,它们对媒体的影响不同,媒体实现技术交替的难度也不同。在第一种技术断层期,新旧技术属于同一价值网络,新技术的极限高于现有技术,新技术对媒体影响较小,媒体可以平稳度过技术断层期,实现技术交替。在第二种技术断层期,新旧技术分属不同价值网络,新技术在早期的性能不如现有技术,但具有现有技术缺乏的其他维度属性。媒体一方面可能会忽视新技术,另一方面,媒体向新技术过渡的难度也更大。

问题的复杂性在于,技术极限不仅仅是技术层面的问题,还要从市场层面理解技术极限。技术要体现为产品,产品用来满足消费者任务,对消费者任务的满足程度决定了市场层面的技术极限。换句话说,新旧技术交替时,旧技术不一定达到自身极限,只要旧技术开发的产品在性能品质上超过消费者需要的程度,旧技术就达到了市场层面的极限。媒体继续在旧技术上投资的边际收益会小于边际成本。

追求技术极限可能误导媒体,媒体将S曲线在技术维度的上升视为目标,却忽视了技术曲线在市场维度的含义。在市场竞争中,竞争者们都把提升技术参数当作目标,不断改进技术参数和产品性能品质,但并未考虑消费者是否需要这些具备更高技术参数和性能品质的产品,当大多数产品在技术参数和性能品质上超出消费者需求时,产品的实际竞争力下降,技术断层期可能提前到来。

当技术接近极限时,需要把关注点从技术转向消费者。技术要服务于消费者需要完成的任务,当技术接近极限以至于超出消费者需要的程度时,媒体需要重新思考和理解消费者任务。特别要思考这一问题:在其他行业和领域,是否有替代性技术,这些技术可以同样甚至更好地帮助消费者完成任务吗?

媒体需要拓宽对技术曲线的理解,将来自其他行业和领域的技术纳入分析范围。在旧技术范围内改进效率、降低成本等举措,只是在现有技术曲线内获得进步,媒体是沿现有技术曲线向上发展。但是,竞争并不局限于现有技术曲线内部的媒体之间,新技术曲线可能有更快的进步速度,它们来自其他行业和领域,尽管目前的性能低于现有技术,但进步速度非常快,还具有其他维度的优势,因而现有技术曲线下运营的媒体在效率、成本等方面的改进无法应对新竞争者。

在新旧技术曲线交替的断层期,采用现有技术的媒体会陷入"防守者悖论"。防守者悖论指尽管现有技术的回报持续下降,但媒体仍然继续为其投资。① 媒体发现,新旧技术转换需要高昂的转换成本,媒体的资源分配流程和业务活动都要进行重大调整,成本和难度很大。另外,媒体放弃现有业务转向新业务,也会让员工在情感上很难接受。

尽管难度很大,但在快速变革的环境下,媒体需要接受和理解第二曲线思维,在现有技术尚未达到断层期时主动布局新技术,实现新旧技术平稳交替。乔布斯时代的苹果公司在产品开发过程中具有第二曲线思维。在成功推出 Apple II 之后,乔布斯很快开始构想下一个产品,"他从骨子里觉得,苹果急需新的产品,因为电脑产业变化如此之快,如果公司不能够与时俱进,只是对 Apple II 修修补补的话,很快就会被行业淘汰。在电脑硬件行业立于不败之地的最佳办法就是,在上一个产品到达巅峰的同时,下一个产品已经蓄势待发"②。

在第二次执掌苹果公司后,苹果公司推出音乐播放器 iPod,iPod 是最受欢迎的音乐播放器,为苹果公司贡献了一半以上的收入,是苹果公司的主打产品。但乔布斯很快意识到智能手机将会代替音乐播放器,他说:"能抢我们饭碗的设备是手机。如果手机制造商开始在手机中内置音乐播放器,每个人都能随身带着手机,就没必要买 iPod 了。"③苹果公司很快推出可以代替 iPod 的 iPhone。

安迪·格鲁夫将旧技术的极限点称为战略转折点,认为企业如果不能顺利通过战略转折点,将陷入困境。格鲁夫说:"战略转折点出现时,各种因素的平衡无论在结构上、企业经营方式上还是竞争方式上都实现了新旧交替。在战略转折点出现之前,企业比较近似于过去的形态,而在战略转折点出现之后,它更趋近于未来的形态。"④新旧交替"就好比一次死亡之谷的探险"⑤。

① 理查德·福斯特.创新:进攻者的优势[M].孙玉杰,王宇锋,韩丽华,译.北京:北京联合出版公司,2017:97.
② 布伦特·施兰德,里克·特策利.成为乔布斯[M].陶亮,译.北京:中信出版社,2016:50.
③ 李善友.第二曲线创新[M].北京:人民邮电出版社,2019:136.
④ 安迪·格鲁夫.只有偏执狂才能生存:特种经理人培训手册[M].第 3 版.安然,张万伟,译.北京:中信出版社,2014:25.
⑤ 安迪·格鲁夫.只有偏执狂才能生存:特种经理人培训手册[M].第 3 版.安然,张万伟,译.北京:中信出版社,2014:27.

　　格鲁夫带领英特尔公司从储存器生产商转型为微处理器生产商,跨越了技术断层期。英特尔公司创建于 1968 年,起初以生产计算机存储器为主营业务,在鼎盛时期基本垄断了存储器市场。格鲁夫认为,尽管有其他竞争对手出现,但"英特尔仍然代表存储器,反过来,存储器也通常意味着英特尔"①。但 20 世纪 80 年代后,日本企业生产的存储器在质量和价格上都优于英特尔公司的产品,英特尔陷入经营困境。英特尔只有放弃存储器技术才能跨过战略转折点。

　　格鲁夫对另一位创始人戈登·摩尔说:"如果我们被踢出董事会,他们找个新的首席执行官,你认为他们会采取什么行动?"摩尔说:"他会放弃存储器生意。"格鲁夫说:"你我为什么不走出这扇门,然后回来自己做这件事呢?"②

　　让英特尔公司放弃存储器,对绝大多数管理者和员工来说是难以接受的。格鲁夫提到,一位高管对他说:"你能想象没有存储器的英特尔公司?"③甚至在宣布放弃存储期的数月后,负责存储器部门的高管仍然说服了格鲁夫,同意他的部门继续研发没有市场需求的存储器产品。

　　处于技术断层期的媒体需要回答两个重要问题,一是现有技术是否接近极限,这个问题相对好回答。二是新技术是什么? 在哪里? 如何学习和利用新技术? 这个问题很难回答。新技术既可能和现有技术处于同一价值网络,是传媒产业内部不同技术的更迭,也可能来自传媒产业外部的其他价值网络,传媒业不了解新技术,不知道新技术在哪里,也很难学习和利用新技术。在这种情况下,涌现信息就变得非常重要。

　　从战略管理层面看,在技术断层期,媒体需要将深思熟虑战略和涌现战略相结合,以便确定转型方向。涌现信息大多来自中层管理者和基层员工,与媒体高层管理者相比,中层管理者和基层员工更接近一线,对市场和环境变化更敏感。在技术断层期,他们可以为高管提供关于市场环境变化的一手信息,这些涌现信息对高管制定深思熟虑战略至关重要。正如我们在前面章节中提到的,在快速变革的环境中,媒体需要把自上而下的战略和自下而上的战略结合起来。处于技术断层期的媒体尤其需要关注涌现信息。

　　第二曲线要求媒体管理者具有超边际分析的能力和意愿。人们通常

　　① 安迪·格鲁夫.只有偏执狂才能生存:特种经理人培训手册[M].第 3 版.安然,张万伟,译.北京:中信出版社,2014:81.
　　② 安迪·格鲁夫.只有偏执狂才能生存:特种经理人培训手册[M].第 3 版.安然,张万伟,译.北京:中信出版社,2014:86.
　　③ 安迪·格鲁夫.只有偏执狂才能生存:特种经理人培训手册[M].第 3 版.安然,张万伟,译.北京:中信出版社,2014:87.

会从边际分析的角度思考和决策,边际分析的实质是多或少的决策,例如,多生产一单位产品能带来多少回报?少提供一份服务会降低多少成本?在边际分析中,媒体管理者会在既有的技术曲线内从多或少的角度进行思考和决策。但问题在于,媒体管理者不仅需要思考多或少的问题,管理者还要思考有或无的问题。比如,我们是否还要继续生产这一产品?我们是否应该启动新产品和新服务?什么情况下进行产品转换和技术更迭?可以说,重大问题大多是关于有或无的问题,而非多或少的问题,有或无的决策远比多或少的决策重要。这种针对有或无、是与非、做或不做的问题所做的思考,称为超边际分析。经济学家杨小凯认为,超边际分析是新兴古典经济学使用的基本方法。[①] 媒体管理者需要掌握并运用这种分析方法,不能只用边际分析的思维方式思考和决策。

除了在媒体内部培养破坏性创新业务,媒体还可以收购破坏性创新业务。当媒体主营业务开始衰退时,在内部启动破坏性创新业务的难度变大,这时可以通过收购的方式实现成长。当然,主营业务健康发展的媒体同样可以采取收购的方法获得成长。在通过收购实现成长时也应考虑收购时机,需要注意两个问题:第一,确保收购的业务是有较大成长潜力的破坏性创新业务,而非缺乏成长空间的成熟产品业务。媒体要通过收购实现成长,需要收购具有成长潜力的破坏性创新业务,成熟产品业务缺乏成长潜力。负责收购的管理层要熟悉破坏性创新理论,能够分辨出不同业务的类型,收购那些具有较大成长空间的破坏性创新业务。第二,要在破坏性创新业务的早期收购。处于早期的破坏性创新业务规模小,媒体可以以较低价格完成收购,获得充足的回报。新业务发展壮大后,收购的价格会大幅提升,媒体收购新业务的成本急剧增加。一些独角兽式的新业务会以指数速度成长,一旦错过时机,媒体就失去了收购机会。

10.4 组织文化变革

埃德加·沙因将组织文化定义为"大家共同习得的,使企业得以良好运转的信念和价值观……随着企业持续地获得成功,这些信念和价值观会逐渐成为所有成员共享的默认假设而发挥更大的作用"[②]。组织文化来自成员一致认同的信念和价值观,当这些信念和价值观发挥作用、带领媒体

---

① 杨小凯,张永生.新兴古典经济学与超边际分析[M].修订版.北京:社会科学文献出版社,2003:20.

② 埃德加·沙因.企业文化生存与变革指南[M].马红宇,唐汉瑛,译.杭州:浙江人民出版社,2017:30.

获得成功后,便逐渐成为成员的心智模式。因此,组织文化是成员共享的默认假设,这些默认假设在得到实践证明后不断强化,最终内化为成员的认知基模。

在资源分配层面,任组织文化以两种方式影响媒体决策。一方面,组织文化影响媒体可接受的利润率,另一方面,组织文化影响媒体可接受的市场规模。① 在媒体发展的早期阶段,小规模市场、低利润率市场都可以满足媒体,当媒体逐渐向高端市场发展后,原先有利可图的小规模市场、低端市场就不再吸引媒体。媒体规模越大、产品越高端,对市场规模和利润率的要求越高,在延续性创新过程中,媒体对小规模、低利润市场的兴趣不断下降。组织文化可以解释为何成熟媒体对小型新兴市场不感兴趣,它们对新市场缺乏兴趣的原因不是资源稀缺,成熟媒体拥有丰富的资源,但组织文化限制了它们进入新兴市场的动力。

组织文化是媒体内部所有成员都要遵守的决策标准,成员用组织文化对各类活动的重要性排序。媒体规模越大,协调成本越高,越需要有一套共同认可的标准帮助成员决策,能够带领媒体获得成功的组织文化便成为成员共同认可的决策标准。成员用组织文化对各类活动的优先性等级排序,在业务流程和组织规范背后,组织文化在深层次上决定媒体的资源分配活动,正如沙因所说:“我们常以为自己可以将企业的战略和文化分割开来,却未曾注意到大多数企业的战略思维其实都已经被那些关于它们是谁以及它们的使命是什么等默认的假设所深深影响。”②

成为价值观和身份来源的组织文化在深层次上决定成员的行为。研究组织文化的两位学者特伦斯·迪尔和艾伦·肯尼迪提出,文化本身就是力量。③ “文化的影响力之所以强大,是因为它们在我们的意识之外发挥作用。”④组织文化的核心要素是成员共享的价值观和身份认同,成员将这些价值观和身份认同内化,将其作为决策的依据,而不会质疑和反思它们。成员会质疑和反思自身的决策和行动,但不会质疑和反思构成自身价值观和身份认同的组织文化。

优秀的企业拥有鲜明的组织文化,它们的组织文化非常强大。例如,

① 克莱顿·克里斯坦森,迈克尔·雷纳.创新者的解答[M].李瑜偲,译.北京:中信出版社,2013:151.
② 埃德加·沙因.企业文化生存与变革指南[M].马红宇,唐汉瑛,译.杭州:浙江人民出版社,2017:49.
③ 特伦斯·迪尔,艾伦·肯尼迪.企业文化:企业生活中的礼仪与仪式[M].李原,孙健敏,译.北京:中国人民大学出版社,2014:21.
④ 埃德加·沙因.组织文化与领导力[M].第4版.章凯,罗文豪,朱超威,译.北京:中国人民大学出版社,2014:6.

苹果公司非常重视产品,在资源分配中不断强化对产品品质和用户体验的投入,产品的品质和用户体验成为资源分配的标准,能够提升产品品质和用户体验的设计可以得到更多资源,产品文化成为苹果公司员工共享的价值观。

乔布斯在回到苹果公司之前曾说:"苹果最需要的是伟大的产品,不一定要使用什么新技术。问题是,我觉得他们根本就不懂如何打造伟大的产品。"①有记者问乔布斯是否享受创建公司的过程,乔布斯回答说:"不享受。对我来说,创建公司的唯一目的就是为了打造产品,创建公司只不过是手段,只有建立一家强大的公司,招揽优秀的人才,营造合适的企业文化,才有可能打造出伟大的产品。"②产品始终是第一位的,乔布斯说:"公司是人类最神奇的发明,公司的架构非常强大。但即便如此,我创建公司的目的只是为了产品,而不是为了钱,我想和真正有意思、有智慧、有创造力的人才共同合作打造产品,公司……是大家共同合作源源不断地打造出一个又一个伟大的产品。"③

苹果公司的设计负责人乔纳森•艾维谈论乔布斯时说:"从我第一次见到他到他去世,他的关注点从未改变:产品。我们坚信,如果能打造出好的产品,用户一定会喜欢,如果他们喜欢,他们一定会掏钱买,我们就能赚钱。"④乔布斯团队的成员麦克•斯莱德说:"苹果的行事风格与微软完全不同,微软主要依靠长达50页的技术规格文档(文档列出软件开发者必须达到的每一个要求),苹果也有技术文档,但史蒂夫从来不看,他只看最终的成品。"⑤

《华尔街日报》记者布伦特•施兰德说:"史蒂夫在1998年曾告诉我,苹果公司存在的唯一价值就是打造产品,如今他的公司打造的不仅仅是产品,还有全方位的用户体验。感受过苹果公司产品和服务后,消费者逐渐要求其他公司也必须提供类似的服务,苹果定义了'品质'这两个字,提升了用户的预期,让其他公司也不得不跟上脚步。"⑥苹果公司设计师乔尼•艾维谈到乔布斯时说:"我记得和他聊过公司成功与否的定义,我们都同意成功与否的判断因素不是股价。那是不是销售的电脑的数量呢?也不是,如果按销量来算的话,Windows显然更加成功。我们得出的结论是,成功与否主要看我们是否对自己设计、打造的产品感到自豪。我觉得对史蒂夫

① 布伦特•施兰德,里克•特策利.成为乔布斯[M].陶亮,译.北京:中信出版社,2016:192.
② 布伦特•施兰德,里克•特策利.成为乔布斯[M].陶亮,译.北京:中信出版社,2016:199.
③ 布伦特•施兰德,里克•特策利.成为乔布斯[M].陶亮,译.北京:中信出版社,2016:199.
④ 布伦特•施兰德,里克•特策利.成为乔布斯[M].陶亮,译.北京:中信出版社,2016:202.
⑤ 布伦特•施兰德,里克•特策利.成为乔布斯[M].陶亮,译.北京:中信出版社,2016:209.
⑥ 布伦特•施兰德,里克•特策利.成为乔布斯[M].陶亮,译.北京:中信出版社,2016:246.

来说,销量更是一种证明,不是证明'我是对的'或者'我早就告诉你了',而是验证了史蒂夫的人文信仰。正如史蒂夫所料,只要有足够的选择,消费者的确能够分辨哪种产品质量更好、更有价值。"①

苹果公司注重产品的组织文化使其非常关注消费者使用产品时的用户体验。乔布斯说:"的确,我们所做的要讲求商业效益,但这从来不是我们的出发点,一切都要从产品和用户体验开始。"②用户体验表现在细节上,比如,苹果公司的托尼·法德尔发现,任何一个电子产品在打开包装时都无法使用,因为设备没有电,用户需要先充一段时间电才能使用产品。法德尔向苹果公司提议,用户希望在打开包装时就可以使用电子产品,而不是先充电。为了改善用户体验,iPod 应该先充好电再进行包装。他的提议得到公司认可。法德尔后来离开苹果创办了 Nest,他说,产品要为客户解决真正存在的问题,要生产止痛片而不是维生素。③

再如,销售人员是连接产品与客户的媒介,乔布斯重视销售人员在苹果公司零售店中的作用,他说:"我们打算开实体店时,所有人都认为我们疯了,但实体店失败的主要原因在于没能和顾客很好地交流。每家店销售的电脑都是一样的,拿掉公司的铭牌后根本看不出任何区别,都是一个盒子。同质化的产品让销售人员除了价格之外,没有别的信息可以和顾客交流,因此销售人员的入职门槛很低,人员流动率非常高。"④

苹果公司零售店的销售员主要靠工资而非提成,而且他们不仅销售产品,还积极主动地帮助消费者学习使用产品。"他们耐心地教顾客如何使用 iMac 和 iTunes 来'扒歌、混制、烧盘',打造属于他们自己的 CD。还有店员教 iMac 用户如何使用 iMovie 来剪辑电影。实体店里还会开课,教大家如何把播放列表和专辑里的歌曲导入 iPod。"⑤乔布斯说:"店员是关键,以零售业的标准来说,我们店员的流动率很低,因此店员就是我们的武器。"⑥

对产品的重视已经成为苹果公司最核心的组织文化。乔布斯也从产品角度批评微软,记者布伦特·施兰德曾回忆乔布斯对盖茨的看法:"比尔是个毫无审美品位与创意的俗人,终其一生,史蒂夫都是这样看待比尔的。史蒂夫一再告诉我,比尔除了砸钱、砸人力之外,根本不懂其他的解决办

① 布伦特·施兰德,里克·特策利.成为乔布斯[M].陶亮,译.北京:中信出版社,2016:308.
② 乔治·比姆.乔布斯产品圣经[M].114 工作组,译.南京:江苏文艺出版社,2012:2.
③ 史蒂文·霍夫曼.让大象飞[M].周海云,陈耿宣,译.北京:中信出版社,2017:158.
④ 布伦特·施兰德,里克·特策利.成为乔布斯[M].陶亮,译.北京:中信出版社,2016:242.
⑤ 布伦特·施兰德,里克·特策利.成为乔布斯[M].陶亮,译.北京:中信出版社,2016:242.
⑥ 布伦特·施兰德,里克·特策利.成为乔布斯[M].陶亮,译.北京:中信出版社,2016:243.

法,这也是为什么微软会如此混乱、如此平庸。"①乔布斯说:"我对生产标准化的个人计算机没什么兴趣,几千万人无可奈何地用着二流电脑。电脑的品质本应该高得多。"②乔布斯这样批评微软的产品:"微软只有一个问题,那就是没有品位。我指的不是细节,而是缺乏整体的品味,他们没有原创力,他们很少将文化融入产品。当然,我对微软的成功没有任何意见——很大程度上可以说他们当之无愧。我只是觉得他们不该总是制造那些三流产品。"③

盖茨也知道乔布斯具有一流的审美品味,盖茨说乔布斯"希望自己的产品是最好的,他总是带着设计师的眼光在观察事物。我走进一家酒店绝对不会去想,'这个床头柜设计的太丑了,要这样设计才行'。我看一辆车时也不会想,'如果我是设计师的话,我要这样或那样'。但像乔尼·艾维和史蒂夫这样的人却一直用设计师的眼光在看待万物。我只有在看到代码时会想,'设计得还不错',因此我和史蒂夫看待世界的方式完全不同。他有一种与生俱来的审美品位,能够立刻判断某件物体是否达到了标准,究竟设计得如何"④。

沃尔特·艾萨克森在研究计算机与互联网发展史的著作《创新者》中总结道,重视产品是计算机与互联网行业成功创新的共同特点。"本书提到的大多数成功创新者和企业家都有一个共同点:他们是'产品人'。他们非常关注,而且深入理解产品的工程与设计。他们不是主要负责营销、销售或者财务的人员。如果让这几种类型的人员掌管公司的话,企业的持续创新能力通常都会受到损害。"⑤在重视产品、形成产品优先的组织文化方面,苹果公司的表现极为突出。苹果公司的产品文化是一种强文化,这种文化是苹果公司员工共同认可的价值观,也是公司分配资源、制定决策的标准。要理解苹果公司的行为,首先要理解它的组织文化。

组织文化需要解决两个问题:外部适应问题和内部整合问题。⑥ 一方面,组织文化要适应媒体所处环境,要把组织文化的默认假设和认知基模放在媒体所处环境中加以检验,从而判定它们是否符合环境要求。另一方面,这些默认假设和认知基模在经过市场检验,带领媒体获得成功后,可以

① 布伦特·施兰德,里克·特策利.成为乔布斯[M].陶亮,译.北京:中信出版社,2016:128.
② 布伦特·施兰德,里克·特策利.成为乔布斯[M].陶亮,译.北京:中信出版社,2016:128.
③ 乔治·比姆.乔布斯产品圣经[M].114工作组,译.南京:江苏文艺出版社,2012:17.
④ 布伦特·施兰德,里克·特策利.成为乔布斯[M].陶亮,译.北京:中信出版社,2016:219.
⑤ 沃尔特·艾萨克森.创新者:一群技术狂人和鬼才程序员如何改变世界[M].关嘉伟,牛小婧,译.北京:中信出版社,2017:531.
⑥ 埃德加·沙因.企业文化生存与变革指南[M].马红宇,唐汉瑛,译.杭州:浙江人民出版社,2017:30.

在媒体内部起到整合组织、构建成员身份认同的作用。这里面可能出现一个问题:如果媒体所处环境出现剧烈变动,新环境要求媒体具有不同于先前的默认假设和认知基模,媒体能否及时变革自身文化?

从这个角度看,并不存在某种最优的组织文化,组织文化要适应组织环境。当组织文化与媒体所处环境相匹配时,这种文化就有利于媒体。当环境变革使得组织文化不再适应环境时,媒体就需要变革组织文化。如果说存在某种最优的组织文化,那么最优的组织文化就是随环境变化而变化的文化,这种组织文化不是静态文化,而是坚持创新的动态文化。

实现组织文化创新的困难之处在于,成功的媒体具有很强大的组织文化,但组织文化越强大,创新和变革组织文化的难度就越大。对企业的研究发现,强文化与组织业绩之间存在正相关关系。① 强文化企业中,管理者和员工有明确的行动标准和考核指标,只要组织文化契合环境,企业就会有较好的绩效。可以将组织文化视为媒体的价值观,它不仅决定媒体的日常活动,还指导媒体的重大战略决策。媒体在很多时候不一定基于财务目标制定战略,而是基于价值观制定战略。越是在重要的战略节点,深层次的价值观在决定媒体战略行动时的作用越大。强文化可以带领媒体获得成功,但当环境变化时,强文化也会有力抵制变革,内化为默认假设和认知基模的价值观具有自我保护的本能。

在媒体的不同发展阶段,资源和组织文化对媒体发挥不同影响。在媒体发展早期,媒体尚未培育出组织文化,人力资源特别是核心人才对媒体发展举足轻重。重要的人才带领创新团队将创意塑造为产品,在推出产品后媒体获得成功。在初创阶段,人力资源对媒体的成败起着决定性作用,关键人员的流失甚至可能危及媒体的生存。当媒体进入延续性创新阶段后,媒体的产品研发设计、生产分销、投资决策等一系列流程逐渐确立,并在此过程中形成组织文化,创新能力逐渐从资源转移到组织文化。在这一阶段,媒体日趋成熟,延续性创新的路径依赖效应不断强化媒体组织文化。

可以从组织文化角度解释传统媒体进入新媒体市场时遭遇的困难。传统媒体在进入新媒体市场时面对的主要困难不在资源,而在组织文化。许多传统媒体拥有丰富的资源,在人力资源方面,不少新媒体从传统媒体挖掘人才,许多传统媒体也拥有创建新媒体所需的资金和其他资源。传统媒体开启新媒体业务时遇到的困难更多来自组织文化,传统媒体的组织文化以内容为核心,围绕内容生产建立业务流程,采写编评构成内容生产的核心流程。以内容生产为主的业务流程形成"内容为王"的价值观,内容生

---

① 特伦斯·迪尔,艾伦·肯尼迪.企业文化:企业生活中的礼仪与仪式[M].李原,孙健敏,译.北京:中国人民大学出版社,2014:7.

产成为媒体制定决策的主要标准,采编与经营分离、编辑权优先等一系列规则和制度安排都是内容为王价值观的体现,这些价值观逐渐沉淀为媒体组织文化。彭兰教授提出,传统媒体的组织文化以内容为基石,"传统媒体所有工作的落脚点,都是内容"①。以内容为根基的传统媒体组织文化存在封闭性,媒体将使用媒体的用户排除在内容生产之外。

在一些成功的新媒体的组织文化中,用户代替内容,成为组织文化的核心元素。新媒体的绝大多数决策围绕用户展开,用户思维代替内容为王,媒体将关注点从以传者为主的内容转向使用内容的用户,用户需要完成的任务成为新媒体设计产品和内容的根基。用户场景化的需求、用户对传播活动的参与、用户之间的社交与互动、用户生产的内容、用户的自我呈现等成为新媒体设计产品和服务的基础,新媒体也在此过程中建立起相应的组织文化,新媒体的组织文化和传统媒体的组织文化存在很大差异,传统媒体很难在短时间内将组织文化从以内容为核心转变到以用户为核心。

媒体既要建立组织文化,也要在环境变化时改变组织文化。卡梅隆和奎因从灵活与控制、内部与外部出发,将组织文化分为四类:临时体制式、部落式、等级森严式、市场为先式。② 临时体制式组织文化重视灵活性和外部竞争,部落式组织文化重视灵活性和内部管理,等级森严式组织文化重视稳定和内部管理,市场为先式组织文化重视稳定和外部竞争。从图10-1可以看出,等级森严式组织文化与临时体制式组织文化相对应,市场为先式组织文化与部落式组织文化相对应。

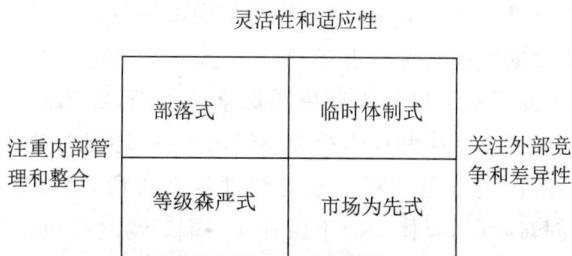

灵活性和适应性

部落式	临时体制式
等级森严式	市场为先式

注重内部管理和整合　　　　　　　　　　关注外部竞争和差异性

图 10-1　组织文化类型*

　*图片来源:金·卡梅隆,罗伯特·奎因.组织文化诊断与变革[M].谢晓龙,译.北京:中国人民大学出版社,2006:28.

在灵活型媒体中,通常可以看到临时体制式组织文化。灵活型媒体兼具机械式媒体和有机媒体的特征,临时体制式组织文化注重创新和适应

① 彭兰.文化隔阂:新老媒体融合中的关键障碍[J].国际新闻界,2015(12):125-139.
② 金·卡梅隆,罗伯特·奎因.组织文化诊断与变革[M].谢晓龙,译.北京:中国人民大学出版社,2006:28.

性,在媒体环境快速变革时,这种组织文化可以帮助媒体适应变化,实现创新。临时体制式组织文化主要服务于探索活动。

等级森严式组织文化与临时体制式组织文化相对,等级森严式组织文化注重稳定与控制,在官僚组织中这种文化较常见。等级森严式组织文化存在明确的等级制。等级制的作用在于解决组织内部的协调问题,官僚组织中有两类不协调:利益冲突和技术限制。[①] 利益冲突表现为不同部门、不同员工之间的目标不一致,认知模式不一致(如产品思维、工程师思维、营销思维)。技术局限性是由于分工导致不同成员获取的信息和知识不同,看待问题的视角和意见不一致。等级制的作用在于解决这些协调问题。官僚组织具有很高的稳定性,它们会不断制定和丰富规则、制度,增加组织的复杂性。等级森严式组织文化主要服务于利用活动,但当环境变化时,等级森严式组织文化会降低组织适应变革的能力。

部落式组织文化注重团队、合作、参与,这种组织文化对内部的关注高于对外部的关注,整个组织如同一个大家庭,高管就像大家庭的家长,精心培养每位成员。这种文化富有创造性,但由于将注意力过多放在组织内部,可能忽视环境变革产生的新要求,组织的适应性因此会受影响。

市场为先式组织文化和部落式组织文化相对,这种组织文化重视市场竞争,关注利润、规模、份额等市场指标,以目标和结果作为评价标准,组织内部也会在团队之间、成员之间展开竞争。比如,腾讯公司在开发微信等产品时,就在公司内部建立了几个独立的团队,相互竞争。这种内部赛马式的竞争可以极大地激发竞争,帮助组织实现市场目标。

媒体需要根据环境状况和业务目标变革组织文化。根据马奇提出的分类,媒体的业务活动可以分为利用和探索两大类,媒体需要同时管理好这两类活动。如果把利用和探索视为连续的光谱,环境变革要求媒体在不同阶段侧重于不同的业务目标。在延续性创新阶段,媒体偏向利用这一端,在破坏性创新阶段,媒体偏向于探索这一端。与之相应,在延续性创新为主的阶段,媒体可以偏向等级森严式组织文化,利用现有资源实现最大化产出。在破坏性创新为主的阶段,媒体需要偏向临时体制式组织文化,以探索新市场为主要目标。在延续性创新与破坏性创新的交替期,媒体在现有组织内部运用市场为先式组织文化获取收益,在创新团队中采用部落式文化,激发团队创新。

---

① 安东尼·唐斯.官僚制内幕[M].郭小聪,译.北京:中国人民大学出版社,2006:55.

参考文献

（一）中文著作

1.阿尔温·托夫勒.第三次浪潮[M].朱志焱,潘琪,张焱,译.北京:三联书店出版社,1983.

2.阿兰·阿尔瓦兰.传媒经济与管理学导论[M].崔保国,杭敏,译.北京:清华大学出版社,2010.

3.阿伦·拉奥,皮埃罗·斯加鲁菲.硅谷百年史:创业年代[M].闫景立,侯爱华,闫勇,译.北京:人民邮电出版社,2016.

4.阿玛尔·毕海德.新企业的起源与演进[M].魏如山,马志英,译.北京:中国人民大学出版社,2004.

5.阿维纳什·迪克西特,巴里·奈尔波夫.策略思维:商界、政界及日常生活中的策略竞争[M].王尔山,译.北京:中国人民大学出版社,2002.

6.埃德加·沙因.组织文化与领导力[M].第4版.章凯,罗文豪,朱超威,译.北京:中国人民大学出版社,2014.

7.埃德加·沙因.企业文化生存与变革指南[M].马红宇,唐汉瑛,译.杭州:浙江人民出版社,2017.

8.埃里克·莱斯.精益创业:新创企业的成长思维[M].吴彤,译.北京:中信出版社,2012.

9.埃里克·施密特,乔纳森·罗森伯格,艾伦·伊格尔.重新定义公司:谷歌是如何运营的[M].靳婷婷,译.北京:中信出版社,2015.

10.埃莉诺·奥斯特罗姆.公共事务的治理之道:集体行动制度的演进[M].余逊达,译.上海:上海译文出版社,2012.

11.艾·里斯,杰克·特劳特.定位:有史以来对美国营销影响最大的观念[M].谢伟山,苑爱冬,译.北京:机械工业出版社,2011.

12.安迪·格鲁夫.只有偏执狂才能生存:特种经理人培训手册[M].第3版.安然,张万伟,译.北京:中信出版社,2014.

13.安东尼·唐斯.官僚制内幕[M].郭小聪,译.北京:中国人民大学出版社,2006.

14.拜瑞·内勒巴夫,亚当·布兰登伯格.合作竞争[M].王煜昆,王煜全,译.合肥:安徽人民出版社,2000.

15.保罗·米尔格罗姆,约翰·罗伯茨.经济学、组织与管理[M].费方域,译.北京:经济科学出版社,2004.

16.贝赞可,德雷诺夫,尚利,等.战略经济学[M].第4版.徐志浩,译.北京:中国人民大学出版社,2012.

17.彼得·戴曼迪斯,史蒂芬·科特勒.创业无畏:指数级成长路线图[M].贾拥民,译.杭州:浙江人民出版社,2015.

18.彼得·德鲁克.创新与创业精神[M].张炜,译.上海:上海人民出版社,2002.

19.彼得·蒂尔,布莱克·马斯特斯.从0到1:开启商业与未来的秘密[M].高玉芳,译.北京:中信出版社,2015.

20.彼得·圣吉.第五项修炼:学习型组织的艺术与实践[M].张成林,译.北京:中信出版社,2009.

21.比尔·科瓦奇,汤姆·罗森斯蒂尔.真相:信息超载时代如何知道该相信什么[M].陆佳怡,孙志刚,译.北京:中国人民大学出版社,2014.

22.布莱恩·阿瑟.技术的本质:技术是什么,它是如何进化的[M].曹东溟,王健,译.杭州:浙江人民出版社,2014.

23.布伦特·施兰德,里克·特策利.成为乔布斯[M].陶亮,译.北京:中信出版社,2016.

24.查尔斯·汉迪.第二曲线:跨越"S型曲线"的二次增长[M].苗青,译.北京:机械工业出版社,2017.

25.大卫·尤费,迈克尔·库苏马罗.战略思维:盖茨、格鲁夫和乔布斯的5条长赢法则[M].王海若,译.北京:中信出版社,2018.

26.丹尼尔·卡尼曼.思考:快与慢[M].胡晓姣,李爱民,何梦莹,译.北京:中信出版社,2012.

27.菲利普·科特勒,凯文·莱恩·凯勒,卢泰宏.营销管理[M].第13版.卢泰宏,高辉,译.北京:中国人民大学出版社,2009.

28.菲利普·迈耶.正在消失的报纸:如何拯救信息时代的新闻业[M].张卫平,译.北京:新华出版社,2007.

29.弗,阿尔斯特伦.有的放矢:NISI创业指南[M].七印部落,译.武汉:华中科技大学出版社,2014.

30.弗雷德·沃格尔斯坦.移动风暴:苹果与谷歌的科技之战[M].朱邦芊,译.北京:中信出版社,2014.

31.弗雷德里克·泰勒.科学管理原理[M].马风才,译.北京:机械工业出版社,2013.

32.郭咸纲.西方管理思想史[M].第4版.北京:北京联合出版社,2013.

33.亨利·明茨伯格,布鲁斯·阿尔斯特兰德,约瑟夫·兰佩尔.战略历程:穿越战略管理旷野的指南[M].第2版.魏江,译.北京:机械工业出版社,2014.

34.亨利·明茨伯格,约瑟夫·兰佩尔,詹姆斯·布莱恩·奎因,等.战略过程:概念、情境、案例[M].第4版.徐二明,译.北京:中国人民大学出版社,2012.

35.亨利·明茨伯格.战略规划的兴衰[M].张猛,钟含春,译.北京:中国市场出版社,2010.

36.亨利·明茨伯格.明茨伯格论管理[M].闾佳,译.北京:机械工业出版社,2017.

37.亨利·明茨伯格.明茨伯格管理进行时[M].何骏,吴进操,译.北京:机械工业出版社,2010.

38.吉娜·基廷.网飞传奇[M].谭永乐,译.北京:中信出版社,2014.

39.基斯·斯坦诺维奇.机器人叛乱:在达尔文时代找到意义[M].吴宝沛,译.北京:机械工业出版社,2015.

40.加里·哈默,比尔·布林.管理的未来[M].陈劲,译.北京:中信出版社,2012.

41.杰弗里·蒂蒙斯,小斯蒂芬·斯皮内利.创业学[M].第6版.周伟民,吕长春,译.北京:人民邮电出版社,2005.

42.杰弗里·韦斯特.规模:复杂世界的简单法则[M].张培,译.北京:中信出版社,2018.

43.金·卡梅隆,罗伯特·奎因.组织文化诊断与变革[M].谢晓龙,译.北京:中国人民大学出版社,2006.

44.凯文·凯利.新经济,新规则[M].刘仲涛,康欣叶,侯煜,译.北京:电子工业出版社,2014.

45.凯文·凯利.必然[M].周峰,董理,金阳,译.北京:电子工业出版社,2016.

46.克莱·舍基.认知盈余:自由时间的力量[M].胡泳,哈丽丝,译.北京:中国人民大学出版社,2012.

47.克莱·舍基.人人时代:无组织的组织力量[M].胡泳,沈满琳,译.北京:中国人民大学出版社,2012.

48.克莱顿·克里斯坦森.创新者的窘境[M].胡建桥,译.北京:中信出版社,2014.

49.克莱顿·克里斯坦森.颠覆性创新[M].崔传刚,译.北京:中信出版社,2019.

50.克莱顿·克里斯坦森,迈克尔·雷纳.创新者的解答[M].李瑜偲,译.北京:中信出版社,2013.

51.克莱顿·克里斯坦森,泰迪·霍尔,凯伦·迪伦,等.与运气竞争[M].靳婷婷,译.北京:中信出版社,2018.

52.克莱顿·克里斯坦森,斯科特·安东尼,埃里克·罗恩.远见——用变革理论预测产业未来[M].王强,译.北京:商务印书馆,2012.

53.克莱顿·克里斯坦森.创新与总经理[M].郭武文,译.北京:中国人民大学出版社,2005.

54.克里斯·阿吉里斯.组织学习[M].第2版.张莉,李萍,译.北京:中国人民大学出版社,2004.

55.克里斯·安德森.免费[M].蒋旭峰,译.北京:中信出版社,2012.

56.克里斯·安德森.长尾理论[M].乔江涛,译.北京:中信出版社,2006.

57.克里斯托弗·苏达克.数据新常态:如何赢得指数级增长的先机[M].余莉,译.杭州:浙江人民出版社,2015.

58.柯武刚,史漫飞.制度经济学:社会秩序与公共政策[M].韩朝华,译.北京:商务印书馆,2000.

59.拉里·唐斯,保罗·纽恩斯.大爆炸式创新[M].粟之敦,译.杭州:浙江人民出版社,2014.

60.拉里·唐斯.颠覆定律:指数级增长时代的新规则[M].刘睿,译.杭州:浙江人民出版社,2014.

61.拉姆·查兰,杨懿梅.贝佐斯的数字帝国:亚马逊如何实现指数级增长[M].北京:机械工业出版社,2020.

62.雷·库兹韦尔.奇点临近[M].李庆城,董振华,田源,译.北京:机械工业出版社,
2015.

63.李平,曹仰峰.案例研究方法:理论与范例——凯瑟琳·艾森哈特论文集[M].北京:北京大学出版社,2012.

64.李善友.第二曲线创新[M].北京:人民邮电出版社,2019.

65.李善友.颠覆式创新:移动互联网时代的生存法则[M].北京:机械工业出版社,
2014.

66.理查德·达夫特.组织理论与设计[M].第10版.王凤斌,译.北京:清华大学出版社,2011.

67.理查德·福斯特,莎拉·卡普兰.创造性破坏[M].唐锦超,译.北京:中国人民大学出版社,2007.

68.理查德·福斯特.创新:进攻者的优势[M].孙玉杰,王宇锋,韩丽华,译.北京:北京联合出版公司,2017.

69.露西·昆.媒体战略管理:从理论到实践[M].高福安,王文渊,译.北京:中国广播电视出版社,2013.

70.罗伯特·阿克塞尔罗德.合作的进化[M].吴坚忠,译.上海:上海人民出版社,
2007.

71.罗伯特·阿克塞尔罗德.合作的复杂性:基于参与者竞争与合作的模型[M].梁捷,高笑梅,译.上海:上海人民出版社,2007.

72.罗伯特·皮卡特.传媒管理学概论[M].韩骏伟,常永新,译.北京:人民邮电出版社,2006.

73.罗伯特·斯考伯,谢尔·伊雷斯尔.即将到来的场景时代[M].赵乾坤,译.北京:北京联合出版社,2014.

74.玛丽恩·德布鲁因.用户创新实战:围绕用户痛点打造创新的十大策略[M].高美,李妍,译.北京:人民邮电出版社,2017.

75.迈克尔·波特.大师十论[M].时青靖,译.北京:中信出版社,2018.

76.迈克尔·史密斯,拉胡尔·特朗.流媒体时代:新媒体与娱乐行业的未来[M].鲁冬旭,译.北京:中信出版社,2019.

77.迈克尔·塔士曼,查尔斯·奥莱利.创新制胜:领导组织的变革与振兴实践指南[M].孙连勇,李东贤,夏建甄,译.北京:清华大学出版社,1998.

78.曼瑟尔·奥尔森.集体行动的逻辑[M].陈郁,郭宇峰,李崇新,译.上海:上海人民出版社,1995.

79.梅拉尼·米歇尔.复杂[M].唐璐,译.长沙:湖南科学技术出版社,2011.

80.梅丽莎·希林.技术创新的战略管理[M].第4版.王毅,谢伟,段勇倩,译.北京:清华大学出版社,2015.

81.闵大洪.中国网络媒体20年:1994—2014[M].北京:电子工业出版社,2016.

82.纳西姆·塔勒布.黑天鹅:如何应对不可预知的未来[M].万丹,刘宁,译.北京:中信出版社,2011.

83.纳西姆·塔勒布.非对称风险[M].周洛华,译.北京:中信出版社,2019.

84.诺姆·沃瑟曼.创业者的窘境[M].七印部落,译.武汉:华中科技大学出版社,2017.

85.彭兰.中国网络媒体的第一个十年[M].北京:清华大学出版社,2005.

86.钱·金,勒妮·莫博涅.蓝海战略[M].吉宓,译.北京:商务印书馆,2005.

87.钱·金,勒妮·莫博涅.蓝海战略2:蓝海转型[M].吉宓,译.杭州:浙江大学出版社,2018.

88.乔·蒂德,约翰·贝赞特.创新管理:技术变革、市场变革和组织变革的整合[M].第4版.陈劲,译.北京:中国人民大学出版社,2012.

89.乔纳森·海特.象与骑象人:幸福的假设[M].李静瑶,译.杭州:浙江人民出版社,2012.

90.乔纳森·海特.正义之心:为什么人们总是坚持"我对你错"[M].舒明月,胡晓旭,译.杭州:浙江人民出版社,2014.

91.乔纳森·尼,布鲁斯·格林沃尔德,艾娃·希芙.被诅咒的巨头[M].施乐乐,译.北京:中信出版社,2013.

92.乔治·比姆.乔布斯产品圣经[M].114工作组,译.南京:江苏文艺出版社,2012.

93.塞德希尔·穆来纳森,埃尔德·沙菲尔.稀缺:我们是如何陷入贫穷与忙碌的[M].魏薇,龙志勇,译.杭州:浙江人民出版社,2014.

94.沙伦·奥斯特.现代竞争分析[M].第3版.张志奇,李强,陈海威,译.北京:中国人民大学出版社,2004.

95.斯蒂芬·布兰克.四步创业法[M].七印部落,译.武汉:华中科技大学出版社,2012.

96.斯蒂芬·罗宾斯,蒂莫西·贾奇.组织行为学[M].第14版.孙健敏,李原,黄小勇,译.北京:中国人民大学出版社,2012.

97.斯蒂芬·罗宾斯,玛丽·库尔特.管理学[M].第7版.孙健敏,译.北京:中国人民大学出版社,2003.

98.史蒂文·克莱珀.创新的演化[M].林冬阳,骆名暄,译.南昌:江西人民出版社,2018.

99.史蒂文·霍夫曼.让大象飞[M].周海云,陈耿宣,译.北京:中信出版社,2017.

100.汤姆·纳格,约瑟夫·查莱,陈兆丰.定价战略与战术:通向利润增长之路[M].第5版.龚强,陈兆丰,译.北京:华夏出版社,2012.

101.汤姆·斯丹迪.从莎草纸到互联网:社交媒体2000年[M].林华,译.北京:中信出版社,2015.

102.汤姆·斯丹迪奇.维多利亚时代的互联网[M].多绥婷,译.南昌:江西人民出版社,2017.

103.特伦斯·迪尔,艾伦·肯尼迪.企业文化:企业生活中的礼仪与仪式[M].李原,孙健敏,译.北京:中国人民大学出版社,2014.

104.托马斯·舒尔茨.Google:未来之境[M].严孟然,陈琴,译.北京:当代中国出版社,2016.

105.维贾伊·戈文达拉扬,克里斯·特林布尔.战略创新者的十大法则——从创新到执行[M].马一德,罗春华,译.北京:商务印书馆,2008.

106.沃尔特·艾萨克森.乔布斯传[M].第2版.官延圻,魏群,余倩,等译.北京:中信出版社,2014.

107.沃尔特·艾萨克森.创新者:一群技术狂人和鬼才程序员如何改变世界[M].关嘉伟,牛小婧,译.北京:中信出版社,2017.

108.吴军.浪潮之巅[M].第2版.北京:人民邮电出版社,2013.

109.吴晓波.腾讯传:1998—2016:中国互联网公司进化论[M].杭州:浙江大学出版社,2017.

110.小比尔·梅西.HBO的内容战略[M].粟志敏,译.杭州:浙江人民出版社,2019.

111.肖纳·布朗,凯瑟琳·艾森哈特.边缘竞争[M].吴溪,译.北京:机械工业出版社,2001.

112.谢利·泰勒,利蒂希娅·安妮·佩普卢,戴维·西尔斯.社会心理学[M].第12版.崔丽娟,王彦,译.上海:上海人民出版社,2010.

113.亚历山大·奥斯特瓦德,伊夫·皮尼厄.商业模式新生代[M].王帅,毛心宇,严威,译.北京:机械工业出版社,2014.

114.杨小凯,张永生.新兴古典经济学与超边际分析[M].修订版.北京:社会科学文献出版社,2003.

115.伊查克·爱迪思.企业生命周期[M].王玥,译.北京:中国人民大学出版社,2017.

116.殷凤.卓尔不群的创新者:约·阿·熊彼特[M].保定:河北大学出版社,2001.

117.喻国明,丁汉青.传媒经济学:中国的学科构建[M].北京:人民日报出版社,2016.

118.喻国明,丁汉青,支庭荣,陈端.传媒经济学教程[M].北京:中国人民大学出版社,2009.

119.约玛·奥利拉,哈利·沙库马.诺基亚总裁自述[M].王雨阳,译.上海:文汇出版社,2017.

120.约瑟夫·熊彼特.经济发展理论[M].叶华,译.北京:中国社会科学出版社,2009.

121.约瑟夫·熊彼特.资本主义、社会主义与民主[M].吴克峰,王方舟,高晓宇,译.南京:江苏人民出版社,2017.

122.约书亚·格恩斯.破坏性创新的两难[M].萧美慧,译.台北:台湾商周出版社,2017.

123.詹姆斯·马奇.决策是如何产生的[M].王元歌,章爱民,译.北京:机械工业出版社,2013.

124.詹姆斯·马奇.马奇论管理[M].丁丹,译.北京:东方出版社,2010.

125.张钢.管理学基础文献选读[M].杭州:浙江大学出版社,2008.

126.周鸿祎.极致产品[M].北京:中信出版社,2018.

127.周鸿祎.我的互联网方法论[M].北京:中信出版社,2014.

128.朱春阳.现代传媒产品创新理论与策略[M].济南:山东人民出版社,2005.

(二)外文文献

1.Anderson P&Tushman M L. Technological discontinuities and dominant designs:A cyclical model of technological change[J].Administrative Science Quarterly,1990,35(4):604-633.

2.Bleyen V-A,Lindmark S,Ranaivoson H&Ballon P. Atypology of media innovations:Insights from an exploratory study[J].The Journal of Media Innovations,2014,1(1):28-51.

3.Christensen C&Dvaid skok.Be the disruptor[R].Nieman Reports,2012(66):3.

4.Christensen C M,Anthony S D,Berstell G,et al. Finding the right job for your product[J].MIT Sloan Management Review,2007,48(3):38-47.

5.Christensen C M,Suárez,Fernando F,et al.Strategies for survival in fast-changing industries[J].Managementence,1996,44(12-part-2).

6.Dosi G&Nelson R R.Technological paradigms and technological trajectories[J].Social Science Electronic Publishing,1982,11(3):147-162.

7.March J G.Exploration and exploitation in organizational learning[J].Organization Science,1991,2(1):71-87.

8.P Thomond&Lettice F.Disruptive innovation explored[C].9th IPSE International Conference on Concurrent Engineering:Research and Applications (CE2002),2002-07.

9.Rigby D K,Christensen C M&Johnson M.Foundations for growth:How to identify and build disruptive new businesses[J].Mit Sloan Management Review,2002,43(3):22-31.

10.Suarez F F&Utterback J M.Dominant designs and the survival of firms[J].Strategic Management Journal,1995,16(6):415-430.

11.T Storsul&A H Krumsvik. Media innovation. A multidisciplinary study of change[M].Göteborg:Nordicom,2013.

12.Tushman M L,O'Reilly C A.Lead and disrupt:How to solve the innovatior's dilemma[M].Stanford University Press,2016.

13.Utterback J M&Abernathy W J.A dynamic model of process and product innovation[J].Omega,1975,3(6):639-656.

(三)报刊文献

1.陈力丹,向笑楚,穆雨薇.普利策奖获奖作品《雪崩》为什么引起新闻界震动[J].新闻爱好者,2014(6):43-46.

2.陈敏,张晓纯.告别"黄金时代"——对52位传统媒体人离职告白的内容分析[J].新闻记者,2016(2):16-28.

3.程海燕.破坏性创新理论对出版行业数字化的启示[J].编辑之友,2012(4):29-

32.

4.方师师.平台崛起成定论 业务创新待探索——2016年皮尤美国新闻业报告[J].新闻记者,2016(7):22-31.

5.胡泳.高质量新闻的命运[J].新闻记者,2013(8):10-16.

6.黄胜忠.弱势后人者的破坏性创新策略分析[J].商业研究,2014(7):50-54.

7.李惊雷.报业"内容联盟"本质探析[J].新闻战线,2006(9):24-27.

8.刘灿娇,姚娟.中美电子书商业模式比较研究[J].中国出版,2011(6):48-51.

9.彭克勇.美国数字教材租赁平台Packback的运营策略[J].现代出版,2017(1):67-68.

10.彭兰.场景:移动时代媒体的新要素[J].新闻记者,2015(3):20-27.

11.彭兰.文化隔阂:新老媒体融合中的关键障碍[J].国际新闻界,2015(12):125-139.

12.王辰瑶,范英杰.打破新闻:从颠覆式创新理论看BuzzFeed的颠覆性[J].现代传播,2016(12):35-39.

13.王钰.破坏性创新、大数据与图书营销[J].科技与出版,2013(6):87-89.

14.新华社新闻研究所国际传播研究中心.数字化背景下的报业转型——《纽约时报》创新报告2014[J].新闻与写作,2014(6):26-31.

15.佚名.臭鼬工厂的14条规定[J].军工文化,2015(6):84-85.

16.禹刚.263:"数字农民"的成功之道[J].互联网周刊,2000(50):17.

17.喻国明.关于传媒影响力的诠释——对传媒产业本质的一种探讨[J].国际新闻界,2003(2):5-11.

18.曾繁旭.重新定义传媒业的创新:持续性传媒创新与颠覆性传媒创新[J].新闻与传播研究,2019(2):63-73,128.

19.支庭荣.互联网环境下二次售卖盈利模式再审视[J].现代传播,2015(5):121-125.

20.朱春阳.媒体融合:传统媒体向新媒体学习什么[J].新闻记者,2016(5):53-58.

21.鞠靖.先分是非,再谈利益:媒体版权十年战争[N].南方周末,2014-06-12.

22.张祯希.业内人士:《纽约时报》数字化专题报道"雪崩"难复制[N].文汇报,2013-05-21.

(四)电子文献

1.爱范儿.订阅量之战,英国流媒体已超过付费电视[EB/OL].[2018-07-19].https://baijiahao.baidu.com/s? id=1606414554639402462&wfr=spider&for=pc.

2.成都商报."红包之争"微信一枝独秀背后——被马云指"偷袭珍珠港"马化腾新年抢得最大红包[EB/OL].[2014-02-20].https://e.chengdu.cn/html/2014/02/07/content_453041.htm.

3.范海涛.263收费邮箱:午餐还能挺多久[EB/OL].[2002-04-15].http://business.sohu.com/85/39/article200503985.shtml.

4.国家统计局.中华人民共和国2016年国民经济和社会发展统计公报[EB/OL].

［2017-02-28］.http://www.stats.gov.cn/tjsj/zxfb/201702/t20170228_1467424.html.

5.国家统计局.中华人民共和国 2018 年国民经济和社会发展统计公报［EB/OL］.［2019-02-28］.http://www.stats.gov.cn/tjsj/zxfb/201902/t20190228_1651265.html.

6.和讯网.张泉灵撰文谈离职央视:生命的后半段,我想重来一次［EB/OL］.［2015-09-10］.http://news.hexun.com/2015-09-10/178980408.html.

7.胡泳.媒体发展核心是"对话为王"［EB/OL］.［2015-12-22］.http://app.myzaker.com/news/article.php? pk=56791bbe9490cb5f5e000168&target=_new.

8.话媒糖.报纸 2017 年数字化转型六大技能［EB/OL］.［2017-02-10］.http://www.jzwcom.com/jzw/46/16484.html.

9.话媒糖.纽约时报 2020 转型报告［EB/OL］.［2017-01-24］.http://www.jzwcom.com/jzw/3c/16331.html.

10.话媒糖.报纸 2017 年数字化转型六大技能［EB/OL］.［2017-02-10］.http://www.jzwcom.com/jzw/46/16484.html.

11.话媒糖.纽约时报 2020 转型报告［EB/OL］.［2017-01-24］.http://www.jzwcom.com/jzw/3c/16331.html.

12.凯文·凯利.技术革新来源于边缘地带［EB/OL］.［2013-11-27］.https://www.hbrchina.org/2013-11-27/1670.html.

13.马化腾.马化腾致信合作伙伴:灰度法则的七个维度［EB/OL］.［2012-07-09］.https://tech.qq.com/a/20120709/000099.htm.

14.马化腾.如果别人先搞出微信,腾讯根本"挡不住"［EB/OL］.［2014-02-20］.https://e.chengdu.cn/html/2014-02/20/content_454998.htm.

15.马化腾.微信拯救了腾讯［EB/OL］.［2013-11-16］.http://mi.techweb.com.cn/news/2013-11-16/1358105_3.shtml.

16.美国能源信息署.美国家庭平均电视机保有量下降［EB/OL］.［2017-03-03］.https://news.znds.com/article/news/19870.html.

17.牛津路透新闻研究所.欧洲原生数字媒体调查报告［EB/OL］.［2016-12-21］.http://www.jzwcom.com/jzw/7c/16002.html.

18.牛津路透新闻研究所.2017 年新闻业技术趋势与预测［EB/OL］.［2017-01-17］.http://www.jzwcom.com/jzw/15/16261.html.

19.ofo官网.ofo 小黄车宣布日订单破 3200 万 再次刷新共享单车行业纪录［EB/OL］.［2017-10-20］.http://www.ofo.so/#/news/detail? titleId=9.

20.皮尤中心.美国数字新闻十大趋势［EB/OL］.［2016-09-22］.http://news.qq.com/original/quanmeipai/piyou.html.

21.饶文怡.春节红包大战仍在继续 但背后的意义已经不一样了［EB/OL］.［2018-02-18］.https://www.jiemian.com/article/1946921.html.

22.人民网.臭鼬工厂:让创新简单一点［EB/OL］.［2019-05-10］.http://military.people.com.cn/big5/n1/2019/0510/c1011-31077831.html.

23.任正非.创新的基础是科学合理的管理［EB/OL］.［2017-03-09］.http://www.sohu.com/a/128290955_205354.

24.沈谷鸣.263 全面取消免费邮箱［EB/OL］.［2002-03-19］.http://news.dayoo.com/china/gb/content/2002-03/19/content_407235.htm.

25.搜狐.传统媒体内容生产成本有多高？南方周末：每个字成本价 12 元［EB/OL］.［2017-08-29］.https://www.sohu.com/a/167970619_708049.

26.网易财经.YouTube 用户观看时间逾 10 亿小时［EB/OL］.［2017-03-01］.https://www.sohu.com/a/127591693_427978.

27.魏书勤.美国 82％的家庭订阅付费电视服务［EB/OL］.［2016-09-23］.http://www.tvoao.com/a/183273.aspx.

28.吴为群.263 邮箱全面收费后用户剩 3％［EB/OL］.［2002-06-20］.http://tech.sina.com.cn/i/c/2002-06-20/121800.shtml.

29.张巳丁.ofo：始于共享,行向将来［EB/OL］.［2017-12-28］.http://feng.ifeng.com/c/7gUiaGok3HC.

30.张晓宝.过多用户流失会促使电视运营商议价失衡？［EB/OL］.［2019-09-03］.http://www.dvbcn.com/p/100020.html.

31.中华人民共和国国家版权局.网络媒体作品使用版权问题座谈会在京举行［EB/OL］.［2014-06-17］.http://www.ncac.gov.cn/chinacopyright/contents/596/209450.html.

32.CTR.2016 中国广告市场及传播趋势分析［EB/OL］.［2017-03-08］.http://mt.sohu.com/it/d20170308/128250340_184317.shtml.

33.CTR.CTR2016 上半年广告市场报告［EB/OL］.［2016-08-02］.http://mt.sohu.com/20160802/n462285033.shtml.

34.TDG.美国不订阅付费电视的家庭五年内增加近两倍［EB/OL］.［2017-03-20］.http://news.znds.com/article/news/20383.html.